교육은 왜 교육하지 않는가

교육 낭비의 사회학

교육은 왜 교육하지 않는가

교육 낭비의 사회학

프랭크 푸레디(Frank Furedi) 지음
박형신·이혜경 옮김

한울
아카데미

WASTED: Why Education Isn't Educating
by Frank Furedi

차례

머리말

이 책은 전문적인 학술적 관심사와 개인적인 경험 모두의 산물이다. 한 명의 사회학자로서 나는 대학제도와 광범한 문화적·시적 삶 속에서 벌어지는 사태들에 관심을 집중해왔다. 공적 업무에 종사하는 대부분의 사람들처럼 나는 '교육의 위기'와 학교를 괴롭히는 수많은 문제에 관해 읽고 듣는 것을 피할 수 없었다. 고등교육에 종사하는 많은 동료와 마찬가지로 나 역시 대학에 진학한 젊은이들 중 너무나도 많은 이가 대학생에게 기대되는 읽기 능력과 쓰기 능력, 수량적 사고능력을 갖추고 있지 못하다는 점에 주목하지 않을 수 없었다. 그러나 나로 하여금 교육은 왜 교육하는 것을 그토록 어려워하는지를 연구하게 만든 것은 부모와 교사의 우려를 놓고 토론을 벌였던 나 자신의 경험이었다.

내가 처음으로 아이들의 교육에 대해 불안감을 느낀 것은 1999년이었다. 그때 나는 나의 아내와 함께 당시 네 살이던 우리 아들이 다닐 학교를 찾아 나섰다. 우선 나는 부모가 아이가 다닐 학교를 직접 찾아 나서야만 한다는 데 놀랐다. 나는 당연히 집에서 가장 가까운 학교에 다녔던 시대에 자랐고, 우리 가족과 친한 사람들 어느 누구도 다른 학교를 찾을 필요가 있다고 느끼지 않았다. 우리 아들이 네 살이 되었을 때, 나의 아내와 나는 피해야 하는 지역 학교와 들어가기 위해 애써야 하는 지역 학교에 관한 조언을 질리도록 들었다. 우리가 이야기를 나눈 거의 모든 부모는 각 지역 학교의 장점과 약점 전문가인 것처럼 보였다. 우리가 실수해서 나쁜 학교를 선택할 경우 우리 아이의 행복은 위태로워지고 아이의 교육은 고통 받을 것이라는 데 대해 우리는 아무런 의심도 할 수 없었다. 나는 처음에는 친구들의 선의의 조언을 대수롭지 않게 생각하고 무시했다. 내가 걱정에 빠지기 시작한 것은 우리가 사회적으로 알고 지냈던 교사들이 우리의 지인들이 했던 걱정을 그대로 되풀이하면서 비공식적으로 지침을 제시해주고 난 다음이었다. 그들 중 일부는 자신들의 학교에서 있었던 끔직한 일에 대해 거리낌 없이 자세히 이야기해주었다.

10년 전 우리 부부는 진상조사를 하고 다녔고, 그 과정에서 나는 학교 교육과 관련된 거의 모든 것이 극적으로 변했다는 것을 알게 되었다. 교사들은 항상 우리를 따뜻하게 맞이했지만, 우리에게 남자 아이가 있다는 것을 아는 순간 자신들이 남자 아이들의 읽기를 돕기 위한 확실한 시스템을 갖추고 있다고 말하면서 우리를 안심시키기 위해 노력하는 것에서 우리는 이상한 느낌을 받았다. 우리가 질문을 하기도 전에 교사들은 자주 자신들이 훌륭한 난독증 프로그램을 갖추고 있고 남자 아이들의 학습 문제를 다룬 경험이 있다는 것을 우리에게 알려주기 위해 애썼다. 나는 21세기 교육자들이 남자 아이들은 당연히 '특수 교육'을 필요로 하고 잘 읽지 못할 것으로 생각한다는 사실을 곧 깨달았다. 그 후 몇 년이 지나면서 나는 그런 '낮은 기대'가 학교가 남자 아이들을 다루는 방식에 국한되는 것이 아니라 교육자들이 일반적으로 청소년들을 다루는 방식에도 적용된다는 것 또한 알게 되었다.

따지고 보면, 결국 내가 이 책을 쓰게 된 것은 "나쁜 것은 보지도 듣지도 말하지도 말라"는 공직 사회의 태도에 대해 내가 개인적으로 가진 불만 때문이었다. 학교 교육의 부적절성에 관한 문제들을 제기하면, 정부부처 장관들은 "교사들의 노고를 훼손"하고 "학생들의 성취에 대해 부정적"이라는 이유를 들어 비판가들을 비난한다. 사람들은 수업의 질과 학교 교육에 관한 전문지식이 이전보다 높아졌고, 이처럼 "매년 교육수준이 향상된 것은 학생과 교사들의 노고 덕분"이라는 말을 되풀이해서 듣는다.[1] 그러한 방어적인 반응들은 교육수준과 관련하여 문제를 제기하는 것 자체가 교육 전문직의 위상을 모독하는 행위이고 청소년들의 성취를 모욕하는 것이라는 오도된 인상을 심어준다. 논쟁을 끝내려는 이러한 시도는 그 논의를 양극화하고 정치화하는 유감스러운 결과를 낳는다.

교육이 정치화될 때, 논쟁은 토론에서 점수 따기 쪽으로 나아가는 경향이 있고, 문제의 원인보다는 징후에 초점을 맞추게 된다. 유감스럽게도 그것은 또한 다음과 같은 근본적인 문제들에 대해 생각하고 논의하는 것을 방해한다. 교육이 의미하는 것은 무엇인가? 아이들의 사회화에 성인 사회는 어떠한 책임이 있는가? 많은 교사, 강사, 부모는 뭔가가 잘못되었다고 느끼지만, 문제의 원인을 확실하게 알지 못한다. 이 책은 현재의 많은 교육학적 사고에 영향을 미치는, 그리고 학교 교육 문화에 편협하고 반지성적인 성격을 부여하는 '낮은 기대의 풍조'에 이의를 제기함으로써 이 질문들에 답하기 위해 쓰였다. 이 책에서 내가 가장 초점을 맞추고 있는 것은 내가 교육의 역설이라고 간주하는 것, 다시 말해 사회가 교육에 투자하고 기대할수록 학교와 대학은 학생에 대해 덜 요구한다는 것이다.

이 책을 쓰는 동안 나는 수많은 동료, 교사, 부모의 통찰과 조사에 의해 도전받고 또 자극받았다. 치료요법적 교육에 대한 캐스린 에클레스톤Kathryn Ecclestone과 데니스 헤이스Dennis Hayes의 연구는 내게 많은 도움이 되었다. 토비 마셜Toby Marshall, 미셸 레다Michelle Ledda, 셜리 로즈Shirley Lawes는 초고에 대해 유익한 비평을 해주었다. 나는 친구이자 공동연구자인 제니 브리스토Jennie Bristow와의 대화를 통해 부모들이 직면하는 딜레마들을 분명하게 이해할 수 있게 되었다. 이 책을 내가 만났던, 내게 많은 영감을 준 교사들에게 바친다. 그들은 자신들이 직면하는 모든 압박에도 불구하고, '문을 걸어 닫고' '심원한 교과과정'을 가르치기를 고집했다.

서론

교육의 역설

> 교육은 우리가 세상에 대해 책임을 질 만큼 세상을 충분히 사랑하는지, 그리고 같은 이유에서 갱신하지 않고는, 즉 새로운 것과 젊은이들이 도래하지 않고는 파멸할 수밖에 없는 세상을 우리가 구하고 있는지를 판정하는 지점이다. 그리고 교육은 또한 우리가 우리의 아이들을 우리의 세상에서 내쫓아 제멋대로 살게 내버려두지 않고 아이들에게서 새로운 어떤 것, 즉 우리가 예기치 못한 어떤 것을 할 수 있는 기회를 빼앗지 않을 뿐만 아니라 아이들이 공동 세상을 갱신하는 임무를 담당할 수 있도록 아이들을 미리 준비시킬 정도로 그들을 충분히 사랑하는지를 판정하는 장소이다.(Arendt, 2006[1961]: 196)

교육기관을 괴롭히는 것으로 보이는 많은 문제는 우리에게 그 문제의 희생양을 찾으라고 유혹한다. 일부 비평가들은 기회주의적인 정치인들을 비난하고, 다른 비평가들은 학교 교육과 관련하여 부실하게 고안된 시도들을 표적으로 삼아 공격하고, 교사와 부모들은 그러한 시도들의 명백한 실패들에 대해 주기적으로 비난한다. 교사들은 그들 나름으로 정부와 그 공식 감독관들을 비난한다. 사적인 대화에서 공무원들은 많은 교사가 솔직히 학생들을 교육하는 일을 감당하지 못한다고 확신한다. 그들은 또한 아이들을 그리고 넌지시 그들의 부모를 비난하기도 한다. 나는 수많은 경우에서 교사들이 자신들의 수업에 '지장을 주는' 학생들 – 그중 어떤 학생들은 여섯 살 또는 일곱 살 정도로 어렸다 – 은 물론 부모들에게까지 부정적인 감상을 드러낸다는 것에 놀랐다. 교육은 자주 무의미한 싸움이 벌어지는 전쟁터가 되었다. 그러한 싸움은 어떤 한 국가에 국한되지 않는다. 그러한 싸움은 영미 사회들에서 특히 격렬한 형태를 띠지만, 최근 몇 년 동안 나는 독일, 네덜란드, 이탈리아에서 자국의 교육체계가 작동하는 방식의 이런저런 측면에 대해 화를 내고 씁쓸해하는 부모와 교사들을 만나왔다.

교육은 서로 다른 많은 문제와 관련되어 있지만, 무엇보다도 어른들이 그 책임을 다하고 있는지와 관련되어 있다. 20세기의 선도적인 정치이론가들 가운데 한 사람인 한나 아렌트Hannah Arendt가 우리에게 상기시키듯이, "교육은 우리가 세상에 대해 책임을 질 만큼 세상을 충분히 사랑하는지를 판명하는 지점이다". 오늘날 우리는 어른으로서 우리가 청소년 교육에 대해 지고 있는 책임을 쉽게 간과한다. 사회는 계속해서 경고한다. "상관하지 마라 – 다른 사람들의 아이는 당신의 일은 아니다!" 아이들을 교육하는 일이 교과과정 전문가와 교육자들의 돌봄에 외부 위탁되어왔고, 교육은 자주 그들의 전문지식에 의존하는 별개의 특화된 활동으로 제시된다. 물론 그것도 사실이다. 하지만 교육은 또한 소수의 전문가 집단의 돌봄에 맡길 수 있는 활동을 훨씬 넘어서는 것이다. 아렌트가 제시하듯이, 어린 세대가 우리의 '공동 세상'을 갱신하도록 어른들이 그들을 문화적·도덕적·지적으로 준비시키는 일을 하는 것도 바로 교육을 통해서이다.

'어른의 책임'이라는 용어는 의미 없는 상투어라는 인상을 줄 수도 있다. 어쨌든 대부분의 어른은 청소년 교육에 거의 관여하지 않는다. 아이들에 대한 책임은 집에서는 부모나 돌보미에게, 그리고 학교에서는 교사에게 있는 것으로 인식된다. 실제로 어른들은 다른 사람의 아이들과 거리를 둘 것을 권유받고, 당연히 청소년들에게 일어나는 일은 자신의 일이 아니라고 결론 내린다.[1] 하지만 어른들은 단지 개인으로만 존재하는 것이 아니다. 그들은 보다 넓은 성인 사회의 구성원들이다. 성인들은 그들의 존재 자체로 어린 세대에게 어른임이 무엇인지를 보여주고 자신들의 행동을 통해 우리가 아이들에게 무엇을 기대하는지에 대해 아주 명확한 신호들을 보낸다. 아주 실제적인 의미에서 어른의 권위는 청소년과 불가분의 관계에 있다. 일상생활에서 어른들이 어떻게 행동하는지는 아이들이 학교에 들어갔을 때 아이들에 의해 드러난다. 만약 어른들이 집과 지역사회에서 청소년들에게 권위 있게 행동한다면, 교사들은 교실에서 권위를 행사할 때 편안하게 느낄 가능성이 크다. 그러나 일반 어른들이 어린 세대에게 지침을 제시하기를 꺼려하거나 어떻게 해야 할지 몰라 한다면, 교실에서 교사가 직면하는 도전은 때때로 대응하기 힘들 수도 있다.

오늘날 어른들은 어린 세대를 책임지는 일에서 멀어져왔다. 2009년 3월에 교사·강사협회Association of Teachers and Lecturers 회장 밥 라이트먼Bob Lightman은 교사들이 "학교 밖에서 어른과 대화할 기회를 전혀 가져본 적이 없는 것 같은" 아이들을 가르칠 것으로 예상된다고 불평했다.[2] 내가 제3장에서 주장하듯이, 세대 간 대화는 교육의 본질적 구성요소이기 때문에, 이 말이 지닌 함의는 광범하다. 어른들이 청소년들과 단절될 때, 그들은 어른의 역할을 멈추게 된다. 어른은 단순히 생물학적으로 성숙한 개인이 아니다. 어른임의 상태나 자질이 그 자체로 많은 의미를 가지기는 하지만, 어른이라는 것의 의미는 청소년들과의 관계를 통해 발전하고 명확해진다.

현재 어른의 책임에 관한 관념들은 교육문제와 관련하여 일방적으로 부정적인 방식으로 표현되는 경향이 있다. 학교 교육에 관한 논쟁에서 참여자들은 부모, 교사, 정책 입안자들의 '무책임한' 행동에 대해 거리낌 없이 비판한다. 그러나 그러한 비판들의 기저에는 자주 토론에서 점수를 따거나 비난을 회피하려는 목적이 깔려 있다. 일반적으로 부모들은 학교가 자신의 임무를 제대로 수행하지 못하는 데에는 부모들이 연루되어 있고 또 일조하고 있다는 이유로 질책당하곤 한다. 그리고 그러한 훈계는 자주 부모에 대한 경멸의식을 담고 있다. 이러한 접근방식을 전형적으로 보여주는 사례가 매우 영향력 있는 미국 보고서 『위험에 처한 국가A Nation at Risk』였다. 1983년에 발표된 그 보고서는 학업성취도 저하가 초래할 위협에 관해 미국인들에게 경고했고, 부모들에게 "당신의 아이가 존경하고 모방하고 싶어 하는 살아있는 본보기"가 될 것을 촉구했다(National Commission on Excellence in Education, 1983: 35). 한 평론가가 지적했듯이, "『위험에 처한 국가』 초반부에 제시되어 있는, 아이에게 관여하지 않고 헌신하지 않는 부모들에 대한 묘사는 사람들을 아주 기분 나쁘게 만들었다. 왜냐하면 그러한 묘사가 부모를 모든 교육문제에 대한 희생양으로 만드는 것을 정당화하는 것처럼 보였기 때문이다"(McCaslin and Infanti, 1998: 280). 유사한 감상들이 영국에서도 주기적으로 표출된다. 영국 보수당의 교육 담당 대변인을 지낸 팀

콜린스Tim Collins는 "부모들이 너무나 자주 그런 끔찍한 본보기를 보이는 상황에서 청소년들의 행동이 타락하는 것을 놓고 학교를 비난해봐야 아무런 소용이 없다"라고 진술했다.[3] 이 경우에 부모를 비난하는 것이 학교를 비난하는 것에 대한 하나의 분별 있는 대안으로 등장한다. 노동당 정부의 아동·학교·가족부 장관인 하원의원 에드 볼스Ed Balls는 "부모들은 자신들의 책임을 인정해야만 하고" 만약 책임을 인정하지 않는다면 처벌을 받아야 한다고 언급하면서 유사한 견해를 취했다.[4]

너무 많은 교사가 부모는 적이라는 태도를 취한다. 교사·강사협회의 사무총장 매리 부스테드Mary Bousted는 "우리는 너무나 많은 아이가 학교에서 나쁜 행동을 하고 있고, 심지어 교사들에게도 폭력적인 행동을 할 지경이라는 것을 알고 있다"고 쓰고 있다. 그리고 그는 "이것은 아주 소름끼치는 일이지만 많은 아이가 그저 자신들의 부모의 행동을 그대로 따라하는 것이기 때문에 놀랄 일이 아니다"라고 덧붙인다.[5] 이러한 감상은 "너무나 많은 사례에서 나쁜 행동의 근본 원인은 학생의 가정생활"이라고 주장하는 학교·대학 지도자 협회Association of School and College Leaders의 사무총장 존 던포드John Dunford에 의해 강화된다.[6]

일부 사람들이 이 교육 드라마에 부모를 악한으로 캐스팅하는 반면, 다른 사람들은 부모에게 교육의 구세주 역할을 배정한다. 2008년 8월에 아도니스 경Lord Adonis은 교육부 장관 자격으로 "우리는 형편없는 공립학교의 개선을 강제하는 일에 '극성스러운 부모들'이 더 많이 나서게 할 필요가 있다"라고 말했다.[7] 2009년 3월 영국 정부는 부모와 학생이 '만족도 평가'를 통해 자기 학교의 등급을 매길 수 있게 하는 계획을 발표했다.[8] 그러한 부모 개입 요구는 부모들이 학교 교육의 질을 개선하기 위해서는 아무 일도 하지 않으면서 자녀들이 다니는 학교에 대한 욕구불만을 드러내는 경향을 강화함으로써 성인 사회를 분열시키는 긴장만 격화시킬 가능성이 크다.

내친김에 말하면, 부모들이 손가락질 받는 어떤 다른 성인 유권자들 못지않게 비난받을 만하다는 지적은 주목해볼 만한 가치가 있다. 부모들은 너무나도 자주 자녀의 대변자 역할을 취하고, 자신의 아이에 대한 교사의 비판을 자신들에 대한 모욕으로 간주한다. 부모들은 교사의 권위를 강화하고 지지하기는커녕 자신도 모르게 그 권위를 손상시킨다. 실제로 성인의 연대의식을 부식시킬 수 있는 가장 걱정스러운 것 중 하나가 부모가 자신의 아이 앞에서 아무 거리낌 없이 교사들을 비판하는 것이다. 그러한 부정적 발언들은 교사들의 권위뿐만 아니라 모든 어른의 권위도 손상시킨다.

그러한 '비난 게임'은 어른의 책임을 다하라는 요구이기는커녕, 자주 그러한 의무를 회피하려는 시도를 드러내는 것일 뿐이다. 불화를 일으키는 쩨쩨한 언쟁들은 어른들이 어린 세대를 위해 협력하고 공동의 책임을 질 준비가 되어 있지 않다는 것을 말해준다. 생각 있는 사람들이 대체로 세대 간 관계를 잘 꾸려나가는 문제에 대해 걱정하기는 하지만, 그것은 좀처럼 그 자체로 다룰 필요가 있는 문제로 개념화되지 않는다. 이 문제에 대한 태도들도 분파적이 되는 경향이 있다. 부모들은 학교가 더 권위를 행사하고 아이들로 하여금 규율을 지키게 하기를 바라는 반면, 교사와 정치가들은 엄마와 아빠에게 부모의 책임에 대해 훈계한다. 그러한 제한적인 부분적 접근방식은 세대 간 대화를 회복하는 데 그리 도움이 되지 않는다.

교육에 관한 논쟁에서 어른 책임의 개념은 좀처럼 중요한 문제로 인식되지 않지만, 그 개념은 실제로 정규 교육의 모든 측면에 영향을 미치고 있다. 실제로 정규 교육을 확대하는 것 자체가 어른의 권위가 후퇴함으로써 생긴 빈 영역을 채우려는 시도로 이해될 수 있다. 이런 이유에서 잉글랜드의 초등 교육에 대한 최근 논평은 "사회가 아이들에게 기대하는 행동 기준들에 사회 전반이 항상 부응하지 않고 또 항상 그 기준들의 모범이 되지도 않기" 때문에 계속 증가하는 일련의 사회문제들에 학교가 대응할 필요가 있다고 지적했다(Department for Children, Schools and Families, 2008: 45). 아이들의 개인적 발달에 관심을 가지라는 이러한 요구는 '사회 전반'이 청소년들에게 올바른 모범이 되지 않고 있다는 사실에 근거하여 성낭화된다. 하지만 학교는 성인 사회가 그러한 일을 하는 데 실패한 것을 만회하는 데서 단지 제한된 역할만을 할 수 있을 뿐이다. 이 책의 목적은 개별 성인들의 행동을 비난하는 것이 아니다. 왜냐하면 문제는 전체로서의 사회가 어른 세대가 책임을 수행하는 것에 대해 의미를 부여하지 못한다는 데 있기 때문이다.

애석하게도 어른의 책임 수행이 문화적으로 그리 긍정받지 못한다는 사실은 공개적으로 인지되지 않고 있다. 사회는 세대 간 대화 수행 방법을 직접 다루는 대신에 동기부여 기법과 교육학의 전문지식이 하나의 해결책이 될 것이라고 막연히 기대함으로써 그 문제를 우회하고자 해왔다. 아이들에게 동기를 부여하기 위해 이용하는 장치 중 몇몇은 절망감을 느끼게 한다. 일부 학교는 예의바르게 행동하기로 약속하는 아이들에게 아이팟과 게임기 같은 상을 준다. 그리고 그러한 유혹물들이 동기를 부여하는 데 실패할 때, 학교는 학교의 질서를 유지하기 위해 '보안관'을 고용하는 등 전문 군중 통제자들에게 의존한다.[9] 어른 권위의 대체물을 계속해서 찾아왔던 것이 그간 교육제도를 확장시킨 주요 동력들 중 하나이다.

교육은 성인 사회가 가지고 있는 문제들의 집합소가 되었고, 이것이 바로 교육의 역할이 그토록 극적으로 확대되어온 이유의 하나이다. 불행하게도 학교는 자신에게 할당되어온 문제들을 해결할 마법의 힘을 가지고 있지 않다. 동기부여 기법과 교육학의 전문지식은 21세기 어른들의 모호한 권위행사 방식을 벌충할 수 없다. 설상가상으로 교육의 소관사항이 확대되면서 가르치는 일은 더욱 복잡해지고 있다. 교육이 모든 것이 될 때, 교육은 교육이기를 멈춘다. 우리는 교육을 사회의 문제들을 해결하기 위한 만능의 제도로 전환시키고자 하는 사람들로부터 교육을 구출할 필요가 있다.

위기 징후와 위기 원인의 혼동

어떤 문제가 교육의 근본적인 문제인지에 관해서는 합의된 바가 별로 없다. 빈민지역이나 주변화된 지역 출신 아이들의 분명한 '학습부진'에 대해 학교가 할 수 있는 일이 그리 많지 않다는 것에 대한 우려가 널리 퍼져 있지만, 어떤 사람들은 교사들이 '사회 부적응자들'의 응석을 받아주는 데 너무 많은 시간을 쓰고 '총명한' 아이들의 요구를 간과한다고 주장한다.[10] 일부 정책 입안자들은 경제적으로 불우한 사람들의 학습부진과 우등생들에 대한 격려 부족 모두를 걱정한다. 학업수준은 끊이지 않는 논쟁의 주제이다. 정부 관리들은 정책들이 "학업수준을 역대 최고로 끌어올리는 데 도움이 되어왔다"고 주장하는 반면, 비판가들은 하향평준화 현상을 한탄한다.[11] 학교 규율에 관한 우려 또한 만연하지만, 학업수준의 문제와는 달리 어느 누구도 학교 규율이 점점 더 나아지고 있다고 주장하지 않는다.

교육과 교육의 의미는 항상 논쟁의 한 원천이 되어왔다. 교육은 교육 그 자체를 위한 것이어야 하는가? 학교가 아이들에게 종교적 가치와 국가적 가치를 심어주는 것은 옳은 일인가? 아동의 사회화를 위해 학교가 얼마나 많은 책임을 떠맡아야 하는가? 아이들에게 직업세계를 준비시키는 것이 교육의 목적인가? 이러한 질문들은 수세기를 거쳐 제기되고 재차 제기되어왔기 때문에, 21세기의 공중이 계속해서 교육의 의미와 목적을 놓고 논쟁을 벌이는 것은 놀랄 만한 일이 아니다. 하지만 교육에 대한 오늘날의 논의는 그것이 기본 원리에 대한 논쟁에 한정되지 않고 사실상 학교 교육의 모든 측면에 손을 댄다는 점에서 새롭고 전례 없는 것이다. 최근에 학교 교육에 관한 논쟁은 계속 늘어나는 다양한 전문화된 관심사로 확장되어왔다. 심지어는 가장 효과적인 읽기 교수법, 평가·시험·검사의 역할, 그리고 교과과정의 내용과 관련된 교수법의 문제들도 지속적인 논쟁의 주제가 되어왔다.

정책, 교육학, 그리고 학교 교육의 에토스에 관한 격론들은 사회의 너무나도 많은 선입견과 불안들이 교육을 통해 문화 속에서 굴절되고 있음을 보여준다. 그러나 유감스럽게도 그러한 논쟁들은 좀처럼 문제가 정확히 무엇인지를 보여주지 못한다. 그러한 논쟁들은 항상 문제의 징후들에 초점을 맞춤으로써 문제의 징후와 문제의 원인을 혼동하는 경향이 있다. 이 책에서 내가 주장하는 핵심 논점들 중 하나는, 서로 다른 징후들 — 만족스럽지 못한 학업수준, 교과과정과 관련한 혼동, 청소년들을 사회화하는 방법과 관련한 불확실성, 규율을 강화하는 명확한 방법의 결여 — 이 어른의 권위라는 보다 근본적인 문제의 결과라는 것이다. 내가 계속되는 장들에서 주장하듯이, 현대 사회가 어른의 권위 행사를 가치 있게 여기고 긍정하기를 꺼려하는 것이 청소년들의 잠재력을 개발하는 우리의 능력을 약화시킨다는 것이다. 어른의 권위가 정당하게 평가받지 못할 경우 교사들의 많은 노고 및 노력과 사회의 많은 자원이 낭비된다.

어른의 권위 행사가 누리는 애매한 지위는 다섯 가지 중요한 측면에서 교육에 부정적인 영향을 미친다.

1. 어른의 권위는 과거의 경험이 누리는 지위와 뗄 수 없게 연결되어 있다. 역사적으로 어른의 권위는 인류의 지식과 문화적 성과물이 남긴 유산들을 전달하는 어른들의 능력에 크게 기초하고 있었다. 어른임의 애매한 지위는 교육 전문가들로 하여금 어른들의 지식과 이론적 교과목의 권위에 대해 빈번히 의문을 제기하게 하는 분위기를 조장해왔다. 이 과정이 초래한 한 가지 유감스러운 결과는, 그 과정에서 교과목에 기초한 지식의 지위를 의식적으로 의문시하는 교육학적 신념과 관행이 힘을 얻었고, 그리하여 학교 교과과정에서 이론 학습이 축소되었다는 것이다. 많은 정책 입안자와 교과과정 설계자들은 교과목 중심의 지식공부보다는 현재의 경험으로부터 더 많은 것을 배울 수 있다고 주장한다. 그들은 자주 교과목 중심의 이론적 지식을 '협소한' 것으로 치부하고 교과과정의 "폭을 넓힐 것"을 요구한다.
2. 역설적이게도 이른바 우리의 '지식사회'에서 교육이 계속해서 찬양받고 있음에도 불구하고, 정규 학교 교육과 교육의 권위는 정책 입안자와 교과과정 설계자들에 의해 은연중에 의심받고 있다. 정규 학습이 자주 비정규 형태의 학습과 아무 거리낌 없이 대비된다. '평생

학습'이라는 널리 호평 받는 개념이 자주 교육이 취해야만 하는 진지함의 증거로 제시된다. 그러나 교육이 평생 프로젝트로 재활용될 경우, 청소년들의 정규 교육에 부여되는 중요성은 상대적으로 낮아진다. 실제로 평생학습의 일부 옹호자들은 잠재적으로 더 나은 다른 학습 모델이 있다는 것을 알리기 위해 아동 교육을 '전반기 학습 모델front-end model of learning'이라고 표현한다. 은연중에 그리고 때로는 명시적으로, 정규 교육의 권위가 의심받고 있다.

3. 어른 권위 일반의 부식은 교사의 지위에 직접적인 영향을 미친다. 지난 25년 동안 교사라는 직업의 지위는 중요한 변화를 겪어왔다. '교사'라는 용어 자체가 권위 의식을 담고 있기 때문에, 이 용어가 문제시되어왔다. 현재 학교의 모든 성원 – 교사와 학생 – 을 '학습자'로 지칭하는 경향이 증가하고 있다. 많은 교육자가 교사는 권위 있는 인물authority figure의 역할을 하는 대신 촉진자facilitator 역할을 맡아야 한다고 주장한다. 교사의 권위 역시 교과목에 기초한 지식에 부여된 가치가 감소함에 따라 더욱 평가절하되고 있다. 많은 교육자가 학교에서 이론적인 교과목을 가르치는 것을 부적절한 것으로 간주한다. 교사들의 권위는 과목에 대한 그들의 전문지식에 의존하기 때문에, 현재의 교과목에 대한 평가절하는 교사들의 직업 지위에 직접적인 영향을 미친다. 이러한 사태들이 누적되어 초래된 결과가 바로 교직의 지위 하락이다.
4. 어른 권위의 역할과 지위를 둘러싼 혼란들은 사회가 어린 세대를 사회화할 수 있는 능력을 가지고 있는지에 대해 의구심을 가지게 해왔다. 권위가 상실되면 어른들은 어린 세대에게 전달할 중요한 어떤 것을 가지고 있다는 주장이 허물어진다. 빈번히 이러한 어른 권위의

위기는 어른들이 공유된 규범 및 가치의 체계를 어린 세대에게 분명하게 그리고 설득력 있게 전달할 수 있는 능력을 갖고 있지 않은 것처럼 느끼게 한다. 일반적으로 학교는 학생들의 사회화를 책임지는 임무를 맡고 있다. 그리고 때때로 학교는 더 넓은 사회가 해답을 가지고 있지 않은 문제에 대한 해결책들을 찾아낼 것을 기대받고 있는 것으로 보인다. 그 결과 사회의 문제는 자주 교육의 문제와 혼동된다. 어른의 권위가 감소됨에 따라 학교의 역할은 특히 사회화의 영역에서 확대되는 것으로 보인다.

5. 어른의 권위 행사를 둘러싼 혼란은 권위 있는 형태의 훈육을 저해해 왔다. 어른의 권위 행사가 문화적으로 거의 긍정되지 않기 때문에, 학교와 교사들은 교실 규율을 유지하는 데서 방향감각을 거의 상실했다. 교사들이 교실 규율을 관리할 용기를 잃고 있다는 점은 이제 쉽게 감지할 수 있을 정도이다. 많은 교사들이 (10대들은 물론이고) 어린아이들의 공격적 행동으로 인해 자신들이 "위험에 처해" 있다고 말한다. 한 논평자는 "어른들은 청소년 공포ephebiphobia로 고통 받고 있다"고 언급해왔다.[12]

위에서 약술한 다섯 가지 경향 중에서 공중의 관심을 받는 유일한 주제는 규율에 관한 것이다. 사회가 약자 괴롭히기, 무단결석, 반사회적 행동 같은 문제들을 무시하기란 쉽지 않다. 하지만 불행하게도 규율의 문제는 그것이 보다 극적으로 그리고 폭력적으로 표출되고 난 다음에야 논의되는 경향이 있다. 규율은 단지 나쁜 행동을 관리하는 것에만 국한된 것이 아니다. 그것은 청소년들의 취향과 감성을 계발하고 훈육하는 창조적 차원 역시 가지고 있다. 규율 습관의 내면화는 아이들이 독립심과 자기통제감을 갖는 데 도움을 주는 습관과 태도를 촉진한다. 이론적·지적 학습과 학교 교육의 공식 절차가 규율에 미치는 영향과 관련한 근본적인 문제들은 이 주제에 대한 현재의 공적 대화에서 간과되고 있다.

현재의 많은 교육 정책과 교수법 관행은 어른의 권위 행사를 둘러싼 어려움을 상쇄하거나 그 어려움들을 회피하기 위해 시도되는 반半의식적 노력들이다. 교육 자체 내에서는 이 어려운 문제를 우회할 수 있는 동기부여 기법을 발명하는 데 중점을 두고 있으며, 새로운 교육의 어휘는 어른 권위의 쇠퇴에 대응하는 용어들로 가득 차 있다. '학습하는 법의 학습', '성찰적 학습', '평생학습', 'e-학습', 또는 '체험 학습'과 같은 용어들은 강조점이 가르치기에서 학습하기로 이동하고 있고 또 권위가 교사에서 학습자로 이동하고 있음을 보여준다. 비록 이 용어들이 학습의 서로 다른 측면들을 언급하고 있지만, 그것들은 모두 교사의 권위 있는 리더십에 의존하지 않는 형태의 학습을 촉진하고 뒷받침하려는 공통의 열망을 담고 있다. 이러한 경향에 대한 한 중요한 연구가 우리에게 상기시키듯이, "이 모든 교수법 전략은 위계를 없애거나, 적어도 그 위계를 눈에 보이지 않게 하려는 시도의 가닥들로 인식될 수 있다"(Young and Muller, 2007: 181).

위계를 없애려는 교수법 프로젝트는 보다 민주적인 방식으로 교육을 관리하고자 하는 조치로 자주 오해된다. 많은 학교가 자신들은 학생들에게 학생들 자신의 견해를 표명할 기회를 제공한다고 주장한다. 정책입안자들 또한 학생들의 목소리를 제도화할 것을 제창하고, 때때로 어른의 권위는 중요하지 않다고 생각한다. 이러한 새로운 계획들은 어른들의 권위 있는 행동에 의지하는 방식이 아니라 많은 경우 행동관리 기법을 사용하여 학생들에게 동기를 부여하고자 하는 프로젝트를 뒷받침하는 에토스로부터 영감을 얻고 있다. 이 접근방법이 초래한 불행한 결과들 중 하나가 그것이 동기부여에 초점을 맞춤으로써 교과과정의 내용을 희생시킨다는 것이다. 내가 제6장과 제7장에서 지적하듯이, 학교에서 사용하는 동기부여 기법과 행동관리 기법들 중 많은 것이 교실에서 반지성주의적인 분위기를 조장한다. 2009년 4월에 발표된 한 정부위탁 보고서는 교사들이 오늘날 인기 있는 텔레비전 퀴즈쇼 기법들을 채택함으로써 학생들의 주목을 끌려고 노력해야 한다고 제안했다.[13]

교육의 장에서 학생에게 동기를 부여하는 것은 학교가 항상 부여받아온 중요한 과제였다. 역사적으로 학생들은 서로 다른 요소들의 조합을 통해 학습동기를 부여받았다. 삶의 경험, 그리고 자신의 삶의 기회들을 향상시키고자 하는 욕망이 아이들로 하여금 교육을 진지하게 대하게 하는 데 자주 기여해왔다. 학교에서 내려지는 권위 있는 지침, 그리고 때로는 교사들이 제공하는 영감이 청소년들에게 동기를 부여하는 데 도움을 주어왔다. 학습 열망과 공부 열의는 가족과 지역사회의 영향을 받으며, 또한 학교와 교사가 제공하는 권위 있는 리더십의 결과이다. 동기부여 기법들은 학생들을 고무하는 데 유용한 도구들이지만, 그것만으로는 효과적인 학습 환경을 조성하는 데 좀처럼 성공하지 못한다. 더 중요한 것은, 동기부여를 그 자체로 하나의 문제로 개념화하는 경향이 자주 아이들에게 동기를 부여하기 위해 아이들로 하여금 도전적인 교과과정에 참여하는 것을 멀리하게 하는 기법과 장치들에 일방적으로 의존하게 한다는 것이다. 이를테면 최근 몇 년간 정보기술을 활용하여 학생들의 관심을 끌고자 했던 시도들은 교실에 동기를 부여하는 데 실패해왔다. 그럼에도 불구하고 잉글랜드의 초등교육에 대한 최근 논평은 "심층 교육과 학습에 대한 요구를 충족시키는 한 가지 유망한 방법은 의심할 여지없이 ICT(정보통신기술)에서 출현하고 있다"라고 결론짓는다(Department for Children, Schools and Families, 2008: 29). 이 보고서가 이처럼 심층 교육의 필요성에서 곧바로 ICT로 개념적 비약을 한다는 것은 교육 기법이 교육 내용에 대해 승리를 거두었음을 보여주는 증거이다.

더 걱정되는 것은 '동기부여'의 교육학이 자주 학교에서 학문적 에토스를 약화시키는 데 기여할 뿐만 아니라 학교 훈육의 기준이 된다는 것이다. 그것은 어떻게 하면 아이들로 하여금 계속해서 학습에 흥미를 가지게 할 수 있는가 하는 교육 방법의 문제를 아이들이 무엇을 배워야만 하는가 하는 교육 내용의 문제보다 더 우선시하는 문화를 조장한다. 이를테면 많은 교과과정 설계자가 아이들이 책을 읽도록 동기화하는 것이 불가능하기 때문에 아이들에게 DVD를 보여주거나 쉬운 연습문제지를 제공하는 것이 바람직하다는 견해를 가지고 있다. 최근 아동문학상을 수상한 잉글랜드의 아동문학가 마이클 로젠Michael Rosen은 학교에서 많은 학생이 단 한 권의 소설도 읽지 않은 채 성장기를 보내고 있다고 지적했다. 그는 연습문제지를 통해 아이들에게 짧은 발췌문을 제공하는 관행을 '터무니없고' '한심한' 짓이라고 비난했다.[14] 내가 일곱 살에서 열한 살까지의 아이들과 나눈 인터뷰들은 로젠의 우려를 확인해준다. 많은 학교가 아이들 — 특히 남자 아이들 — 이 책 읽는 것을 좋아하게 할 수 있다는 생각을 거의 포기해왔다. 최근 네덜란드의 일군의 교사들은 '연습문제지 문화'가 아이들로 하여금 책의 세계를 멀리하게 하는 방식과 관련한 불만을 나에게 토로하기도 했다.

동기부여의 정명은 또한 학교에서 교사-학생 관계에 유해한 영향을 미친다. 2009년 1월에 학교 단속기관인 교육기준청Office for Standards in Education: Ofsted은 학생들의 행동 악화가 수업시간에 자극이 부족하기 때문이라는 우려가 일자 '따분한' 교사들을 엄히 단속할 것이라고 공표했다. 수석 장학사인 크리스틴 길버트Christine Gilbert는 "지루함과 학업성적 간에는 [강한] 연관성"이 존재한다는 "유력한 증거들이 있었다"는 이유로 이 일제단속을 정당화했다.[15] 모든 독자가 학창시절에 '따분한' 교사를 만났을 것이고, 지루한 상태가 학교생활의 바람직한 특징이 아니라는 것을 이해할 것이다. 하지만 수학, 과학, 문법, 또는 외국어를 가르칠 수 있는 교사들이 현저히 부족한 시점에서 따분한 교육자들에게 초점을 맞추는 것은 상황을 편협하게 판단하고 있는 것이다. 교육기준청이 범한 또 하나의 어리석은 짓은 아이들에게 그들의 교사가 지닌 장점과 약점에 관한 편지를 써서 보내고 있다는 것이다. 한 학교에서는 네 살짜리 어린 학생들이 교육기준청으로부터 다음과 같은 사실을 알리는 편지를 받았다. "우리는 여러분들의 선생님에게 더 열심히 노력해야 한다고 말했어요."[16] 필사적으로 추구하는 동기부여 임무는 때로는 우스꽝스럽게 풍자되기도 한다. 어떤 경우에는 아이들이 학교에 남아 있다거나 시험공부를 한다는 이유로 돈이나 선물을 제공받기도 한다.[17]

우리가 동기부여에 대해 어떻게 생각하든 간에, 모든 학생에게 동기를 부여하는 것이 항상 가능한 것은 아니며, 지루함에 대한 에피소드들은 아이들의 삶에서 나타나는 통상적 특징의 하나이다. 책임 있는 어른이라면, 아이가 "나 지루해"라고 말한다고 해서 어릿광대가 되는 식으로 반응하지는 않을 것이다. 교육에서도 역시 마찬가지이다. 동기부여에 대한 오늘날의 일방적인 강박은 아이들 역시 교육에 책임이 있다는 사실을 간과하고 있다. 전국교원연합여교사연맹Association of Schoolmasters Union of Women Teachers: NASUWT의 사무총장 크리스 키츠Chris Keates는 다음과 같은 진술로 크리스틴 길버트에게 응답함으로써 핵심을 찔렀다. "수석 장학사가 매일 매순간 모든 수업이 흥분으로 가득 차 있어야 한다는 견해를 피력하는데, 교육은 그렇지 못하다." 그리고 그녀는 더 불길한 어조로 이렇게 덧붙였다. "그런 논평들은 학생들을 포함한 모든 사람에게 교사들을 동네북으로 만든다."[18]

교육의 유아화

교육학, 즉 가르치기의 과학은 당연히 학습에 대한 학생들의 열정을 증진시키는 관행들을 개발하는 일을 항상 수행해야 할 것이다. 하지만 그러한 관행들의 효율성은 교육자들의 권위 있는 리더십에 달려 있다. 성인 사회가 자신들의 권위 행사가 도전받고 있음을 알게 되는 경우 가운데 하나가 자신들이 청소년들의 존경을 받는 데서 어려움을 느낄 때이다. 부모와 교사들은 청소년들이 자신들의 지도에 긍정적으로 반응하고 자신들의 생각을 받아들일 때에는 자신들이 존중받고 있음을 곧바로 알 수 있다. 그것이 바로 어른의 권위 문제가 빈번히 동기부여의 위기로 경험되는 이유이다. 아이들의 어른들에 대한 무관심은 어른들의 리더십이 전혀 효과적이지 못한다는 것을 상기시켜준다. 현재 교육에서 이러한 리더십의 위기를 보여주는 징후가 바로 지루해하는 어린이들에게 어른들이 일방적으로 집착하는 것이다.

어른의 권위에 대한 낮은 평가는 [비록 동기부여의 위기를 통해] 간접적

[으로이기는 하지만] 어른들로 하여금 아이들이 도전적인 경험들에 뛰어들 수 있는 능력을 지니고 있다는 것을 믿지 못하게 만든다. 교육에서 아이들에게 지속적으로 동기를 부여할 필요가 있다는 가정은 아이들을 유아화하는 경향이 있는 교육학을 제도화하게 해왔다. 많은 교육자가 아이들과 직접적으로 관련이 있는, 그리고 아이들이 쉽게 접근할 수 있는 재료로 아이들을 가르칠 필요가 있다고 주장한다. 놀이가 학습의 이상적 매개물이라고 가정하는 교육자들은 너무나도 자주 아이들을 어린애처럼 취급한다. 1930년대에 미국 교육이론가 마이클 데미어시케비치Michael Demiashkevich는 진흙 파이를 만들고 인형 옷을 입히는 것은 중요한 유치원 활동이지만 "중학교와 대학에서까지 그러한 활동이 계속해서 지배하게 해서는 안 된다"고 경고했다(Ravitch, 2000: 293에서 인용). 하지만 21세기에는 더 이상 유아원에서만 어린애식 교수 기법을 활용하는 것이 아니다. 우리가 제7장에서 지적하듯이, 역할놀이와 치료요법적 기법이 점점 더 교육체계 전체에서 활용되고 있다.

아이들을 유아화하는 경향은 심지어 학교가 아이들의 놀이를 관리하는 방식에도 영향을 미친다. 널리 알려진 견해에 따르면, 아이들은 그들의 취약성에 의해 정의되고 사실상 모든 것으로부터 "위험에 처해 있는" 것으로 특징지어진다.[19] 그 결과 학교는 놀이와 관련된 위험들에 대해 걱정하고, 때로는 아이들의 신체활동을 주의 깊게 통제하려고 한다. 최근 많은 초등학교가 접촉 스포츠, 특히 경쟁이 치열한 스포츠는 학생들에게 적합한 활동이 아니라는 결론을 내려왔다. 2008년 8월 영국 총리 고든 브라운Gordon Brown은 국가가 학교에서 보다 경쟁적인 스포츠를 실시하게 할 필요가 있다고 공언했다. 그는 자신의 정부가 "학교에서 경쟁 요소를 줄이는 비극적인 실수를 바로잡기" 시작했다고 주장했다. 하지만 그의 공언이 서로 경쟁하고자 하는 아이들의 열망에 반대하는 강력한 문화운동을 약화시킬 것 같지는 않다. 경쟁이 아이들의 감정적 웰빙을 위협한다고 주장하는 교육자, 심리학자, 건강 전문가들로 구성된 막강한 집단이 스포츠 에토스와 관련된 이상에 격렬하게 이의를 제기하고 있다. 이 견해에 따르면, 1등이 되는 것에 실패한 아이들은 장기적인 트라우마를 겪고, 그들의 자존감은 평생 손상될 위험에 처한다.

많은 학교가 이른바 패자 없는 '협력 게임'을 도입해왔다. 경쟁에 반대하는 운동가들은 아이들을 위해 주의 깊게 관리된 형태의 치료요법적 스포츠 교육을 제창한다. 그들은 모두가 칭찬을 받고 자존감을 얻을 수 있는 협력적인 스포츠로부터 아이들이 큰 심리적 이득을 얻는다고 믿는다. 하지만 실제로는 아이들은 그러한 감정적으로 옳은 제스처들을 동반하는, 제조된 형태의 형식적 의례들로부터 아무것도 얻지 못한다. 모든 아이가 '최선을 다한 것'에 대해 상을 받을 경우, 청소년들은 그것을 통해 즉시 알아챈다. 어린 나이이지만, 그들은 아무도 패하지 않으면 아무도 이기지 못한다는 것을 미루어 안다.

아이들에게 실패를 경험하지 않게 하려는 시도는 얼마간 그들에게 동기를 부여하는 것에 대한 하나의 대안 역할을 한다. 직설적으로 말하면, 많은 교육자가 "당신이 그들에게 동기를 부여할 수 없다면 적어도 그들이 스스로에 대해 좋은 감정을 느끼게 만들어라"라고 결론을 내려왔다. 교육의 치료요법적 전환을 지지하는 사람들 역시 아이들이 행복하면 학습동기를 느끼게 될 것이라는 착각에 동의한다. 하지만 그간의 경험은 학교에서 실패를 없애고자 하는 프로젝트가 아이들을 유아화하여 실제로는 그들이 직면하는 문제들에 대처할 능력을 손상시킨다는 것을 보여준다.

학교는 아이들을 칭찬하고 그들의 자존감을 끌어올리는 것이 아이들의 웰빙에 결정적이라는 생각에 집착해왔다. 아이들을 비판하는 것이 '나쁜 관행'으로 간주될 정도로, 자존감의 증진은 하나의 운동의 성격을 지니게 되었다. 최근에 스코틀랜드에 소재한 자신감·웰빙센터 Centre for Confidence and Well-being의 최고 책임자인 캐럴 크레이그Carol Craig 박사는 청소년들은 과도하게 칭찬받아왔고 이는 '나밖에 없다all about me'는 심성을 발전시켜왔다는 것을 시인했다. 그녀는 "부모들은 자신의 아이들이 어떤 잘못을 했는지를 더 이상 듣고 싶어 하지 않고" 자신들의 아이에 대한 어떤 비판도 불쾌해한다고 지적했다. 무엇보다 중요한 것으로, 크레이그는 자존감 어젠다가 아이들의 교육에 해로운 영향을 미친다고 경고했다. 그녀는 "우리가 비판을 삼가면 아이들의 학습의욕이 꺾이지 않을 것이라고 생각하는 것은 우리의 착각"이라고 진술했다.[20]

아이들을 취약하고 허약한 개인들로 취급하는 경향은 아이들이 스스로의 회복력과 대처능력을 발전시키는 것을 저해하는 역효과를 초래한다. 경험적으로 볼 때, 아이들의 자존감을 끌어올리려는 인위적인 시도들은 아이들에게 자신감을 더 많이 가지게 하지 않으며, 치료요법적 교육은 압박감에 대처하는 아이들의 능력을 떨어뜨린다. 보고서와 조사들은 아이들이 그 어느 때보다 오늘날 더 많은 압박을 받고 있다고 거듭 지적한다.[21] 이러한 조사들이 실제로 의미하는 바는 아이들이 곤란한 상황에 대처할 수 있는 교육을 받지 않아왔다는 것이다. 아이들은 압박감을 질병의 표시로 인식하도록 과도하게 사회화되어왔다.

청소년들의 실존적 불안이 잠재적인 정신건강 문제로 다루어질 경우, 그것은 청소년들로 하여금 무력하고 아프다고 느끼게 만들 가능성이 크다. 공허한 칭찬을 먹고 살고 좀처럼 도전받지 않고 심지어 실패와 맞설 것을 강요받지 않은 아이들은 삶의 테스트를 견딜 준비가 제대로 되어 있지 않다. 이 경우 비교적 흔한 에피소드들조차도 감정적 방향감각의 상실을 유발하는 원인으로 경험될 것이다. 이를테면 지난 십 년 동안 초등학교에서 중등학교로의 이행기가 아이들에게 하나의 주요한 트라우마적 사건으로 제시되어왔다. 상급 학교를 시작하는 과정이 흥분되는 경험으로 묘사되기는커녕 수세기 동안 삶의 정상적 차원으로 간주되어온 그 같은 과정 때문에 많은 아이가 이행기 카운슬링을 받는다. 많은 형태의 치료요법처럼 이행기 카운슬링은 자기충족적 예언self-fulfilling prophecy이 되는 경향이 있다. 일단 아이들이 중등학교에 가는 것을 커다란 트라우마적 경험으로 생각하게 되면, 그들 중 많은 아이가 통상적인 불안과 불안정을 심리학적 어휘를 통해 해석하게 된다. 그 결과 점점 더 많은 아이가 자신들의 불안을 병리학적 용어로 재해석하고 방향감각을 상실한다. 이 막연한 불안을 보여주는 징후 중 하나가 '학교공포증'으로 불리는, 최근에 발명된 상태가 점점 더 많이 언급되고 있다는 것이다.[22] 대부분의 성인은 어렸을 때 학교가 아주 싫다고 느꼈던 경우를 수없이 떠올릴 수 있을 것이다. 하지만 오늘날 아이들은 더 이상 학교를 증오하지 않는다. 그들은 학교공포증으로 고통 받는다. 삶의 시련에 대한 청소년들의 불안 반응을 질병으로 진단하려는 경향은 고등교육으로까지 그대로 이어진다. 대학에서 시험을 치르는 것을 걱정하는 학생들은 '시험증후군'으로 고통 받고 있는 것으로 진단된다.

교육을 유아화하는 경향은 교실에서 스마일 배지가 여기저기에서 눈에 띄거나 치료요법적 의례들이 제도화되는 것에 국한되지 않는다. 내가 제6장에서 지적하듯이, 이러한 경향은 또한 수업과 교과과정 내용 모두에 영향을 미친다.

교육의 역설

교육의 유아화는 언뜻 보기에 그것과 모순되는 경향처럼 보이는 것, 즉 우리가 교육기관을 어느 때보다 진지하게 받아들이는 것과 동시에 발생한다. 최근 몇 년 동안 교육은 계속해서 확대지출된 재정자원의 수혜자였고, 정부도 다양한 긍정적인 성과를 전하는 이 기관의 능력에 여전히 기대를 걸고 있다. 그러나 역설적이게도 우리가 교육에 대해 더 많이 기대할수록 우리는 아이들에게는 덜 기대하고, 사회가 교육에 더 많이 투자하고자 할수록 우리는 교육 자체를 덜 중요한 것으로 평가한다.

서구 세계 도처에서 정책 입안자들과 언론은 아이들의 교육에 지속적으로 우려를 표명해왔다. 토니 블레어Tony Blair 전 총리가 1996년 노동당 전당대회에서 자신이 공직에 오르면 추진할 세 가지 우선 과제가 "교육, 교육, 또 교육"이라고 말했을 때 누구도 불평하지 않았다. 44년 후에도 여전히 끊임없이 '교육'이라는 단어를 반복해야 할 필요를 느끼자, 블레어는 그의 "정부의 열정의 대상"은 "교육, 교육, 교육"이 될 것이라고 재차 약속했다. 교육이라는 대의에 대한 그러한 열정적인 헌신은 유럽 도처의 정책 문서들에서도 끊임없이 반복된다. 지금부터 2세기 후에 우리 시대를 되돌아보는 어떤 역사가가 21세기에 교육은 유럽의 문화적 엘리트를 발분시킨 지배적인 신념이었다고 추론한다고 하더라도 무리가 아닐 것이다.

하지만 신문 머리기사들이 교육에 붙이는 온갖 중요성에도 불구하고, 이 현상이 의미하는 것은 전혀 분명하지 않다. 실제로 사회가 교육에 대해 더 많이 이야기할수록, 교육은 그 자체로 하나의 가치 있는 것으로는 덜 긍정된다. 교육은 경제성장에 기여할 수 있는 잠재력으로 인해 빈번히 찬양받고, 사회적 포함social inclusion과 사회이동을 고무하는 중심 도구로 떠받들어진다. 사람들은 교육이 다문화주의와 환경의식 같은 가치들을 증진시킬 수 있다고 주장한다. 교육에 대한 찬양은 자주 교육의 본질적인 속성과 별반 관계가 없어 보인다. 대신에 교육은 그 자체와 분리된 별개의 목적을 성취하는 하나의 수단으로 해석된다. 그것이 바로 토니 블레어가 도시재생에 대한 연설에서 교육은 “이제 미래를 위한 경제정책 입안에서 중핵”이라고 주장했을 때 말하고자 했던 것이다.[23]

수많은 논평자가 교육을 경제적 목적을 실현하기 위한 수단으로 취급하는 경향을 비판해왔다. 일부 사람들은 교육에 투자된 돈은 경제적 효율성과 생산성의 증가로 이어진다는 믿음에 의문을 제기해왔다.[24] 다른 사람들은 교육이 도구적 방식으로 취급되는 것에 이의를 제기한다. 최근 수많은 논평자가 교육을 사회가 직면하는 다양한 문제들을 해결하기 위한 다목적 정책 도구로 인식하는 것이 초래할 위험에 대해 경고해왔다. 2009년에 학교·대학 지도자 협회의 회장 제인 리즈Jane Lees는 “사회가 우리에게 수북이 쌓아놓은 높은 기대를 우리가 다 충족시키는 것은 불가능하다”라고 주장했다.[25]

많은 사람이 선의에서 교육이 사회적 차이와 불평등을 최소화하거나 극복할 수 있는 능력을 지니고 있다는 점을 진심으로 믿고 있다. 정책 입안자와 개혁가들은 사회이동의 강력한 도구인 교육이 사람들에게 삶의 기회들을 개선하고 사회적 불평등을 줄일 수 있는 기회를 제공할 것이라고 믿는다. 많은 개인이 교육으로부터 막대한 이득을 얻어서 그들의 부모가 꿈에서나 바랄 수 있었던 사회적 지위를 누리고 있다는 데에는 의심의 여지가 없다. 하지만 그간의 조사연구는 교육제도가 가난한 가정이나 노동계급 출신 아이들의 사회이동을 증진시키는 데서 단지 제한된 역할만을 수행해왔다는 것을 보여준다. 교육기관이 지속적으로 확대되면서 사회의 모든 부문 출신 사람들의 교육수준이 증대되었지만, 졸업장과 관련한 성장이 반드시 사람들에게 더 많은 사회이동을 가능하게 해주는 것은 아니다.[26] 교육기회의 확대는 그 자체로 가치 있는 목표이지만, 그것을 이용하여 사회적 불평등을 근절할 수는 없다(Iannelli and Paterson, 2007: 231).

물론 더 광범한 사회적·경제적 목적들을 실현하기 위해 교육의 잠재력을 이용하려는 시도가 새롭거나 잘못된 것은 아니다. 상대적으로 새롭고 심히 염려스러운 것은 "교육, 교육, 교육"이라는 슬로건을 내걸면서도 교육의 내용에 대해서는 심히 무관심하다는 점이다. 교육은 좀처럼 그 자체로 떠받들어지지 않고 있으며, 실용적인 이익과 관심이 너무나도 자주 각 교과목들의 본래 모습을 훼손하고 있다. 교육의 내용은 너무나도 자주 협상 가능한 것이 되어왔다. 사회의 문제를 해결해야 한다는 정치적 정명이 자주 청소년 교육의 필요성을 압도하는 것으로 보인다. 많은 경우에 사회의 문제가 교육의 문제와 혼동되고, 학교 교과과정은 경쟁하는 이익집단들의 상충하는 주장들이 싸우는 전쟁터가 되고 있다.

교육의 정치화는 심지어 체육과 음악 같은 과목들에도 영향을 미친다. 영국의 『음악 선언Music Manifesto』을 예로 들어보자. 이 선언은 음악을 찬양하는 것과 관련된 선언이기보다는 오히려 다양한 사회적 정책 목표를 실현하는 것을 돕기 위해 음악을 이용하는 것과 관련된 선언이다. 사회공학의 정명은 그 선언문의 집필자들로 하여금 다음과 같이 선언하게 한다. "『음악 선언』을 발표할 때가 왔다. 왜냐하면 '음악이 전체 학교 발전과 지역사회 재생에 기여하는 능력에 대한 믿음이 증대하고 있기' 때문이다." 달리 말하면, 음악은 사람들이 정책 입안자들의 어젠다를 받아들이게 하기 위한 유용한 도구의 하나이다. 음악은 그것이 지역사회의 유대와 경제발전에 얼마나 잘 기여하는지에 의해 판단되고 평가된다.

사회의 문제를 교육의 문제와 혼동하는 경향은 학교가 아이들의 지적·도덕적 사고방식을 계발하는 임무를 지는 것으로부터 관심을 다른 것으로 돌리게 할 위험이 있다. 정책 어젠다의 명령에 따르는 교실은 아이들이 공부를 좋아하게 하고 그들에게 학습 습관을 심어주는 데 헌신하는 교실과는 전혀 다르다. 교육이 모든 것에 해답을 제공하는 것으로 인식될 때, 교육의 독특한 역할과 의미는 불분명해진다.

원칙적으로 교육은 다른 많은 목적을 위한 수단으로 기여할 수 있다. 일부 사회들은 자신들의 국가 정체성과 문화를 만들어내기 위해 학교에 의존해왔다. 학교는 일의 세계를 위해, 그리고 청소년들이 성인 사회에서 일익을 담당하게 하기 위해 청소년들을 훈련시키는 데 이용되어왔다. 학교는 매우 의욕적인 이데올로그들에 의해 세뇌의 센터로 이용되어왔다. 학교는 항상 사회의 더 광범한 어젠다에 의해 동기지어진 활동들을 수행하는 일을 떠맡아왔다. 그러나 교육이 다양한 많은 활동과 관련될 수는 있지만, 근본적인 수준에서 교육은 그것 나름으로 평가

될 필요가 있다. 교육이 그 자체로 중요한 것으로 인식될 때, 그리고 아이들이 학습을 그 자체로 평가하도록 배울 때 교육이 작동한다.

교육의 역설은 우리가 교육에 대해 더 많이 기대할수록 교육은 그 자체로는 덜 평가된다는 것이다. 이 역설이 발생하는 이유는 교육 확대의 주요 동력이 교육 외부에 존재하는 목적들에 의해 동기지어지기 때문이다. 엄격하게 말하면, 교육이 위기에 처해 있다는 생각은 정확하지 않다. 하나의 제도로서의 교육이 이토록 많은 문화적·정치적 지원을 누려본 적은 결코 없었다. 교육의 사회적 비중과 경제적 역할이 커지고 있고, 점점 더 많은 사람이 예전보다 생의 더 많은 시간을 교육기관에서 보내고 있다. 교육이론가 롭 무어Rob Moore가 주장하듯이, 교육의 위기는 "구체적으로는 **자유주의적 인본주의 교육**의 위기"이다(Moore, 2007: 120). 자유주의적 인본주의 교육은 다양한 방식으로 해석될 수 있지만, 근본적으로는 교육이 그 자체로 중요하다는 확신에 기초하고 있다. 교육은 고유의 가치를 가지고 있으며, 다른 목적을 위한 수단이라기보다는 교육이 교육의 목적이다.

교육이 그 자체로 중요하다는 진술은 추상적인 관념을 높이 평가하는 것과 관련한 일부 고상한 척하는 감상에 호소하는 것이 아니다. 여기서 교육이 의미하는 것은 문화적 성과물의 가치를 평가하는 것이며, 그러한 가치평가를 통해 사회는 스스로를 갱신하고 스스로를 이해하고 미래를 마주하는 데 필요한 지적·도덕적 자원들을 획득한다.

오늘날 자유주의적 인본주의 교육 에토스는 자주 실제 세계의 현실과 완전히 동떨어진 낡은 엘리트주의적 관념으로 치부된다. 대학에서조차 지식 그 자체를 추구하는 이상은 중세적인 편견의 한심한 표현으로 인식되어 거부된다. 교육은 긴급한 현실적인 문제들을 해결하는 임무를 부여받는다. 많은 교육자가 청소년들이 지식에 대한 사랑에 의해 동기지어지지 않을 것 같다는 판단에 근거하여 자유주의적 인본주의 접근방식을 학교 교육에 적합하지 않은 것으로 일축한다. 이러한 비판들은 그러한 비판가들이 형식적으로는 교육적이지만 내용적으로는 교육적이지 않은 활동들을 분명 더 선호한다는 것을 넌지시 보여준다.

하지만 경험에 비추어 볼 때, 보다 실용적이고 문제 해결적인 학교 교육에서 얻을 수 있다고 여겨지는 이득들은 겉보기에만 이득이지, 실제로는 그렇지 않다. 이른바 '교육 효과'를 둘러싼 조사와 논쟁들은 학교 교육의 수준 및 유형과 경제적 또는 사회적 결과 간의 명확한 인과관계의 고리를 확인하기 어렵다는 것을 발견한다. 교육의 효과에 대한 합의가 결여되어 있다는 것은 놀랄 만한 일이 아니다. 왜냐하면 교육은 경제적·사회적 삶에 영향을 미치는 많은 다른 변수들 중 하나이기 때문이다. 물론 교육은 영향(개인과 지역사회에 대한 영향과 관련된 매우 중요한 영향)을 미치지만, 그 효과를 파악하기란 쉽지 않다. 교육의 주요한 성과물은 교육받은 사람들과 사회 자체이다. 내가 주장하는 바는 사회가 청소년 교육의 중요성을 본질적으로 가치 있는 활동으로 바라보지 않을 경우 교육제도에 바친 자원과 에너지의 상당 부분이 낭비된다는 것이다. 낭비된 기회, 낭비된 잠재력, 그리고 낭비된 청소년들은 성인 사회가 자신의 권위와 교육에 의미를 부여할 능력이 없다는 것을 보여준다.

제1장

일회용 교육학

정치인들은 교육체계의 작동에 손대기를 좋아한다. 새 학년이 시작되는 2009년 9월 또 다시 교사들은 자신들의 삶에 영향을 미치는 새로운 정책 흐름과 맞닥트렸다. 늘 그렇듯이, 국가시험제도처럼 교과과정도 재검토되고 바뀌었다. 잉글랜드에서 2008년 9월에 중등학교에 입학한 학생들은 17살까지 의무 교육을 받아야 하는 첫 번째 코호트였다. 정부는 또한 건축과 공학 같은 교과목에 새로운 이수증을 도입했을 뿐만 아니라 11살에서 14살까지를 위한 교과과정도 크게 개정했다. 지난 20년간 정부들이 연이어 20개 이상의 주요 교육법령을 도입했기 때문에, 주요 교사들이 끝없이 발표되는 새로운 정책들에 발맞추기가 거의 불가능하고 자신들의 삶에도 나쁜 영향을 미치고 있다고 불평하는 것도 놀랄 만한 일은 아니다. 학교·대학 지도자 협회 회장 존 던포드는 "학교와 대학은 더 이상의 변화를 절대 원치 않는다"라고 언급했다. 그는 "총장과 교장들은 매년 반복되는 교육법 개정에 지쳐 있으며, 그들에게는 이미 법령집에 실려 있는 법안을 이행할 시간이 필요한 실정이다"라

고 덧붙였다.[1]

사회가 교육에 집착하는 것을 보여주는 가장 현저한 징후들 중 하나가 새로운 정책을 도입하고 시행한 다음 수정하거나 철회하는 속도이다. 새로운 정책과 계획을 내놓아야 한다는 강박이 교육 풍경을 지배하고 있다. 1987년 이후 잉글랜드에서는 교육담당 정부부처가 다섯 번이나 바뀌었다. 한때는 단순히 교육부였던 것에서 이제는 '교육'이라는 단어가 완전히 삭제되었고, 교육부가 담당하던 역할은 아동·학교·가족부Department for Children, Schools and Families와 혁신·대학·기술부Department for Innovation, Universities and Skills로 분할되었다. 영국은 이러한 초정책결정hyper-policy making에 병적으로 집착해왔다. 일부 교육자들은 혁신에 지나치게 사로잡힌 나머지 끊임없이 훨씬 더 많은 혁신을 요구하기도 한다. 교육학자 데이비드 하그리브스David Hargreaves 교수는 우리에게는 "체계 전반에 빠르게 확산될" 수 있는 '교육 전염병'이 필요하다고 주장했다. 싱크 탱크 데모스Demos가 발간한 『교육 전염병Education Epidemic』이라는 팸플릿에서 그는 너무 많은 변화가 아니라 너무 적은 변화가 문제라고 시사한다.[2] 하그리브스는 좀 더 불길한 어조로 그 변화는 "무제한적 과정"이어야 한다고 진술하고, "그 과정의 가장 중요한 특징은 그 과정이 아직 분명하지 않다"는 것이라고 경고했다(Hargreaves, 2003).

1980년대 이래로 주요 전문가와 정책 입안자들은 교육체계를 근본적으로 변화시킬 필요가 있다는 교의를 되풀이하고 있다. 2003년에 토니 블레어 전 총리는 이러한 혼돈스러운 변화 패러다임에 강력한 경의를 표했다. 당시 그는 "단편적인 변화로는 런던에 최고 교육체계를 수립할 수 없다"고 진술했다. 그는 "현재의 학교 수준을 끌어올리기 위해서뿐만 아니라 다양성, 선택, 새로운 전문지식 원리를 축으로 하여 교

육체계를 다시 틀짓기 위해서는 근본적인 구조개혁이 필수적이다"라고 덧붙였다.[3]

교육을 끊임없이 변화시켜야 한다는 지속적인 요구를 정당화하는 주요 논거가 바로 급속하게 변화하는 세상에서 살아가고 있는 사람들에게 학교와 대학이 점점 부적절해질 위험이 있다는 주장이다. 실제로 교육영역에서 발의되고 있는 거의 모든 정책계획은 우리가 급격히 변화하는 세계 속에서 살고 있다는 논평으로 시작된다. 변화는 그 본성상 현재 형태의 지식과 학교 교육을 불필요하게 만들어버리는 절대적 힘으로 자주 제시된다. 이러한 상황에서 시대에 뒤떨어지지 않으려면 교육은 스스로를 변화시키는 것 외에 선택의 여지가 없다. 이러한 관점에서 볼 때, 교육정책은 변화에 따르거나 적응할 수 있을 때에만 정당화될 수 있다. 교육정책은 상황의 변화에 따라 순식간에 추월당할 수 있기 때문에, 그것의 지위는 단기적이고 잠정적이다. 따라서 '개별 맞춤 학습personalizing learning'을 주장하는 한 보고서는 "교육체계가 21세기의 도전에 대응하여 이미 변화하는 중"이라고 논급하면서도, "그러한 변화는 여전히 불확실한 미래의 도전에 맞서 싸울 수 있는 방식들을 찾기 위해 계속될 것이고 계속되어야만 한다"라고 덧붙인다.[4] 교육체계를 괴롭히는 불안정성은 이제 불확실한 사건들의 전개에 대응해야만 하는 제도에게는 정상적인 상태가 된다. 전 교육부 장관이었던 에스텔 모리스Estelle Morris에 따르면, "우리는 지난 20년간 변화에 익숙해졌다. 그리고 아마도 그 어느 때보다도 이 20년 동안 더 많은 변화가 있었다고 말할 수 있을 것이다". 그러면서 그는 다음과 같이 덧붙인다. "단지 학교만 달라진 것이 아니다. 부모와 정치인, 그리고 보다 광범위한 사회의 태도와 기대 또한 변했다."[5]

지속적인 변화는 교육자들이 감수해야 하는 삶의 한 가지 사실이라고 기술될 뿐만 아니라 학교 교과과정에 결정적인 영향을 미치는 것으로도 확인된다. 전 교육기술부 장관 찰스 클라크Charles Clarke는 노동당이 선호하는 교육학적 관념이 변화에 기인하는 것임을 분명하게 밝힌 바 있다. 그는 다음과 같이 기술했다.

> 지난 60년 동안 이루어진 산업, 고용, 기술, 사회의 근본적인 재구조화는 교육과 훈련의 요건을 변화시켰다. 그러한 재구조화가 교육체계를 추동했을 뿐만 아니라 평생학습, 개별 맞춤 교육, 자기주도 학습과 관련한 새로운 관념을 도입시켰다.(Department for Education and Skills, 2004: 4)

교육기관의 세계관에서 변화는 가르칠 내용과 학습할 내용을 결정하는 신성한 신과 같은 속성을 획득했다. 변화는 새로운 '요건'들을 창출하고 학습과 관련한 새로운 관념을 '도입한다'. 그리고 변화는 사용 후 쉽게 버릴 수 있는 교육학을 대량생산하도록 조장한다.

변화의 물신화

일반적으로 변화는 지금 이 순간의 새로움을 과장하는, 극적이고 기계적인 방식으로 제시된다. 교육자들은 빈번히 단절과 파열이라는 수사를 채택하여, 과거 그대로인 것은 아무것도 없으며 현재는 과거와 분리되어버렸다고 주장한다. 그들의 전망은 새것이 낡은 것을 대체한다는 생각에 휩싸인 나머지, 우리의 삶에 여전히 적실할 수도 있는 역사적 경험의 중요한 차원들을 자주 간과한다. 교육과 변화의 관계에 대한 논의는 새로운 발전에서 드러나는 상대적으로 피상적인 징후들과 그 순간의 일시적인 유행에 휩쓸려버리곤 한다. 그리하여 새로운 기술이 사람들의 삶에 영향을 미칠 때마다 학생들의 기본적인 교육 욕구가 바뀌는 것은 아니라는 점을 자주 인식하지 못하고 만다. 그리고 그리스 철학, 르네상스 시, 계몽주의 과학, 또는 조지 엘리엇George Eliot의 소설들에서 제기된 문제들이 디지털 시대 이전뿐만 아니라 우리 시대의 학생들에게도 여전히 적실하다는 것은 분명하다.

교육 관련 정책문서들은 변화를 교과과정에 영향을 미치는 주된 요인으로 개념화한다. 그러한 관점에서 보면, 지적으로 추동된 어떤 논리보다도 무정형적인 변화가 교과과정 설계에 더 많은 영향을 미친다. 따라서 잉글랜드의 자격·교육과정평가원Qualifications and Curriculum Authority: QCA은 "교육과 학교 교육의 미래를 틀짓는 힘들을 주시하고 그 힘들에 즉각 대응해야만 한다"라고 주장한다. 실제로 QCA는 아주 즉각적으로 대응해왔고, 그러한 적극적 대응이야말로 자신이 거둔 핵심적 성과라고 주장한다(QCA, 2005: 4). 일반적으로 QCA는 미래에 펼쳐질 가치와 지적 지향보다도 반응능력을 훨씬 더 중시한다.

때때로 변화와 사회변동은 마치 우리 시대만의 독특한 특징인 것처럼, 즉 이전에는 결코 발생한 적이 없는 현상인 것처럼 제시된다. 혁신의 권위자인 빌 로Bill Law는 젠체하며 다음과 같이 공언한다. "우리는 미래가 어떤 모습일지 정확하게 모를 수도 있다. 그러나 현재 학생들의 미래가 과거 학생들의 미래와 그리 유사하지 않을 것이라는 점은 알고 있다."[6] 그렇다면 우리가 우리 아이들의 미래가 지금 우리의 미래와 유사할 것이라고 마지막으로 생각했던 때는 언제였는가? 우리는 분명

1969년에도, 1939년에도, 심지어는 1909년에도 그렇게 생각하지 않았을 것이다.

정책문서들은 "우리는 역사상 그 어느 때보다 변화의 속도가 빠른 시대에 살고 있다"는 상투어를 계속해서 반복한다(QCA, 2005: 4). 이 전례 없는 변화라는 수사는 그저 수사일 뿐이다. 이것은 사회가 과거에 변화를 경험한 방식에 대한 신중한 평가에 기초해서 얻은 결론이 아니다. 이 접근방식은 세상을 두 시기로, 즉 아무것도 또는 거의 어떠한 것도 변화하지 않았던 과거와 변화가 끊이지 않는 현재로 기계적으로 나눈다. 그 결과 21세기 교육 문제에 관한 논의는 역사적 건망증으로 인해 심란한 분위기에 휩싸여 있다. 우리가 현재 경험하는 지구적 변화가 전례 없는 것이라는 주장이 더더욱 놀라운 까닭은 정말로 완전히 똑같은 주장이 교육학 논쟁에서 한 세기 이상 동안 되풀이되어온 테마이기 때문이다.

우리가 전례 없는 변화의 시대에 살고 있다는 주장은 학교 교육을 '개혁하기' 위한, 그리고 교실에서 가르치는 내용과 방식을 바꾸기 위한 하나의 논거로 항상 제시됨으로써 초시간적 정식의 성격을 가지게 되었다.

1998년에 토니 블레어는 "하지만 우리는 개혁이 왜 옳은지를 잊지 말아야 한다"고 진술하고 나서, 청중에게 다시 한 번 더 "교육체계가 변화해야 하는 이유는 세상이 베버리지Beveridge 세대의 인식으로는 포착할 수 없게 변해버렸기 때문"이라는 점을 상기시켰다(Ball, 2008: 11에서 인용). 1944년 베버리지 교육 보고서가 출간된 이후 세상은 실제로 변화했을지도 모른다. 하지만 "세상이 변화했다"는 상투어는 심지어 20세기 초반에도 학교 교육의 일신이라는 대의를 증진시키기 위해 사용되었다는 점을 되새겨볼 필요가 있다. 그리고 제2차 세계대전이 발발하기 이전에도 변화의 물신화는 교육학에 널리 퍼져 있었다. 20세기로의 전환기에 유명한 미국의 교육철학자 존 듀이John Dewey 역시 블레어처럼 사회적·경제적 변화가 중대하다고 판단했다. 1902년에 발표한 에세이에서 듀이는 급속한 변화에 대한 자신의 진단에 의거하여 교육개혁을 주장했다. 그는 그러한 변화가 "사회적 규율과 통제를 이완시킬" 뿐만 아니라 지식의 확장과 기술혁신 또한 가져올 것으로 보았다(Dewey, 1902).

그 후 수십 년 동안 세상이 끊임없이 변화하고 있다는 주장은 교육개혁의 기본 전제가 되었다. 미국 학교개혁의 역사를 다룬 한 중요한 연구가 지적했듯이, "20세기 초반 이후 교과과정을 바꿀 때마다 그 근거는 모두 동일했다. 즉, 사회가 변화하고 있으니 학교도 변해야 한다는 것이었다"(Ravitch, 2000: 335). 교육학자 마이클 데미어시케비치는 1930년대에 쓴 저술에서 이 도그마의 옹호자들을 네오-헤라클레이토스주의자들neo-Heracliteans로 특징지었다. 왜냐하면 그들이 그리스 철학자 헤라클레이토스처럼 변화가 삶에서 유일한 상수라고 주장했기 때문이다. "우리는 같은 강물에 두 번 발을 담글 수 없다"는 명제를 제시한 헤라클레이토스는 변화만이 유일한 실제 상황이라고 주장했다. 부단한 변화라는 헤라클레이토스의 테제는 많은 근대 교육학에서 근본적 진리의 지위를 계속해서 향유하고 있다.

데미어시케비치는 네오-헤라클레이토스적 관점이 "교육학을 과도하리만큼 혼돈스럽게" 만든다고 주장했다(Ravitch, 2000: 292에서 인용). 그는 자신이 '조직화된 교육학적 무정부주의'로 특징지었던 현상이 발생할 것이라고 보았고, 애석하게도 그 예측은 그 후 사태를 정확하게 표현한 것으로 판명 나곤 했다. 1960년대에 한 교육개혁 주창자는 의식적으로 자신의 책에 『기술과 변화: 새로운 헤라클레이토스Technology and Change: The New Heraclitus』라는 제목을 붙였다. 그 책의 저자 도널드 숀Donald Schön은 학습사회와 평생학습이라는 관념을 일찍이 제시한 선도적 이론가들 가운데 한 사람으로, "안정적인 상태가 사라졌다는 것은 우리 사회와 우리 사회의 제도 모두가 **계속적인** 변화의 과정에 있다는 것을 의미한다"라고 지적했다(Schön, 1967: 28). 1972년에 UNESCO는 『존재하기 위한 학습Learning to Be』이라는 영향력 있는 보고서를 발간하면서, 변화를 정규 교육을 점점 더 쓸모없고 부적절하게 만드는 자율적이고 극적인 힘으로 묘사했다. 그 보고서는 "지난 20년간 인간이 이룩한 지식과 능력의 진보는 현기증 날 정도였지만, 그것은 단지 초기 단계일 뿐이며", 앞으로는 더욱 '강렬한' 동시에 '무시무시할' 것으로 전망된다고 예측했다(UNESCO, 1972: 90~91). 주요 교육 전문가들은 『존재하기 위한 학습』에 담겨 있는 생각들을 받아들였고, 학교 교육이 어지러운 속도로 일어나는 변화에 뒤지지 않기 위해서는 근본적으로 변화될 필요가 있다고 결론지었다. 한 설명에 따르면, "우리가 반복적으로 마주치는 중심 문제"는 "학교, 전문대학, 종합대학이 주변의 변화하는 세계에 빠르게 적응하는 방법을 학습하여 공룡처럼 박물관 전시물이 되는 것을 피할 수 있는가" 하는 것이다(Coombs, 1985: 250).

1980년대부터, 특히 1990년대 이후로는 변화라는 물신에 대한 교육정책의 집착이 의심의 여지가 없는 하나의 도그마 형태를 취해왔다. 정책 입안자와 교육자들은 혼란과 무질서 의식을 끊임없이 의식적으로 전달했다. 전 교육·고용부 장관 데이비드 블런켓David Blunkett은 "우리는 새로운 시대 직전에 서 있다"라고 경고했다. 그는 "친숙한 확실성과

종래의 일 수행 방식이 사라지고 있다"라고 선언함으로써 미래를 계속 해서 헤라클레이토스식으로 해석했다.[7] 영국의 정책 입안자와 전문가들은 미래에 무자비한 불확실성을 투영하고 나서, 그 혼돈을 다루는 임무를 학교가 다루어야 하는 주요 과제로 제시한다. 1998년에 신노동당의 주요 자문위원 가운데 한 사람이던 톰 벤틀리Tom Bentley가 지적했듯이, "오늘날 교육체계의 주요 임무는 학생들이 더 무질서하고 더 예측할 수 없고 더 혼돈스러운 세계에서 살아갈 수 있도록 미리 준비시키는 것이다. 왜냐하면 세계에서 사람들은 종래의 해결책들로는 전혀 극복할 수 없는 복잡한 도전들에 부딪칠 것이기 때문이다"(Bentley, 1998: 177). 21세기로의 전환기에 혼돈과 불확실성이라는 말은 영국의 교육 전문가들이 교실이 직면한 문제를 해석하는 주요한 틀의 역할을 하게 되었다. 신노동당 정부의 또 다른 교육 자문위원인 마이클 바버Michael Barber는 "확실한 것은 우리가 어디 – 과학, 역사, 경영, 정치 – 를 바라보든 체계가 혼돈에 빠져들고 있다는 것이다"라고 주장했다(Barber, 1997: 160).

과거로부터의 도피

변화의 극화dramatization of change는 과거를 전적으로 부적절하게 만든다. 만약 우리가 하나의 '새로운 시대'에서 또 다른 시대로 부단히 나아간다면, 과거의 제도와 관행들은 오늘을 위해서는 거의 적절하지 않을 것이다. 실제로 과거가 부적절하다는 명제를 끝없이 반복하는 것은 사람들로 하여금 인류발전의 유산이 자신들의 삶에 미치는 영향을 제대로 이해하지 못하게 한다. 물론 어떤 주장이 계속해서 (수십 년 동안) 반복된다면, 적어도 탐구적인 사람이라면 가장 최근 형태의 '새로운 시대'가 과연 얼마나 새로운가 하는 의심을 품게 될 것이다. 하지만 새로운 세대의 학교 개혁가들은 한결같이 자신들이 전례 없이 영속적으로 변화하는 사회경제적 변혁의 시기에 직면해 있다고 생각한다. 그리고 그들의 네오-헤라클레이토스적 관점은 변화를 항상 혼돈 및 불확실성과 연관짓는다.

끊임없는 변화라는 생각은 변화를 자연화하고 변화를 전능한 자율직 힘으로 만들어, 변화의 의지에 인간을 예속시키는 경향이 있다. 변화는 과거를 무효화하는 힘이자, 사람들에게 근본적으로 새로운 경험에 적응하고 재적응하는 방법을 학습할 것을 요구한다. 이러한 관점에서 볼 때, 인간은 역사를 만들기보다는 자신의 통제 밖에 있는 강력한 힘에 적응한다.

비록 변화의 서사가 논쟁의 여지없는 진리의 지위를 획득해왔지만, 그 서사가 개념적으로 정교화된 논거에 의해 뒷받침되는 경우는 거의 없다. 실제로 변화의 극화는 주로 서구 사회가 과거의 유산과 소원해지고 있음을 나타내는 수사적 장치로 작동한다. 예전에는 변화의 속도가 빨라지고 있다는 인식은 과거를 신봉하는 성향을 부추겼다. 19세기에는 많은 사람 — 특히 보수적 감성을 지닌 사람들 — 이 과거를 생경한 세계에서 안전을 확보해주는 하나의 원천으로 보았다. 비록 여전히 많은 사람이 오랜 전통에 의지하여 안전을 추구하지만, 서구 사회의 지배적 경향은 과거에서 탈출하고자 하는 것이다. 이러한 감성은 새로움과 혁신에 계속해서 집착하는 교육정책 속으로 완전히 녹아들어왔다.

변화를 자연화하는 수사적 전략은 우리로 하여금 과거라는 말에서 진부함을 연상하게 만든다. 변화의 자연화naturalization of change는 과거의 문화적 자원에 의지하려는 어떠한 교육정책도 논외의 것으로 만들어버린다. "대안은 없다There Is No Alternative: TINA"라는 대처Thatcher식 정명처럼, 변화의 객체화objectification of change는 부단한 정책혁신이라는 어젠다에 대해 그 어떤 대안도 제시할 수 없게 만든다. 생존이 적응능력에 의해 좌우되는 세계에서는 가만히 있는 것은 선택지가 아니다. 마치 자연작용처럼 작동하는 현상은 그 자체로 논쟁의 여지가 없는 것이다. 그것은 단지 피할 수 없는 현실로 간주될 뿐이다. 이러한 관점에서 볼 때, 유일하게 타당한 교육정책은 사람들이 변화에 뒤지지 않도록 하기 위해 그 변화에 적응하도록 도와야 한다고 주장하는 정책뿐이다. 이러한 수사적 전략을 비판적으로 분석하고 있는 한 연구는 "직무능력 개발에 관한 담론들은 변화는 모든 곳에 존재한다고 말하며, 우리에게 변화가 유발하는 불확실성에 대처할 수 있도록 준비할 것을 촉구한다"고 주장한다(Edwards and Nicoll, 2006: 118). 그러면서 그 연구는 "이러한 담론의 아이러니는 변화와 불확실성이 확실한 것으로 수사적으로 상정된다는 것이다"라고 덧붙인다. 불확실성의 세계에서도 한 가지 확실한 사실은 훨씬 더 많은 변화가 불가피하다는 것이다.

변화의 물신화fetishization of change는 변화의 진정한 의미를 특히 수동적으로 해석하게 한다는 것을 지적할 필요가 있다. 정책 입안자들은 변화를 인간의 통제 밖에서 가차 없이 작동하는 강력하고 혼돈스러운 힘으로 제시한다. 그리고 변화에 발맞추거나 또는 적어도 크게 뒤처지지 않게 하는 역할을 교육자에게 할당한다. 변화는 사회를 과거와 분리시킬 뿐만 아니라 미래를 낯설고 예측 불가능한 영역으로 만든다. 이 숙명론적 모델에 따르면, 변화는 좀처럼 인간 의지의 산물이 아니라 인간에게 우연히 발생하는 어떤 것이다. 따라서 사람들이 바람직한 목적을 달성하는 방법과 관련한 결정을 하는 것을 도와주는 역할이 아니라 그들이 만들어내지 않은 힘에 적응하는 방법을 배우는 것을 도와주는 역할이 교육에 할당된다. 듀이는 1897년에 이러한 입장을 다음과 같이 강력하게 개진했다.

> 민주주의와 근대 산업 상황이 도래함에 따라 20년 후의 문명이 어떤 모습일지를 정확히 예견하기가 불가능해졌다. 따라서 어떤 특정한 상황에 대비할 수 있도록 아이를 준비시키는 것도 불가능해졌다. 아이로 하여금 미래에 대비하게 한다는 것은 곧 아이가 스스로를 통제할 수 있게 해주는 것을 의미한다. 즉, 그것은 아이가 미래에 자신의 모든 능력을 즉시 완전히 사용할 수 있도록 아이를 훈련시키는 것을 의미한다.(Dewey, 1897: 6)

한 세기도 전에 내려진, 끊임없는 변화에 대한 이러한 평가는 어떤 것이 중대한 의미를 가질지를 "예측할 수 없는" 세계에서 하나의 영원한 진리가 되어왔다. 한 논평자는 듀이의 저작을 평가하며 그가 기여한 바는 "100년의 세월이 흘렀어도 전혀 손실되지 않았다"라고 쓰고 있다. 왜 그런가? 왜냐하면 "민주주의 사회는 끊임없이 요동치는 사회, 즉 혁신적인 사회임에 틀림없기" 때문이다(Ryan, 1995: 134~135).

교육을 현대화하고 개혁하고 혁신하자는 요구는 자주 그 목적을 신비화하는 경향이 있다. 현대화 정책들의 경우 보통 그것들이 달성하고자 하는 어젠다가 구체적이지 못하다. 이는 놀랄 만한 일이 아니다. 왜냐하면 현대화 또는 개혁의 정명이 교육체계에 속하는 문제들로부터 제기되지 않기 때문이다. 그러한 정책들은 빈번히 학교와 대학의 작동과는 전혀 무관한 쟁점들에 대한 대응으로 제시된다. 이를테면 '개별 맞춤' 학습의 요구가 단지 '일반' 학습이 학교가 수행하는 일을 저해한다는 우려 때문에 제기되는 것만은 아니다. 그러한 요구는 교문 밖에서 확인되어온 무수한 문제들에 대한 하나의 해결책으로 제시된다. 개별 맞춤 학습을 장려하는 한 보고서는 학교가 "윤리적·사회적으로 다양한 사회"에 대응하고, "테크놀로지에 더 많이 접근하고 의존하고", "고용주들이 더 많은 요구를 하고" 나서는 '지식기반 사회'에 부응하고, "지속가능성에 보다 정확히 초점"을 맞추고, "교육과 훈련을 통해 복잡한 경로들"에 대처할 필요가 있다고 지적한다.[8]

교육개혁에 대한 요구는 자주 경제적 생존본능에 호소하는 극적인 언어로 표현된다. 점점 더 복잡해지고 있는 기술혁신적 세계에서 표류할 경우 초래될 경제적 결과에 대한 경고들이 교육개혁의 주요 논거로 제시된다. 학교 개혁이 널리 '유행'하는 현상을 분석한 한 연구에 따르면, 새로운 교육정책의 필요성은 "대체로 경제적 용어로, 특히 노동인력의 준비와 다른 나라와의 경쟁과 관련하여 조명된다"(Levin, 1998: 131). 이것이 바로 학교 교육과 관련된 문제들이 사회의 지적 삶에 대한 위협보다는 경제적 복지와 번영에 대한 위협으로 빈번히 해석되는 이유이다.

새로움의 권위

사회와 과거의 관계를 수사적으로 해체하는 작업은 새로운 형태의 권위를 찾아나섬에 따라 가속화된다. 서구 사회에서는 여러 권위 있는 제도와 전통들이 한동안 경쟁을 벌여왔다. 하지만 정치적·문화적 엘리트들이 자신들의 과거와 단절하고 과거를 멀리하게 된 것은 최근 몇 십 년에 불과하다. 이러한 상황에서는 역사적 변화를 이전 경험과의 불연속이나 단절의 하나로 단순하게 인식하고 싶은 충동이 발생한다. 이전 경험과의 중요한 연속성들을 지워버리려는 경향은 수사적으로 일련의 '탈post'이라는 용어들을 통해 표현된다. '탈-산업적', '탈-근대' 또는 '탈-물질적' 같은 단어들은 새로운 세계가 옛 세계를 뒤에 두고 떠나왔음을 의미한다. 이러한 새로움에 대한 숭배가 교육에 대한 공식적 사고를 지배하고 있다. '지식경제', '정보시대', '학습사회' 같은 용어들은 하나의 새로운 세계 — 보다 구체적으로 말하면, 과거와는 질적으로 다르고 생소한 쟁점들에 대해 교육이 대처할 필요가 있는 세계 — 에 관한 관념을 실어 나른다.

한나 아렌트는 역사적 불연속성 의식을 고취하려는 경향을 '새로움의 파토스pathos of the new'라고 묘사했다. 사회가 과거와 근본적으로 다르다는 주장은 그것 나름의 새로운 정책과 제도를 요구한다. 그것이 바로 우리가 새로운 종류의 사회에 살고 있다고 주장하는 수많은 교육 전문가가 교육에 대한 새로운 접근방식이 필요하다고 결론짓는 이유이다. 어떤 정책을 도입해야 하는지에 관해서는 의견 차이가 있을 수 있지만, 그 정책이 새로운 정책이어야 한다는 기본 원칙에 대해서는 의견이 일치한다. 새로움에 대한 이러한 집착이 캠브리지 교육이론가 롭 무어가 '새로움의 전통'이라 부른 것을 낳았다. 그는 "불연속성 전략, 즉 분리 전략, 다시 말해 전통의 거부가 그 자체로 하나의 전통"이라고 설득력 있게 주장한다(Moore, 2008: 4). 새로움의 전통과 관련된 영원한 진리들 가운데 하나가 현재와 미래의 연속성 부재에 관한 듀이의 1897

넌 진술이다. 듀이가 이를 통해 말하고자 한 바는 아이들에게 미래를 준비하게 하는 것이 불가능하다는 것이었다. 이 불연속성 전망은 교육학의 진리가 되어 거의 신성한 지위를 차지했다. 교육정책에서 불연속성을 찬양하는 것은 일종의 전통이 되었다. 이 관점에서 볼 때, 새로운 정책의 확산을 요구하는 것은 매우 타당하다.

우리가 새로운 종류의 사회에 살고 있다는 테제는 경제적 변화가 우리가 사는 세계를 근본적으로 바꾸었다는 주장에 의거한다. 이를 예증하는 것이 미국 국가수월성교육위원회National Commission on Excellence in Education가 1983년에 발간한 널리 알려진 보고서 『위험에 처한 국가』이다. 이 보고서는 미국의 공중에게 "역사는 게으름뱅이에게 친절하지 않으며" 국가가 글자 그대로 "위험에 처해" 있다고 경고했다. 보고서는 또한 "한때 상업, 산업, 과학, 기술혁신에서 독보적이던 우리의 탁월함이 전 세계 곳곳의 경쟁자들에 의해 추월당하고 있다"고 지적했다. 이 영향력 있는 보고서의 핵심 주장은 미국의 학교가 경제와 사회의 극적인 변화에 발맞추지 못했으며, 그 결과 국가가 경쟁자들에게 뒤처질 위험에 처해 있다는 것이었다.

최근 몇 십 년간 새로움에 대한 숭배를 전파해온 방식 중의 하나가 이른바 지구화가 촉발한 전례 없는 변화를 거듭 강조하는 것이었다. 일반적으로 지구화는 질적으로 새로운 환경, 즉 "점점 더 복잡하고 정교해지는", 그리하여 교육에 질적으로 새로운 요구를 하는 환경을 창출한다고 주장된다. 이러한 세계는 훨씬 더 많은 교육과 정교화를 요구한다. "따라서 어떤 분야를 논의하든 간에, 교육, 훈련, 학문, 연구가 성공적인 지구화에 필수적인 수단으로 인식되었다."[9] 근본적인 교육개혁의 요구는 거의 항상 학교가 새로운 경제적 현실을 따라잡아야 한다는 구실과 연결되어 있다. 근본적인 변화의 요구는 항상 교육의 질을 향상시키라는 요구로 표현된다. 한 설명에 따르면, "다음의 교육개혁 단계에서 변화가 필요"한 이유는 "우리가 지식기반 경제에 들어섬에 따라 이전의 어느 때보다 더 많은 사람이 교육을 받아야 하기" 때문이다(Hargreaves, 2003: 19).

새로운 지식경제가 정교한 학습사회의 건설을 요구한다는 주장은 얼핏 보면 교육의 역할을 문화적 차원에서 긍정적으로 인정하는 것처럼 보인다. "교육, 교육, 교육"이라는 블레어의 모토는 교육이 새로운 사회에서 전례 없이 중요해졌다는 생각을 선날한다. 하지만 좀 더 면밀히 살펴보면, 새로움에 대한 집착은 경제에 초점을 맞춘 단기적인 협소한 관심사에 의해 지배된다는 것이 명백해진다. 교육은 경제혁신이라는 훨씬 더 광범위한 목적을 실현하기 위해 이용되는 하나의 전술로 묘사되는 경향이 있다. 실제로 새로움의 추구가 낳은 결과 중 하나가 교육의 독립적인 지위를 축소시키는 경향이다. 한 개혁 옹호자는 "모든 국가에서 **지식과 응용정보**가 경제적 성공과 사회적 복리에서 중심적인 것이 되었다"고 설명한다.[10] 이러한 관점에서 볼 때, 교육은 변화하는 시장 조건에 대응하여 이용되는 경제적 자원의 하나로 일면적으로 인식된다. 토니 블레어는 "교육이 우리가 가진 가장 좋은 경제정책이다"라고 언급했는데, 이는 이러한 도구적 접근방식을 압축적으로 보여준 것이었다(DfEE, 1998).

1970년대까지 교육은 관행과 제도적 장치들을 발전시키는 데서 전문적 판단을 행사할 정도로 상당한 독립성을 지녔었다. 하지만 그 후부터 교육제도의 독립적 지위는 점차 잠식당했다. 역설적이게도 사회에서 교육이 갖는 중요성을 수사적으로 확대시키는 작업이 교육 자체의 독자적 중요성을 축소시키는 결과를 낳았다. 사회학자 존 벡John Beck에 따르면, 교육과 경제생활 영역을 구분하기 위해 사용되던 기준은 불분명해졌고, 실제로는 "[경제의] 직접적 개입에 의해 제거되어"버렸다(Beck, 2002: 621). 교육의 자율성 상실은 교육자들이 자신들의 전문적·제도적 환경 내에서 출현하는 기준에 의거하여 독자적으로 판단하는 것을 얼마간 방해한다. 그럼에도 불구하고 교육의 자율성 상실은 빈번히 올바른 방향으로 나아가는 조치로 제시된다. 왜냐하면 교육부문이 급속하게 변화하는 세상에 대응하는 역할을 할당받았기 때문이다. 벡에 따르면, 교육의 서비스 제공 역할을 강조하기 시작한 것은 평생교육에서 연원하지만, 최근 "훨씬 더 광범위하게 확대되었다. 이는 부분적으로는 점점 더 미래를 예측할 수 없는 세계에서는 변화하는 시장의 요구에 빠르고 적절하게 대응하는 능력이 더욱 중요해지기 때문에 교육이 그것에 부응하여 기능화될 필요가 있다고 인식했기 때문이다"(Beck, 2002: 623).

현재 교육은 주로 경쟁과 변화가 계속해서 가속화되고 있는 세계에 교육이 얼마나 대응하고 적응할 수 있는지에 의거하여 평가된다. 적응이라는 목표가 새로움과는 거리가 멀다는 점은 지적할 만한 가치가 있다. 제2차 세계대전 이후 줄곧 적응능력은 교육이 직면한 도전과제의 하나로 주장되어왔다. 이를테면 1971년에 발간된 영국의 교육 현황에 관한 한 텍스트에는 다음과 같이 기술되어 있다. "하지만 자격증은 과거에 그랬던 것처럼 항구적이지 못하다. 새로운 지식이 놀라운 속도로 작업장에 도달하고 있으며 기법과 공정이 끊임없이 변화하고 있다." 따라서 "적응성은 점점 더 중요해질 것이다"(Smith, 1971: 127). 하지만 그 텍스트의 저자는 그럼에도 불구하고 교육은 그 고유의 기준에 따라 평가되어야 한다는 점을 인정하고 '양질의 일반 교육'이 필요하다고 주장했다.

오늘날의 문화는 더 이상 적응성을 개인이 지닌 한 가지 유용한 자질에 불과하다고 보지 않고, 유능한 개인을 규정하는 하나의 특징으로 간주한다. 이것이 바로 정책진술들이 교육은 특정 교과목을 가르치는 것과 관련한 것이라기보다는 적응 습관을 길러주는 것과 관련한 것이라는 메시지를 자주 전달하는 이유이다. 적응능력은 새로운 발전에 대응하는 능력을 개발할 수 있도록 사람들에게 변화할 것을 요구한다. 도널드 숀은 아이들은 자신들이 살고 있는 유동적인 현실에 대처하기 위해 '변화의 윤리'를 발전시킬 필요가 있다고 주장했다(Schön, 1967: 217). 따라서 중요한 것은 사람들이 무엇을 알고 있는가가 아니라 새로운 환경에 적응하고 대응할 수 있는 정신능력을 소유하고 있는가 하는 것이다. 이것이 바로 행동관리와 치료요법적 기법이 학교 교육 풍경의 일부가 된 이유의 하나이다. 1997년에 데이비드 블런켓은 "인간의 상호작용에 의존하는 교육 분야에서 일어난 실제적 변화는 수백만의 사람에게 그들의 행위를 변화시킬 것을 요구한다"라고 주장했다(DfEE, 1997: 12를 보라). 치료요법적 교육의 지배를 논의하는 제7장에서 주장하듯이, 행동관리의 제도화는 현대 영미 교육에서 진전된 가장 중요한 발전들 중 하나이다.

새로움, 혁신, 적응성에 대한 평가를 축으로 하여 교육을 재편성할 경우, 교육은 불안정하고 단기주의적인 성격을 띠게 된다. 어제의 교실 수업은 결코 가만히 멈춰 있지 않는 세상에서 금세 부적절한 것이 되고 만다. 많은 전문가가 학교에서 아동과 청소년들에게 가르치는 것만으로는 그들이 성인으로서의 삶을 준비할 수 없다고 주장한다. 새로움의 권위를 지지하는 사람들은 지식이 빠른 속도로 진부한 것이 되기 때문에 학교가 이론적 교과목에 중요성을 더 적게 부여해야 한다고 역설한다. 그들은 청소년들이 학교에서 배우는 형식적인 지식이 개인이 변화에 적응할 수 있는 습관을 기르게 하는 데 충분하지 못하다고 본다. 적응성과 변화에 대한 이러한 집착은 정책 입안자와 혁신자들로 하여금 그들이 자주 '전반기 학습 모델'이라고 묘사하는 것에 의문을 제기하게 했다.

이른바 전반기 학습 모델의 평가절하가 초래하는 한 가지 유감스러운 부산물은 학교 교육의 지적 내용이 협상 가능한 것이 된다는 것이다. 교육에서 결정적 단계로서의 청소년 학교 교육은 학습이 평생 동안 지속된다고 주장하는 모델로 인해 그 중요성을 상실한다. 이 경우 청소년들이 학교에서 학습할 것으로 예상되는 내용은 성인이 앞으로 이삼십 년 동안 학습할 수 있는 것의 한 변종일 뿐이다. 이런 상황에서는 아이들이 학교에서 반드시 배워야 하는 어떤 필수과목 또는 기본 원리조차 필요하지 않다. 이 단기주의적 관점의 한 지지자는 다음과 같이 언급한다. "만약 우리가 사람들이 평생에 걸쳐 학습할 수 있기를 원한다면, 그리고 학습하도록 동기지우고자 한다면", "우리는 광범위한 많은 수의 교과목 지식이 16세 또는 18세 아이들에게 과거에 그랬던 것처럼 필수적이지는 않다는 것에 대해 확신해야만 한다"(Bentley, 1998: 135~136). 십대들의 지식 획득에 대한 이러한 실용주의적 사고방식은 우리가 알고 있는 내용이 우리가 반응하고 행동하는 방식보다 훨씬 덜 중요하다고 여긴다.

근대의 정규 의무교육이 등장한 이후 사회는 청소년 학교 교육을 젊은 세대들이 성인의 삶을 준비하는 토대라고 보았다. 사회는 이 단계의 정규 학교 교육을 청소년 교육의 결정적인 순간으로 간주했다. 하지만 교육과 아동·청소년 학교 교육을 이런 식으로 연관 짓는 것은 최근 교육정책을 인도하는 단기주의적 전망에 의해 의문시되어왔다. 많은 전문가가 끊임없이 변화하는 세계에서 아이들이 학교에서 배우는 것은 금방 진부한 것이 되고 따라서 아이들의 미래에 부적절한 것이 될 것이라는 견해를 취한다. 전반기 교육 모델 비판자들은 '평생학습', 즉 계속적인 훈련과 기술습득을 주장하는 모델을 제창한다. 비록 평생학습이 교육수준을 격상시키기 위한 모델로 장려되고 있기는 하지만, 그것의 전제는 청소년 학교 교육과 교육의 역할에 대한 피상적이고 단기주의적인 견해에 근거한다. 심지어 교육에서 학교가 수행하는 중심적 역할조차 의문시되고 있다. 『변화 학습하기Learning to Change』라는 적절한 제목이 붙은 보고서는 미래에 학교의 역할이 "근본적으로 바뀔 가능성이 크고" 학교의 "공급자 역할이 완전히 사라지지는 않을 것이지만" 학교는 교육기회를 제공하는 많은 제도 중 하나가 될 것이라고 예측한다(Bloomer, 2001: 28). 교육기회가 사회 도처에서 생겨나고 증가하는 세상을 묘사하고 있는 이 모델은 외견상 교육을 찬양하는 것처럼 보인다. 그러나 곧 살펴보듯이, 교육이 모든 것이 될 때, 교육은 그 목적과 의미를 상실하고, 그 결과 교육은 공동화된다.

네오-헤라클레이토스적 세계관에서 보면, 정규 교육은 거의 가치를 지니지 못한다. '전반기' 학습 모델 비판자들은 정규 아동 교육의 중요성을 은연중에 의문시한다. 그들은 학교가 확실히 중요하기는 하지만 학습이 이루어지는 유일한 장소는 아니라고 주장한다. 그들은 교육의 격식성 자체도 자주 비판한다. 왜냐하면 그들이 보기에 전통적인 교과목들이 변화의 힘들에 무감각함에도 불구하고 교육이 교실에서 그 과목들을 전달하는 데 지나치게 집착하기 때문이다. 이것이 바로 많은 교육자가 '가르치기'보다 '학습하기'라는 용어를 선호하는 이유 중 하나이다. 그들은 학습이 사람들의 경험에 대한 반응을 통해 이루어지기 때문에 변화에 대처할 수 있는 독특한 능력을 가진다고 주장한다. 1995년에 전 교육부 사무차관 제프리 홀랜드 경Sir Geoffrey Holland은 변화하는 세계에서는 아이들이 "확실한 해답"이 존재하는 "교훈적인" 세상에서 살지 못하게 될 것이기 때문에 "학교는 가르치기가 아니라 학습하기를 우선시"해야만 한다고 단언했다(Phillips, 1997: 160에서 인용). 교실은 교훈주기에서 변화하는 세계에 대한 학습하기로 방향을 전환해야 한다는 홀랜드의 요청은 교사의 역할을 축소하라는 요구였으며, "교사의 전통적인 역할을 근본적으로 역전"시키자는 주장이었다. 그는 교사를 '학습자'를 지원하는 사람으로 변형시킬 것을 요구했다. 왜냐하면 이제는 학습자가 "스스로 자신의 길"을 개척해야만 하기 때문이다(Phillips, 1997: 160).

교사의 권위를 지원자 또는 촉진자의 역할로 격하시키는 것은 새로운 것에 대한 집착이 초래하는 필연적 결과이다. 지식의 유통기한이 짧은 세계에서 교사들은 전달할 '적절한' 지혜를 거의 가지고 있지 못하다. 그들의 역할은 '학습자'가 학습하는 법을 학습하는 과정을 '원활하게 진행시키는' 것이다. 이러한 역할 변화는 교사에게 학습자라는 새로운 이름을 부여하는 수사적 전략에서 분명하게 포착된다. 어떠한 '확실한 답'도 거의 존재하지 않은 상황에서 끊임없이 변화하는 시대에는 학습할 필요만 있을 뿐 가르칠 것은 거의 존재하지 않는다.

학습시대의 발명

교육에 대한 수사적 환호는 우리 시대를 '학습시대', '지식사회', 또는 '지식경제'로 묘사하는 것에서 생생하게 드러난다. 이 용어들은 "교육, 교육, 교육"이라는 블레어의 훈계와 긴밀히 연계되어, 현대사회가 지식과 학습의 추구에 전례 없는 중요성을 부여하고 있다는 메시지를 전달한다. 하지만 좀 더 면밀히 들여다보면, 새로 발명된 많은 교육학 용어처럼 '학습시대' 역시 개념적 명확성을 결여하고 있다는 사실이 분명해진다. 사실 '학습시대'라는 용어는 분석적으로 형성된 개념이라기보다 교육을 진지하게 다룰 필요가 있다는 메시지를 전달하기 위해 고안된 수사적 관용구이다.

실제로 '학습시대'라는 용어는 사람들이 끊임없이 변화하는 유사 헤라클레이토스적 현실에 민감하게 반응하게 하기 위해 사용된다. 이러한 관점에서 볼 때, 학습시대를 기꺼이 맞이하는 것은 국가적 생존의 문제이다. 1997년 당시 평생학습을 관할하는 장관이던 킴 호웰Kim Howell은 "만약 우리가 학습사회를 창조하지 못한다면, 우리는 우리가 가진 가장 중요한 자원 — 우리 국민 — 을 개발하는 데 실패할 것이고 또한 이 지구화된 시장에서 하나의 경제로서도 실패하게 될 것이다"라고 경고했다(Coffield, 1999: 482에서 인용). 일반적으로 학습이라는 관용구는 마음속에 경제적 경쟁심을 키우는 것을 목적으로 한다. '학습시대'를 홍보하는 출판물들은 교육 자체에는 거의 관심을 보이지 않는다. 1998년 녹서 『학습시대The Learning Age』는 "우리는 정보와 지구적 경쟁의 시대라는 새로운 시대에 살고 있다"는 진부하고 오래된 진언을 그저 되풀이할 뿐이다. 일련의 묘사 속에서 그 녹서는 "우리는 우리가 직면한 엄청난 경제적·사회적 변화에 대처하기 위한 준비를 스스로 해야만 한다"는 낡은 이야기를 반복한다. 그러나 그 녹서는 우리가 스스로 준비해야만 하는 새로운 시대의 의미에 관해서는 조금도 성찰하지 않는다. 아마도 이 논의와 관련하여 가장 중요한 것은 녹서가 나중에야 생각난 듯이 의식적으로 학습을 다룬다는 점일 것이다. 따라서 녹서는 지나가는 말로 "학습시대라는 우리의 전망은 고용 그 이상의 것에 관한 것"이라고 언급한다(DfEE, 1998). 단순한 경제적 실용주의 '이상'의 것이 거기에 존재한다는 언급은 그 보고서의 저자들이 교육영역을 완전히 간과하지는 않았다는 점을 드러내기 위한 것으로 보인다.

최근 수많은 학자가 '학습시대'와 '지식경제' 같은 용어들이 담고 있는 협소한 도구주의적 에토스에 대해 문제를 제기해왔다(이를테면 Ball, 2008: 11을 보라). '평생학습'이나 '학습시대' 같은 개념들이 경제적 경쟁의 정명에 의해 지배되고 있다는 것에는 의문의 여지가 거의 없지만, 그 개념들은 지식의 의미와 교육의 의미를 체계적으로 평가절하하는 형태의 교육학을 조장하는 데에도 기여한다.

이른바 지식사회의 열렬한 지지자들은 자신들이 지식의 내용이라고 이해하고 있는 것에 관해 좀처럼 성찰하지 않는다. 이 주제에 대한 그들의 침묵이 놀랍지는 않다. 왜냐하면 그들의 관심사는 지식의 내용이 아니라 지식의 이용 가능성이기 때문이다. 역사적으로 정규 교육은 통상적으로 청소년들이 일상생활에서 겪는 직접적인 경험을 통해서는 접근할 수 없는 지식을 제공하는 일과 관련되어 있었다. 그러한 지식이 갖는 가치는 부분적으로는 "그 지식을 획득한 사람들로 하여금 그들의 경험을 넘어 그들이 속한 사회세계와 자연세계를 상당 부분 이해할 수 있게 해준다는 것이다"(Wheelahan, 2008: 206). 학습시대의 지지자들이 볼 때, 그러한 유형의 지식은 끊임없이 변화하는 환경에 적응하려는 프로젝트에는 너무나도 부적절하다. 같은 맥락에서 「변화하는 세상을 위한 교육Education for a Changing World」이라는 부제를 달고 있는 텍스트를 쓴 저자는 "우리의 지식 개념은 무엇을 어떻게 말해야 하는지에 대한 지식 및 자기 자신에 대한 지식과 더불어 **수행 능력**ability to do까지를 포함하도록 수정되어야만 한다"라고 주장한다(Bentley, 1998: 4). 이 모델에 따르면, 지식은 더 이상 어떠한 독자적 의미를 가지지 않게 되며, 사람들이 '수행하는 것'을 돕는 기술에 불과한 것으로 극히 단순화된다.

'수행하기'에 초점을 맞추는 것은 지식의 의미와 관련된 쟁점들을 우회하는 데 기여한다. 그리하여 "생경한 상황에 지식을 적용하는 방법을 학습하는 것이 점점 더 중요해지고 있다"라고 주장하는 사람들은 적용되는 지식의 내용에 대해 숙고할 필요성을 전혀 느끼지 않는다(Bentley, 1998: 4). 실제로 이 관점에서 보면, 지식의 지적 내용에 관심을 갖는 것은 변화에 적응하는 데 불필요할 뿐만 아니라 하나의 장애물인 것처럼 보인다. 벡(Beck, 2002: 624)은 이러한 형태의 교육학이 필연적으로 공허할 수밖에 없다고 말했다. 왜냐하면 그러한 교육학의 목표는 "다음에 그 어떤 일단의 목표나 내용과 마주치더라도 그것을 잘 받아들이는 능력을 기르는 것"이기 때문이다. 이처럼 교과과정의 내용을 그 내용의 적용에 예속시키는 것은 교육이 적응교육이라는 프로젝트 쪽으로 극히 단순하게 도구적으로 전환되고 있음을 보여준다. 적응과 응용의 원리를 축으로 하여 학교 교육을 재조직함으로써 초래된 결과 중의 하나가 바로 현실에 적합한 것으로 간주되는 지식만이 가치 있는 지식이라고 보는 것이다. 그러나 이렇게 볼 경우, 적절해 보이던 지식도 곧 시대에 뒤처지게 되며, 과거의 지식은 최신 유행에 길을 내주어야만 한다.

정책 입안자들에 의해 이상화된 일회용 교육학은 많은 점에서 널리 유행하는 관리기법들의 작동방식과 유사하다. 일반적으로 학습시대 개념을 옹호하는 사람들은 자신들의 아이디어를 기업관리 매뉴얼에서 끌어낸다. 가장 영향력 있는 학습사회 이론가 가운데 한 사람인 도널드 숀은 의식적으로 기업법인의 작동방식을 학습체계의 본보기로 삼았다. 기업은 변화하는 시장상황에 맞춰 스스로를 끊임없이 변화시킬 필요가 있다는 논리가 '학습조직' 이론들에 의해 학교를 위한 모델로 받아들여졌다. 그리하여 정책 입안자와 전문가들은 학교에 기업의 본보기를 따를 것을 권고한다. 제품혁신을 열광적으로 지지하는 한 사람은 "기업은 교육이 배울 수 있는 혁신적인 과정과 서비스에 아주 능숙하다"라고 쓰고 있다(Hargreaves, 2003: 27). 벤틀리(Bentley, 1998: 176)가 지적하듯이, "사회의 다른 부문들, 특히 기업에서 조직은 그 형태와 운영원리들을 변화하는 환경에 맞추어 변화시키고 있다". 벤틀리 등이 회사와 학교의 작동방식에서 유사점을 끌어낸다는 사실은 정책기관이 청소년 교육과 관련된 실제적 문제에 무관심하다는 것을 보여주는 증거이다. 널리 유행하는 재고품 관리기법을 교육영역에 재생하여 이용한다는 것은 지식이 어떤 본질적 중요성도 가지지 않는 처분 가능한 자원으로 간주되고 있다는 것을 말해준다. 그것은 또한 현재의 일회용 교육학이 교실 밖에서의 경험에서 영감을 얻고 있음을 보여준다.

모든 미래지향적 사회는 진정으로 지식의 발전에 관심을 기울인다. 그러나 학습시대의 제안자들은 지식 자체의 발전에는 관심이 없다. 그들은 특정 종류의 지식, 즉 변화(특히 경제적 변화)에 대응할 수 있는 지식에 관심을 두고 있다. 이것이 바로 교육기관이 과거에 발전한 추상적인 이론적 사고와 지식에 대해 (비록 드러내놓고 경멸하지는 않더라도) 자주 관심을 보이지 않는 이유이다. 추상적 사고와 지식은 빈번히 부적절하다거나 시대에 뒤졌다는 비판을 받는다. 적용 가능하고 행동의 기준이 될 수 있는 새로운 지식만이 학습시대에 적합한 것으로 인식된다.

교육에 대한 정책 심의에서 교과목에 기초한 지식 습득은 자주 구식 관행으로 치부된다. 정규 교육은 교훈주의와 등치되고, 교실에서 배우는 과목들의 지적 내용을 강조하는 것은 현 시대에 거의 어떠한 의미도 지니지 못하는, 시대에 뒤진 스콜라철학의 한 형태로 낙인찍힌다. 벤틀리가 스콜라철학을 "인류가 달성한 상대적으로 협소한 분야의 업적"이라고 지적할 때, 그것이 함의하는 것은 교육이 교과목 중심의 교과과정을 공부하는 것으로 한정되어서는 안 된다는 것이다(Bentley, 1998: 124~125). 학습사회의 일회용 교육학은 청소년들에게 이론적 교과목을 가르치는 것에 특히 적대적이다. 이른바 현대화론자들은 끊임없이 변화하는 세상에 적응하기 위해 노력하는 학교체계에게 교과목 중심 교과과정은 지나치게 엄격하고 격식적이라고 본다. QCA는 '목적 주도 교과과정aims-led curriculum'을 요구한다. 비록 교과과정이 '많은 영속적인 가치'를 반영할 필요가 있다는 입에 발린 소리를 하기는 하지만, QCA는 그러한 가치들을 전혀 언급하지 않은 채, 자신의 진술에 다음과 같은 단서를 붙인다. "하지만 교과과정이 세계 최고의 현대적 교육을 제공하고자 한다면, 오늘날의 삶과 일이 요구하는 조건들에 대응할 수 있어야만 한다"(QCA, 2005: 4). 이론적 교과목에 대한 깊이 있는 공부와 같은, 대응능력에 방해가 되는 그 어떤 것도 '미래의 교과과정'에 부적절하다는 이유로 자주 비난받는다.

이론 공부에 '협소하게' 초점을 맞출 경우 학생들이 경제적 기회에 제대로 적응하지 못하게 된다는 주장은 자주 교과목 중심의 교과과정이 엘리트주의라는 주장에 의해 강화된다. 현대화론자들은 지식 중심 교과과정이 불리한 배경을 가졌거나 학문적 성향을 지니지 않은 사람들에 대해 편견을 가지고 있다고 주장한다.[11] 이러한 주장들은 그러한 주장들이 제기되지 않았더라면 교과과정이 기술관료제적으로 조작되고 있는 것이 아닌가 하는 의구심을 가졌을 수도 있는 교육자들의 마음을 끌기도 한다. 기묘하게도 도구적인 경제적 어젠다와 반엘리트주의적인 사회공학적 정명이 이론적인 교과목 중심 교육을 공동으로 공격하는 데서 하나로 수렴된다.

결론

우리가 질적으로 다른 세상에 살고 있다는 생각은 과거에 획득한 지식과 통찰이 역사적으로 그리 중요하지 않다는 주장의 전제 역할을 한다. 교육에서는 과거의 교수법이 다른 이유에서가 아니라 오래되었기 때문에 구식이라고 빈번히 주장된다. 끊임없이 유동하는 세상에서는 지식이 사태들에 계속해서 추월당할 것임에 틀림없다는 이유에서 지식 자체도 의문시된다. 그 결과 세상에 적응할 수 있는 평생학습자가 되는 준비를 하는 일이 현재 우리가 알고 있는 내용보다 훨씬 더 중요하다. 정책은 변화에 뒤처지지 않는 것에 초점을 맞추어왔기 때문에 교육에 의미를 부여하는 일에는 별 관심이 없다.

역설적이게도 학습시대의 찬양 그 자체가 강력한 반지성적·반학문적 충동을 고무해왔다. 그로 인해 이론적 교과목들에 기초한 정규 학교 교육 프로젝트보다는 새로움과 변화가 우선권을 부여받는다. 수많은 비판자가 전통적인 이데올로기적 분할을 초월하여 교과목 중심의 교과과정을 비판하고 있으며, 그 결과 이른바 진보적 비판자들과 경제적 도구주의의 옹호자들이 하나가 되어 이론 학습을 경멸하고 나서고 있다. 일찍이 1969년에 자칭 해방심리학자이자 진보적 교수 기법의 제안자였던 칼 로저스Carl Rogers는 "전통적인 교수법은 오늘날의 변화하는 세계에서 거의 전적으로 쓸모없고 낭비적이며, 그 기능이 과대평가되어 있다"라고 논평했다. 새로움에 열광하던 자신의 동료들과 마찬가지로 그 역시 "아무런 적실성도 없어 보이는 어떤 것을 배우려고 애써서는 안 된다"라고 주장했다(Rogers 1983[1969]: 137). 그 후 40년이 지나, '적실성 없는' 교과목 중심의 교과과정에 대해 로저스가 드러냈던 경멸은 교육기관 사이에서 새로운 '새로운 사고'가 되었다.

변화를 객체화할 경우 진리, 지식, 의미라는 관념들이 잠정적이고 임의적인 것이 되고 마는, 지적으로 불안한 분위기가 산출된다. 변화가 인간의 주위를 맴도는 형이상학적 힘이 될 때, 얄궂게도 사회는 실제로 새로움과 질적 변화를 제대로 구분할 수 없게 된다. 이것이 바로 과거의 경험을 통해 학습한 교훈과 과거를 거치며 발전해온 지식이, 사회가 미래에 대처하는 것을 돕는 데서 그토록 중요한 이유이다. 변화가 객체화될 때, 변화는 하나의 장관壯觀이 되어 사회가 인간 역사의 최고의 순간들을 통해 획득해온 중요한 진리와 통찰들을 제대로 평가하지 못하게 한다. 그러한 진리와 통찰들은 인류가 직면하는 가장 심층적이고 아주 오랫동안 지속되어온 많은 문제에 대한 해답을 찾고자 하는 노력 속에서 출현해왔다. 그리고 세상이 변할수록 우리는 과거에서 얻은 우리의 문화적·지적 유산에 더 많이 의존할 필요가 있다.

내가 새로움에 대한 오늘날의 집착을 비판하는 이유는 변화의 중요성을 과소평가해서가 아니라 변화를 객체화하는 경향 때문이다. 변화의 객체화는 변화를 이해하지 못하게 하는 하나의 장애물이다. 물론 교육과 지식은 갱신되어야 하지만, 항상 과거의 지적 유산을 발전시킴으로써 그렇게 해야 한다. 아동 교육을 아이들과 직접적으로 관련된 경험을 통한 학습으로 제한하려는 현재의 프로젝트는 어린 세대가 그들의 정당한 지적 유산을 상속할 권리를 박탈하는 것이다.

아마도 교육에서 변화에 대처하는 문제를 개념화하고자 한 가장 흥미로운 시도는 1954년 한나 아렌트가 '교육의 위기'에 대해 쓴 에세이에서 발견할 수 있을 것이다. 아렌트의 지적에 따르면, 변화하는 세계에서 사회는 과거의 업적과 유산을 유지하는 일과 현재 제기되는 새로운 문제와 도전들에 대한 해답을 제공하는 일 사이에서 창조적 균형을 잡기가 어렵다는 것을 발견한다. 교육자들이 자신들의 직업이 위기에 처했다고 지속적으로 느끼는 것은 종래의 것과 새로운 것을 중재하기가 매우 어렵기 때문이다. 아렌트는 교육은 "결코 그냥 그대로 있는 것이 아니라" 새로운 어린 세대의 출생을 통해 "끊임없이 스스로를 갱신한다"고 썼다. 아렌트는 성인 세계의 과제는 어린 세대의 미래를 바라보며 그들이 "무언가 새로운 일에 착수할 수 있도록" 준비시키는 것이라고 주장했다. 하지만 그녀가 강조한 것은 변화를 객체화하는 과정을 통해 새로움을 만들어내는 아니라 청소년 교육을 통해 우리의 '공동 세상'을 지속적으로 갱신하는 것이었다. 아렌트는 청소년이 세상을 갱신할 수 있는 잠재력을 지니기 위해서는 그들이 현재 있는 그대로의 세상을 이해하도록 교육될 필요가 있다고 믿었다. 학교는 새로움을 위해 과거를 보존하는 일을 해야만 한다(Arendt, 2006[1961]: 187~188).

현재에 적절한 지식을 얻는 대가로 교육을 과거로부터 떼어놓으려는 오늘날의 경향은 무책임하게도 청소년들이 이 세상에서 자신들의 길을 개척하는 데 필요한 토대를 그들에게서 박탈한다. 헤라클레이토스적 접근방식은 사회가 변화하는 세상에 대응할 필요성과 청소년들에게 있는 그대로의 세상을 숙지시킬 필요성을 혼동한다. 아렌트의 기고문에 대한 한 논평은 "세상에 대한 친숙함은 아이들에게 새로운 무언가를 시도하기 위한 기회를 가지는 데 필요한 실존적 안전감을 제공한다"라고 지적한다(Levinson, 1997: 7). 계속해서 어설프게 교과과정을 만지작거리는 것은 청소년에게 잘못된 신호를 보내는 것이고, 성인 세계가 교육개혁을 구실로 하여 자신의 불확실성을 무책임하게 재생하고 있음을 보여주는 것이다.

끝으로 한 가지를 더 지적하면, 아마도 틀림없이 일회용 교육학은 경제적 또는 문화적 배경이 불리한 사람들에게 가장 유해한 영향을 끼칠 것이다. 학교에서 학습부진을 유발하는 핵심 요인 중의 하나가 바로 그러한 아이들이 가정에서 그리고 그들의 지역사회에서 문화적·지적 자본에 상대적으로 접근하지 못한다는 것이다. 그러한 아이들에게 그들이 이용할 수 있는 교육기회로부터 이득을 얻을 수 있게 하기 위해서는 사회의 다른 어떤 부분보다도 과거의 문화적·지적 유산에 대해 더 많이 알게 할 필요가 있다.

제2장

교육의 의미

교육의 의미에 대해 얼마간 합의가 이루어져 있지 않을 경우, 이론의 여지가 있는 학교 관련 쟁점에 대해 성숙한 논의를 하기란 매우 어렵다. 불행하게도 교육에 관한 공적 논쟁은 교육의 목적이라는 근본적인 문제를 좀처럼 고려하지 않는다. 대신에 최근의 논쟁은 교육을 어떻게 활용해야 하는지, 어떻게 교육을 해야 하는지, 또는 교육을 어떻게 조직해야 하는지와 같은 쟁점들에 초점을 맞추고 있다. 정책 입안자들은 교육의 내용보다는 교육의 목표를 심의하는 일을 훨씬 더 잘한다. 과정과 절차를 둘러싼 의견충돌이 선발, 사회적 포함, 학습부진, 평가, 학업수준에 대한 논쟁을 추동하고, 그러한 논쟁들은 교육의 의미를 좀처럼 성찰하지 않는다.

오늘날과 비교하면, 제2차 세계대전 직후의 교육 논쟁은 목적의식적이고 지적으로 인도되고 있었던 것처럼 보인다. 1940년대의 교육 에토스는 미래 지향적이었고, 낙관적인 희망의 분위기를 풍겼다. 당시에 교육부 장관 엘런 윌킨슨Ellen Wilkinson은 새로운 시대의 학교 교육이 "교실에 더 많은 웃음을 가져오고, 매일매일 자신감을 키우고, 지루한 획일성이 아닌 열광적 흥미를 유발할 것"이라고 썼다(Jones, 2003: 23~24). 오늘날의 교육 논쟁은 한결같이 희망보다는 공포에 의해 추동된다. 정신건강 전문가와 교육 전문가들은 아이들의 '취약한 정체성'을 걱정한다. 그들은 시험이나 경쟁적인 스포츠가 학생들에게 유발하는 '스트레스'를 걱정한다. 정책 입안자들은 '떨어지는 학업 수준', '빈약한 읽고 쓰기 능력', '학교의 실패'를 우려한다. 부모들은 거의 모든 일, 이를테면 괴롭힘을 당하지는 않을지, 규율이 부족하지는 않을지, 아이가 나쁜 학교에 다니게 되지는 않을지, 시험이 지나치게 많지는 않을지 등을 두려워한다. 일부 교육 전문가들은 취약해 보이는 아이들의 상태를 심히 우려하여 학교를 실질적으로 클리닉 기능을 하는 기관으로 전환시켜야 한다고 주장한다. 한 교장은 "학교에서의 학업성취도를 향상시키기 위해서"라면 "청소년들의 신체적·정신적·감정적 건강에 훨씬 더 많은 주의를 기울일 필요가 있다는 사실에 국가가 눈을 떠야 한다"는 감상을 되풀이한다.[1]

학교 교육에서 겪은 경험과 관련된 불안은 자주 희화화된 형태를 띠기도 한다. 아이들이 초등학교에서 중등학교로 진학하는 이행기와 관련하여 최근 발견된 '위험'에 대한 공포를 살펴보자. 연구자들은 이 이행기가 매우 "심란하고 힘겹고 스트레스를 받기" 때문에 40%에 달하는 11살짜리들이 "'결코' 회복될 수 없을 정도로 심하게" 의욕을 잃어서 "정규 학업성취도가 현저히 떨어질 수도 있다"고 주장한다(Ecclestone and Hayes, 2008: 34). 현재 수많은 학교가 이행기 카운슬링을 제공하며, 때때로 초등-중등학교 이행기는 탄식과 슬픔을 연상시키는 어휘로 표현되기도 한다.

학교와 관련하여 표출되는 공포의 많은 것이 실제로는 교육과 전혀 별개인 문제들과 관련된 우려들이다. 반사회적 행동에 대한 우려와 함께 아동기와 관련한 혼동과 세대 간 긴장이 자주 학교문제로 재생된다. 일단 학교의 문제와 사회가 직면하는 문제가 동의어가 되면, 교육 특유의 것을 보지 못하게 되기 쉽다. 교육을 모든 학습경험을 포함하는 평생 동안의 탐구로 간주하는 경향이 증가하면서 문제는 훨씬 더 복잡해진다. 평생학습이라는 개념으로 표현되는 이러한 감상은 학교의 일과 다른 교육기회들 간에는 별반 차이가 없다는 생각을 담고 있다. 이처럼 교육이 포괄적으로 묘사되면서, 정규 학교 교육의 특별한 또는 독특한 점을 파악하기 어렵게 되었다.

그렇다면 교육이란 무엇인가?

모든 사람은 자신의 아이들이 좋은 교육을 받기를 원한다. 그러나 우리가 '좋은 교육'이라는 말로 뜻하고자 하는 것이 무엇인지는 전혀 분명하지 않다. 교육을 논할 때면 대부분의 경우 교육이 무엇인가라는 근본적인 질문보다는 오히려 서로 다른 교육학적 접근방식과 교수 기법, 그리고 그것들의 목적에 초점이 맞추어진다. 영미 사회들에서는 자주 아이들에게 어떻게 학습동기를 부여할 것인가에 대한 관심과 아이들의 성취 기준에 대한 관심이 교육에 대한 질문을 지배한다. 교육학, 즉 교수법 전략은 항상 교육 전략과 동의어로 취급된다. 교사들이 교실에서 채택하는 기법들이 중요한 논의 주제라는 데에는 의문의 여지가 없다. 아이들에게 읽기를 가르치기 위해 발음 중심의 통합적 어학 교수법synthetic phonics을 활용하는 것은 읽고 쓰는 능력을 향상시키는 데 중요한 도움을 줄 수도 있고 주지 못할 수도 있다. 마찬가지로 개별 맞춤 학습은 전체 학급 수업보다 더 효과적일 수도 있고 효과적이지 못할 수도 있다. 하지만 이 방법들은 아이들이 학습하는 데 도움을 주기 위해 고안된 기법이며, 따라서 교육 자체와 혼동되어서는 안 된다. 한 교육철학자는 그러한 기법들을 교육에 **부대적인** 보조도구로 간주한다 (Peters, 1959: 17). 이러한 교수 기법들은 아마도 각기 별개의 교육철학과 연관되어 있을 것이다. 하지만 교수 기법과 교육철학이 혼동되어서는 안 된다.

어떤 교수 기법이 지닌 잠재적 이점을 고찰하는 것은 중요하다. 어떤 교수 기법은 어떤 환경에서 일부 아이들에게는 효과가 있을 수 있지만 다른 아이들에게는 효과가 없을 수도 있다. 교사들은 그들 나름의 독특한 스타일을 가지고 수업에 임한다. 그리고 일부 교사들은 다른 교사들과 똑같은 기법을 이용하여 매우 다른 결과를 얻기도 할 것이다. 어떤 특정 기법을 독단적으로 추구하거나 거부하는 것은 도움이 되지 않는다. 하지만 상이한 교수법 스타일들을 다원적으로 포용하기 위해서는 사회가 교육이라는 말로 뜻하고자 하는 것이 무엇인지를 명확히 하고 그것에 합의할 필요가 있다.

교육의 의미가 명확성을 결여하게 된 이유 중 하나는 현재 교육이라는 말이 매우 광범위한 경험들에 적용되고 있기 때문이다. 그러나 7살 아이가 교실에서 배우는 것, 또는 박사과정 학생이 실험실에서 수행하는 일, 또는 45살의 배관공이 야간 수업에서 배우는 것을 하나의 개념으로 다룰 때, 그 개념은 우리에게 교육의 의미에 대해 무엇을 말해줄 수 있는가? 어쩌면 학습이 평생 동안 광범하고 다양한 환경과 맥락에서 이루어질 수도 있지만, 그러한 만남을 통해 얻는 지식이 아이들이 교실에서 받는 교육의 또 다른 변종으로 해석되어서는 안 된다.

학생과 학부모는 교육을 매우 개인적인 문제로 경험한다. 사회도 그러한 감상을 되풀이하여 말하며, 모든 아이가 자신만의 특별한 개인적 욕구를 지닌 특별한 존재라고 주장한다. 물론 개별 가족에게 그것은 지극히 사실이지만, 교육은 단순히 가르치는 행위나 학습하는 행위가 아니라 한 세대가 다른 세대에게 세상의 작동방식을 전수하는 과정이라고 이해될 때 가장 유용하다. 성인 사회는 교육을 통해 아이들을 있는 그대로의 세상으로 인도하고자 하며, 아이들에게 세상을 이해할 수 있는 지식을 제공한다. 오늘날 교육이 개인이 평생 동안 하는 어떤 것으로 알려짐에 따라, 교육은 이제 세대 간의 이러한 근본적 상호작용으로부터 분리되었다. 그렇다고 하더라도 그러한 세대 간 동학은 교육의 의미에서 중심적인 위치를 차지한다. 성인들은 바로 이 교육제도를 통해 청소년들을 전체 세계로 인도함으로써 새로운 세대에 대한 자신들의 책임을 수행한다.

좌파-우파의 분할을 초월하여 진지한 사상가들은 교육이 세대 간 교류를 의미한다는 사실을 인식하고 있었다. 이탈리아의 마르크스주의 사상가 안토니오 그람시Antonio Gramsci는 "현실에서 각 세대는 새로운 세대를 교육한다"라고 기술했다. 보수적 관점에서 글을 썼던 잉글랜드 철학자 마이클 오크숏Michael Oakeshott은 이렇게 결론지었다. "가장 일반적인 의미에서 교육은 아마도 인간 세대들 간에 지속적으로 이루어지는 하나의 독특한 교류로 인식될 수 있을 것이다. 이 세상의 신참자들은 이 교류를 통해 자신들이 살게 될 세상에 입문한다"(Oakeshott, 1989: 65). 자유주의 정치철학자 한나 아렌트는 "교육 영역을 어른과 아이들 간의 관계"에 의해 지배되는 장소로 간주했다. 그리고 그녀는 그 관계가 너무도 중요해서 "교육학이라는 특수 과학에 맡길 수 없다"는 견해를 취했다(Arendt, 2006[1961]).

아렌트가 교육이 너무나 중요한 주제여서 전문가들에게 맡겨둘 수 없다고 진술한 것은 과장이 아니었다. 그녀는 교육이 사회에 지적 유산을 보존하는 동시에 갱신하는 기회를 제공한다고 생각했다. 이러한 해석에 따르면, 교육은 인류 갱신의 결정적 국면이다. 그녀가 "교육의 본질은 탄생성natality, 즉 인간이 세상에 **태어난다**는 사실에 있다"라고 결론지을 때 말하고자 했던 것이 바로 사회는 교육을 통해 스스로를 보존하는 동시에 갱신한다는 것이었다. 아렌트의 탄생성 개념은 생물학적이라기보다 문화적인 은유로, 인간이 자신에 대한 이해를 보존하고 발전시키는 능력을 의미한다(Arendt, 2006[1961]: 171).

인간이 세상에 태어난다는 사실로 인해 어른들은 아이들에게 그들이 아직 알지 못하거나 이해하지 못하는 세상에 대해 준비시키는 책임을 맡을 것을 지속적으로 요구받는다. 존 듀이 역시 "출생과 사망이라는 [근본적] 사실이 교육을 필요로 하게" 한다고 진술했을 때, 이 점을 강조했다. 청소년과 미성년자를 그들만의 의지에 맡겨둘 수는 없다. 성인들은 청소년들을 물리적으로 보호하는 책임은 물론 청소년들에게 "성숙한 성원들이 가지고 있는 이해관계, 목적, 정보, 기술, 관행"을 전수하는 책임 역시 져야 한다. "만약 그렇게 하지 않는다면, 그 집단은 그 집단만의 고유한 삶에 종지부를 찍게 될 것이다"(Dewey, 1938[1916]: sec. 1). 교육의 목적 중 하나는 미성년자의 미발달된 능력과 "어른들의 기준과 관습" 사이에 존재하는 간극을 메우는 것이다.

교육의 임무 중 하나는 아이들에게 있는 그대로의 세상에 대해 가르치는 것이다. 비록 사회가 변화의 힘에 계속해서 지배당하더라도, 교육은 청소년들에게 사회가 가진 과거의 유산을 알려줄 필요가 있다. 아렌트는 "세상이 오래되었기 때문에, 즉 항상 그 성원들보다 오래되었기 때문에, 현재에 얼마나 많은 삶을 쏟아 붓든지 간에, 학습은 불가피하게 과거를 향할 수밖에 없다"라고 진술했다(Arendt, 2006[1961]: 192). '과거에서 배우기'라는 표현은 자주 상투적으로 사용된다. 하지만 사람들이 여러 세기의 인간 경험에서 얻은 통찰과 지식에 의거하지 않는 한, 미래에 대처하기란 불가능하다. 개인들은 인간 세계의 전개과정을 앎으로써 자기 자신을 이해하게 된다.

한 세대에서 다른 세대로 이행하기 위해서는 인류가 여러 시대에 걸쳐 학습한 교훈적 지식들을 교육을 통해 전달할 필요가 있다. 따라서 교육의 주된 과제는 변화하는 세상에 반응하는 것이 아니라 과거를 보존하여 청소년들로 하여금 그들이 직면하는 문제들에 대처할 수 있는 능력을 길러주는 문화적·지적 자원들을 습득하게 하는 것이다. 교육의 본질을 이처럼 갱신으로 이해하는 것은 교과과정의 초점을 일방적으로 미래에 맞추는 현행 방식과는 직접적으로 대조된다. QCA가 "21세기에 적합한 교과과정이 모든 학습자의 욕구를 만족시키기 위해 [얼마나] 유연하고 적응적이어야" 하는지에 대해 말할 때(QCA, 2007: 8), QCA는 아이들에게 과거의 유산을 알려주는 대신에 미래를 위한 유연성의 에토스를 계발하는 데 전념한다. 물론 적응능력은 개인에게 가치 있는 자산이다. 그러나 그러한 능력을 발휘하기 위해서는 지적·도덕적 근거에 입각하여 우리가 살고 있는 세상을 이해할 필요가 있다.

교육이 과거를 지향하는 것과 변화하는 세상을 지향하는 것 사이에서 균형을 잡는 문제는 항상 논쟁의 근원이 되어왔다. 제1장에서 지적했듯이, 정책 입안자와 교육자들은 현재에 지나치게 집착한 나머지 계속해서 교육으로 하여금 과거와 거리를 두게 하려는 경향이 있다. 이러한 관점은 듀이를 비롯한 여러 진보적 교육자들로 하여금 학교는 아이들에게 있는 그대로의 세상을 가르치는 것이 아니라 솔선해서 시대에 뒤진 규범과 관행에 이의를 제기해야만 한다고 주장하게 했다. 듀이는 다음과 같이 수사적으로 질문을 제기했다. "모든 것을 현재 있는 그대로 보존하고자 하는 욕망과 습관을 가진 존재로 청소년들을 기르는 것이 바람직한가, 아니면 그들이 변화에 대처하여 가치들을 가늠하고 새로움 속에서 좋은 것을 발견할 수 있어야 하는가?" 그는 다음과 같은 질문도 덧붙였다. "대체 아이들이 우리 문명의 배경과 발달과정에 대해 얼마나 많이 알아야 오늘날의 세계가 어떤 모습인지를 이해할 수 있다는 말인가?"(Dewey, 1934: 4) 듀이가 자신의 질문에 대해 직접 답변하지는 않았지만, 그를 추종하는 많은 사람은 다음과 같은 감상으로 답했다. "그리 많이 알 필요는 없다."

듀이는 오늘날 그를 추종하는 사람들과 마찬가지로 교육을 통해 과거를 보존하는 일에 거의 가치를 부여하지 않았다. 그들의 교육철학은 지식의 세대 간 전달이라는 관념을 진지하게 취할 수 없다. 그 이유는 단순하다. 왜냐하면 그들은 과거의 거의 어떠한 것도 전달될 필요가 없다고 생각하기 때문이다. 실제로 이 관점에서 보면, 교육을 증진시키는 최상의 방법은 옛 세대들의 시대에 뒤떨어진 견해들이 행사하는 영향력으로부터 교육을 떼어놓는 것이다. 교육을 과거로부터 해방시키고자 하는 충동은, 현재 그리 중요하지 않은 관념을 정의상 시대에 뒤지고 적실하지 않은 것으로 간주하는 편견에 지배받고 있다. 하지만 교육을 통해 과거를 보존하려는 프로젝트가 세상을 있는 그대로 무비판적으로 수용하겠다는 것을 뜻하지는 않는다. 오히려 그것은 청소년들을 세상에 통합시키는 것이 어른들의 책임이라는 것을 의미한다. 이러한 조치를 취하는 목적은 청소년들에게 세상을 있는 그대로 알려주어 그들로 하여금 세상을 갱신하는 데 필요한 지적 자원들을 획득하게 하는 것이다. 이러한 의미에서 아렌트는 교육을 "결코 그대로 있는 것이 아니라 출생을 통해 끊임없이 스스로를 갱신한다"라고 설명했다(Arendt, 2006[1961]: 182). 새로운 세대의 교육을 통해 모든 오래된 중요한 문제들이 청소년들과 함께 다시 제기되어 토론되고, 그럼으로써 인류의 대화가 진전되어 나간다.

교육은 과거를 보존할 필요가 있다. 아렌트는 이 점을 확실히 했다. 그녀는 "오해를 피하기 위해 하는 말이지만, 내가 보기에 보수주의는 보존이라는 의미에서 교육 활동의 본질이다"라고 주장했다(Arendt, 2006[1961]: 188). 아렌트가 과거를 보존하고자 한 까닭은 향수를 위해서가 아니라 옛것을 보존하는 것이 갱신과 혁신의 토대를 제공한다고 인식했기 때문이다.[2] 실제로 아렌트는 아이들이 안전하다고 느끼면서 자신들의 세상을 개혁하고 갱신할 수 있는 조건을 창출하기 위해서는 "교육이 보수적이어야만 한다"라고까지 주장했다. 청소년들이 어떤 새로운 것을 창조할 수 있는 이해력과 잠재력을 개발하는 것은 지금까지 존재해온 그대로의 세계와 관계를 맺을 때뿐이다. 고든(Gordon, 1999: 10)은 이러한 통찰을 정교화하며, 교육에서 "갱신과 혁신의 여지를 만드는 것은 바로 권위관계와 그것에 상응하는 보수적 태도"라고 썼다.

보존을 교육 활동의 본질로 특성화하는 것은 역행적이거나 반동적인 정치적 어젠다를 고무하는 요청이라고 오해받기 십상이다. 하지만 과거를 보존해야 한다는 주장은, 성인들은 세대 간 교류를 통해 있는 그대로의 세상에 대해 책임을 져야 하고 또 청소년들에게 문화적·지적 유산을 물려주어야 한다는 인식에 기초한다. 보존 태도는 구체적으로는 그러한 유산의 세대 간 전달이라는 맥락 안에서 요구된다. 최근까지도 주요 사상가들은 그들의 이데올로기적 차이에도 불구하고 한결같이 청소년들에게 과거의 지식을 전달하는 일이 중요하다고 생각했다. 교육은 "세계 속에서 그간 생각되고 말해져온 최고의 것"을 전달해야 한다는 보수적 사상가 매슈 아널드Matthew Arnold의 정식화는 교육은 "인류의 저장된 지식"을 전달할 필요가 있다는 레닌Lenin의 주장과 사실상 동일하다(Entwistle, 1979: 44에서 인용).

이러한 관점에서 볼 때, 교육은 어른들이 아이들과 상호작용하는 방식에 의해 인도되는 독특한 활동이다. 아렌트는 교육에서 진행되는 일이 공적 영역에서 삶을 영위하는 방식에 관해 어떤 모델을 제시하는 것은 아니며, 그 역도 마찬가지라고 주장했다. 실제로 그녀는 한 걸음 더 나아가 보수적 지향이 "교육영역에만, 좀 더 정확하게 말하면 어른과 아이들 간의 관계에만 유효하며, 우리가 성인과 동년배 사이에서, 그리고 그들과 함께 행위하는 정치영역에는 타당하지 않다"라고 주장하기까지 했다(Arendt, 2006[1961]: 188~189). 과거의 유산을 보존하는 목적은 아이들에게 불안정한 세상에 대처하는 데 필요한 실존적 안전감을 제공하기 위함이다.

아렌트 자신은 보수주의가 공적 활동으로 확장되는 것에 반대했다. 그녀는 "정치에서 이러한 보수적 태도 — 세상을 있는 그대로 받아들이고 현상現狀을 보존하는 데 분투할 뿐인 — 는 파멸을 초래할 뿐이다"라고 진술했다. 왜 그런가? 그 이유는 "인간이 개입하고 변화시켜 새로운 것을 창조하기로 마음먹지 않는다면, 시간은 [세상을] 돌이킬 수 없게 파괴할 것이기" 때문이다(Arendt, 2006[1961]: 189). 교육에서는 보수주의에 헌신하고 공적 활동에서는 급진주의에 헌신하는 것 사이에 존재하는 이러한 명백한 역설은 탄생성 관념 — 즉, 과거의 보존을 통해 아이들에게 세상을 갱신할 수 있는 잠재력을 실현하는 수단을 제공하는 과정 — 을 통해 중재된다. 이렇듯 아이들을 "있는 그대로의" 세상으로 인도할 필요가 있다는 주장은, 학생들은 "오직 이 세상과 관련해서만" 그들이 "도전하고 변형시켜야 할 필요가 있는 것이 무엇인지를 알 수 있다"는 확신을 바탕으로 하고 있다(Levinson, 1997: 7).

현 시대의 경험은 교육을 통한 과거의 보존이라는 과제가 엄청난 장애물들에 봉착하고 있음을 보여준다. 제1장에서 지적했듯이, 변화에 대한 서구 사회의 강박은 서구 사회를 과거와 계속해서 소원해지게 한다. 역사적으로 과거를 거부하는 것은 급진적인 기질과 연관되어 있었다. 하지만 오늘날 그러한 전망은 순응주의적 감성으로 물들어 있다. 잃어버린 세계에 대한 향수라는 의미에서의 보존은 서구 사회에서 상당한 영향력을 행사해왔다. 그러나 과거의 경험에 의미를 부여하는 하나의 프로젝트라는 의미에서의 보존은 거의 어떠한 문화적 가치평가도 받지 못한다. 무비판적인 현재주의적 분위기가 과거의 전통들에 대해 끊임없이 반발하는 시대에, 교육은 새로움을 받아들일 책임을 지속적으로 부여받는다. 이러한 상황에서 현재와 과거를 중재하는 교육의 능력은 감소되었다. 이 딜레마를 인식하며 아렌트는 다음과 같이 논급했다.

> 근대 교육이 직면하는 실제적 어려움은 신보수주의에 대한 온갖 우아한 말에도 불구하고 최소한의 보존과 보존적 태도 — 이것 없이는 교육은 솔

직히 불가능하다 — 조차 우리 시대에는 극히 성취하기 어렵다는 사실에 있다.(Arendt, 2006[1961]: 189~190)

이 문제가 제기하는 과제는 우리에게 21세기의 학교를 어떻게 하면 과거가 정당한 지위를 차지하는 제도로 전환시킬 수 있을지에 대해 심사숙고할 것을 요구한다.

오늘날 교육과 사회 간의 적절한 관계는 엉망이 되고 말았다. 교육은 빈번히 공적 삶에서 해결하지 못한 문제들의 해결책을 모색하는 장소로 이용된다. 보수주의가 너무나도 자주 공적 삶을 특징짓는다면, 학교는 사회적 실험을 위한 장소로 전환된다. 공적 삶에서 정치인과 정책입안자들은 안전책을 강구하고, 본질적인 문제와 진지한 토론은 회피하는 경향이 있다. 그러나 정치 영역에서 회피된 문제들이 자주 학교 교과과정에서 하나의 주제로 등장한다. 따라서 정치적 무관심과 비참여의 문제가 공적 삶에서는 어쩔 수 없는 현실로 받아들여지는 반면, 학교에서는 시민의식 교육의 형태로 재등장한다. 문제를 해결하고 태도를 변화시키는 일이 교육제도에 할당된다.

교육은 그 자체로 중요하다

교육은 근본적으로 세대 간 교류라는 관념에 이의를 제기하는 경우는 좀처럼 없지만, 교육을 이 교류과정과 분리시켜 다루려는 시도가 지속적으로 있어왔다. 이제 교육은 세대 간 관계라는 맥락을 제거당하고, 교육 외부에서 제기된 어젠다들의 영향하에 놓이는 경향이 있다. 하지만 교육이 아이들에게 과거의 유산을 전달하는 독특한 역할을 한다는 바로 그 이유 때문에, 교육제도는 외부의 압력에서 벗어나 있을 때 가장 잘 작동한다. 정치와 사회적 압력이 항상 학교에 침입한다. 그러나 이러한 영향력은 언제나 교육을 손상시킨다. 학교에 새로운 계몽된 가치나 정치적 목적을 도입하는 것은 아이들을 진정으로 대하고 아이들이 시대의 중요한 쟁점들에 목소리를 내게 하는 진보적 시도로 자주 제시된다. 하지만 교과과정의 정치화는 교육자와 아이들로 하여금 세상을 있는 그대로 받아들이지 못하게 하고, 아이들이 이의를 제기하고 도전할 필요가 있는 것에 대해 그들 나름으로 생각해볼 수 있는 기회를 박탈한다.

교육이 세대 간 교류를 책임지고 수행할 수 있으려면 정치와 분리될 필요가 있다. 아렌트는 "정치에서는 우리가 항상 이미 교육받은 사람들을 상대해야 하기 때문에 정치에서 교육은 아무런 역할도 하지 못한다"라고 주장했다(Arendt, 2006[1961]: 173). 정치는 참여자들 간에 평등한 관계를 가정한다. 반면에 교육은 아이들을 성인들과는 다르게 다룰 필요가 있다는 가정에 기초한다. 성인과 미성년자, 옛것과 새것, 교사와 학습자 간의 차이는 근본적으로 불평등한 관계이며, 그것이 바로 우리가 교육을 통해 넘어서고자 하는 것이다. 아이들이 아직 교육을 받지 않은 상황에서는 대등한 사람들 간의 정치적 대화란 존재할 수 없으며, 오직 주입하고자 하는 시도만 존재할 뿐이다.

교육과 정치를 분리하라는 요구는 우리가 아이들에게 취하는 태도와 성인들이 서로 관계 맺는 방식은 다르다는 인식에 근거한다. 이러한 통찰의 역진술은 교육영역에 적용되는 규칙이 공적 삶에서는 전혀 적용될 수 없다는 것이다. 아렌트는 다음과 같이 논급했다.

> 우리는 교육영역을 다른 영역들, 무엇보다도 공적·정치적 삶의 영역과 단호하게 분리시켜야만 한다. 왜냐하면 오직 교육에만 권위 개념과 과거를 향한 태도를 적용시키기 위해서이다. 이것들은 교육에는 적합하지만 일반적 타당성은 지니지 않는다. 따라서 성인 세계에 대해 일반적 타당성을 주장해서는 안 된다.(Arendt, 2006[1961]: 191~192)

교육은 세대 간 권위의 행사를 수반하며, 이것이 교육제도에 독특한 특징을 부여한다. 이러한 권위의 행사는 공적 삶의 에토스와는 상반된다. 왜냐하면 공적 삶에서 성인들 간의 관계는 평등에 기초하여 다루어지기 때문이다.

근대 교육이론은 정치의 역할과 교육의 역할을 혼동하여 빈번히 학교를 사회적 불평등과 불공평이 가장 잘 해소되는 장소로 묘사한다. 이러한 전망을 체계적으로 주창한 사람이 듀이이다. 그는 학교를 본질적으로 유사 정치제도로 간주했다. 듀이의 찬미자 가운데 한 사람에 따르면, "듀이의 교육적 권위 관념은 본질적으로 정치적이다. 왜냐하면 그 관념은 학교를 학생들에게 사회문제, 정치적 악, 산업의 결함에 대해 가르쳐야 하는 제도로 보기 때문이다"(Gordon, 1999: 256).

듀이 시대 이래로 교육을 정치적 또는 사회적 어젠다에 종속시키려는 경향은 점차 널리 확산되었다. 전 교육부 장관 앤서니 크로슬랜드 Anthony Crosland는 1974년에 "여전히 사회적·정치적 열망이 교육과 여하튼 분리될 수 있으며 또 분리되어야 한다고 생각하는 사람들이 있다"라고 나무라듯 말했다. 그러면서 그는 "하지만 실제로는 그러한 열망은 교육과 관련되지 않을 수 없고 또 관련되어야만 한다"라고 덧붙였다.[3]

크로슬랜드는 대부분의 사람들보다 더 직설적이었다. 많은 교육자와 정책 입안자들은 자신들이 정치적 어젠다를 교육에 강요하는 데 몰두하고 있다는 사실을 그다지 인정하고 싶어 하지 않았다. 일반적으로 학교 교육의 정치화라는 주장을 명시적인 용어로 진술하는 일은 보다 급진적인 개혁가들의 몫이다. 이를테면 급진적인 교육이론가 파울로 프레이리Paulo Freire는 "중립적인 교육이란 실제로 존재할 수 없다"라고 주장했다. 프레이리가 볼 때, 모든 형태의 교육 활동은 "이데올로기적 선택을 함축하는 정치적 행위"이다(Freire, 1982[1972]: 39). 그러나 오늘날에는 더 이상 단순히 급진적인 교육자들만 교육이 정치화되어야 한다고 요구하지 않는다. 많은 정치인과 교육자가 교육이 사회개혁 내지 정치개혁의 도구라고 드러내놓고 주장한다. 영국 신노동당 정부의 대학 관할 장관 존 데넘John Denham은 2008년 9월에 자신은 "대학, 더 넓게는 교육이 사회정의를 위한 하나의 엔진이 아니"라는 제안에 "매우 반대하"며, 자신은 실제로 "교육이 우리가 사회정의를 달성하기 위해 가지고 있는 가장 강력한 수단"이라고 믿는다고 진술했다.[4]

정치적·사회적 목적이 교과과정에 관례처럼 끼워넣어져 있으며, 학교가 사회개혁의 수단이 되어야 한다고 믿는 교사들조차 이제는 자신들이 장려해야 하는 무수한 정책목적들을 따라가기가 어렵다고 느끼고 있다. 최근에 영국의 교사들은 아이들에게 다른 무엇보다도 환경적 가치들을 받아들이고 적극적 시민이 되고 다문화주의와 다양성을 수용하고 차별에 맞서 싸우고 동성애혐오를 삼가고 건강한 식습관을 체득하고 인간관계와 성에 관한 정부지침을 내면화하도록 훈련시키는 일을 책임지고 있다.

프레이리의 주장처럼, 당연히 교육은 결코 중립적인 제도로 작동하지 않는다. 학교는 항상 사회의 영향, 또는 적어도 사회의 어떤 분파의 영향을 받고 있다. 아이들을 사회화하는 방식을 지배하는 문화적 규범이 교사가 학생들을 지도하는 방식을 틀짓는다. 교육제도는 자주 기득권 세력의 분파적 이해관계를 반영하는 원리들에 따라 조직되며, 일부 아이들은 적극적인 교실 경험에 접근하는 것을 거부당한다. 하지만 교육이 때때로 협소한 분파적 이해관계를 증진시키는 데 이용된다는 사실이 교육 그 자체가 지닌 중요성을 감소시키지는 않는다. 반면 교육을 탈정치화해야 한다는 주장, 그리고 아이들에게 세상의 본질을 이해하는 데 필요한 지식을 제공하지 못하게 하는 힘들이 학교에 미치는 영향을 최소화하기 위해 노력해야 한다는 주장이 제기되는 것은 교육의 부당한 정치화 때문이다.

세대 간 교류의 관점에서 볼 때, 교육은 청소년의 삶에서 한 가지 독특한 단계이며, 시작과 끝을 가진다. 잉글랜드 철학자 마이클 오크숏이 볼 때, 엄격한 의미의 교육은 '의도적인 인도deliberate initiation' 행위와 함께 시작된다(Oakeshott, 1989: 68). 오크숏은 '의도적인'이라는 용어를 통해 교육의 공식적 차원과 제도적 차원을 지적했다. 삶으로부터 또는 다른 사람들의 행동을 흉내내는 것으로부터 배우는 에피소드들과 달리 교육은 통상적 삶의 일상과는 질적으로 다른 경험이다. 오크숏은 "세대 간 교류가 '학교 교육'이 될 때, 그리고 학습이 우연히 이루어지는 것이 아니라 지도와 제한을 받으며 공부를 통해 이루어질 때 교육이 시작된다"라고 말했다(Oakeshott, 1989: 68). 아렌트도 "학습과는 구별되는 것으로서의 교육은 예측 가능한 끝을 가져야만 한다"라고 덧붙였다(Arendt, 2006[1961]: 192). 그녀는 생애주기의 이 단계, 즉 교육 단계가 분명하게 기술됨으로써 이후의 삶에서 발생하는 여러 형태의 학습과는 구별되어야만 한다고 주장했다. 그녀는 세대 간 교류가 교육 고유의 특징이며 교육은 청소년 발전의 특수한 한 단계라는 자신의 확신에 의거하여 학습과 교육을 구분했다.

교육이 청소년의 삶에서 분명한 형태를 갖춘 하나의 단계라는 생각은 이 주제에 관한 최근의 사고방식을 거스르는 것이다. 평생학습의 전제는 정규 교육 형태와 비정규 교육 형태들을 분리하는 기준에 이의를 제기한다. 평생학습의 옹호자들은 학교 교육 자체에는 본질적으로 특별하거나 중요한 어떤 것이 전혀 존재하지 않는다고 주장한다. 이 관점에 따르면, 정규 학교 교육은 어떤 특별한 목적을 가지지 않는다. 그것은 단지 다른 학습 형태들의 한 변종에 불과한 것으로 인식된다. 하지만 정규 교육을 다른 형태의 학습과 구분해야 하는 한 가지 중요한 이유가 있다. 어떤 아이가 친구나 가족과의 상호작용을 통해 그리고 여타의 경험을 통해 얻는 통찰들과 달리, 교육을 통해 획득하는 지식은 아이 자신의 생활과 직접 관련되어 있지 않다. 교사가 전달하는 지식은 인류 전체의 지적 유산에 기초하며, 많은 경우에 아이가 관심을 가지는 문제들과 직접적으로 연관되어 있지 않다. 그것은 "'학습자'가 현재 필요로 하거나 '흥미를 느끼는 것'과 직접적인 관계가 **없는**" 지식이다(Oakeshott, 1989: 68).

오늘날 정규 교육의 비판자들은 정규 교육이 지나치게 격식적이고 청소년의 삶과 직접적인 연관성이 없다는 사실에 반감을 가진다. 하지만 그들은 논점을 놓치고 있다. 교육은 특정 학생과 직접적인 관계가 있는 관념들로 환원시킬 수 없고 또 환원시켜서도 안 된다. 교육은 멀리 떨어져 있는 곳에서 그리고 대개는 상이한 역사적 상황에서 살던 다른 사람들이 경험을 통해 획득한 지식과 통찰을 전달하는 것에 관한 것이다. 정규 교육의 주요한 의미는 사람들에게 일반화하는 능력을 길러주는 데, 그리고 마이클 영Michael Young이 "맥락과 무관한 또는 이론적 지식"이라고 묘사한 것을 획득하게 해주는 데 있다(Young, 2008: 67). 이 지식은 사람들이 자신들의 일상생활 경험을 통해 얻는 실용적 지식과는 다르다.

정규 교육을 통해 획득된 지식이 항상 유용하거나 직접적으로 적실하지는 않다. 실제로 이 지식의 특징 중 하나는 그것이 대부분의 사람들이 자신들의 일상생활을 통해 얻을 수 없는 종류의 지식이라는 것이다. 많은 경우에 교육을 통해 제공되는 지식은 "학습자가 인접해 있는 지역세계와 분리"되어 있으며, 관심의 방향을 학습자의 직접적인 경험으로부터 멀리 떨어진 곳으로 돌릴 것을 요구한다(Oakeshott, 1989: 68). 교육에는 청소년이 아직 질문한 적이 없는 문제들에 대해 해답을 제시하는 것이 포함되어 있다. 이러한 종류의 지식이 중요한 이유는 학생들이 그들의 특수한 경험을 넘어서는 것을, 그리고 그들이 배우는 보다 넓은 세계를 통찰하는 것을 도와줄 수 있기 때문이다. 이러한 유형의 정규 교육은 직접적인 경험으로부터 학습할 수 있는 것은 아주 제한적이라는 인식을 전제로 한다. 실제로 우리는 우리 자신의 직접적인 경험을 이해하기 위해 이론적 성찰을 통해 얻은 지식에 자주 의존한다. 피터스(Peters, 1982: 15)가 기술했듯이, 세상에 대한 성찰은 "관찰되는 것을 설명하기 위해 관찰할 수 없는 것에 대한 가정"을 필요로 하는 경우가 많다. 세상이 우리 눈에 보이는 방식은 세상이 존재하는 방식과 다른 경우가 많기 때문에, 우리는 세상을 해석하기 위해 추상적인 이론적 지식에 의존한다. 영(Young, 2008: 82)은 지식 중심의 교과과정을 설명하면서, "세상은 우리가 세상을 경험하는 대로가 아니기 때문에 교과과정 속 지식은 일상의 경험과 연속적이 아니라 불연속적일 수밖에 없다"

라고 논급했다.

교육의 목적은 청소년들이 생각하고 이해하고 성찰하고 상상하고 관찰하고 판단하고 문제를 제기하는 능력을 발전시키도록 돕는 것이다. 이러한 교육은 최상의 상태에서는 학생들에게 과거를 이해하고 현재와 미래의 문제들에 대해 생각하고 그러한 문제들에 대응할 수 있는 지식을 제공할 수 있다. 물론 정규 교육도 기술 ― 쓰기, 읽기, 셈하기 ― 의 습득을 요구하지만, 이는 지식을 획득하는 데 필요한 보조도구들일 뿐이다.

교육의 의미 탐색

교육에서 목적의식적인 세대 간 동학이 제대로 작동하지 않을 경우, 교육의 의미는 끊임없는 혼동과 논쟁의 진원이 된다. 지난 두 세기 내내 교육의 목적은 논쟁의 주제가 되어왔다. 정책 입안자들은 학교 교육을 "좀처럼 그 자체로 하나의 목적으로 보지 않고 그것이 어떤 다른 목적을 달성하기 위한 수단"의 역할을 해야 한다고 강조하는 경향이 있어왔다(Ravitch, 1985: 40). 정부 진술들은 교육의 내용에 좀처럼 관심을 보이지 않고, 대신 "거의 전적으로 교육 **외적** 목적에 초점을 맞춘다"(Young, 2008: 84). 교육 전문가들은 아이들에게 동기를 부여할 수 있는 교수 기법들을 혁신하는 데 몰두하는 경향이 있다. 최근 몇 십 년간 아이들에게 동기를 부여해야 한다는 정명이 교육 전문가들로 하여금 교육의 근본적 의미를 생각하지 못하게 해왔다. 그간 아이들이 공부해야 하는 내용에 가장 많은 관심을 보인 사람들은 주로 전통의 유지에 헌신하는 보수적 사상가들이었다. 하지만 그들 역시 교육의 내적 내용보다는 교육에 고유한 것이 아닌 목적에 관심을 갖는 경향을 드러내왔다. 그들의 경우에는 기본적 가치와 전통으로 회귀시키고자 하는 정치적 목적이 교육을 본연의 가치를 지니는 하나의 제도로 객관적으로 성찰하는 데 관심을 기울이지 못하게 한다.

실제로 교육은 그 자체로 꽃을 피울 수 있는 기회를 좀처럼 가지지 못했고, 학교도 노동시장, 정부, 그리고 보다 광범위한 문화적 기대들로부터 나오는 압력에 여전히 예속되어 있다. 많은 사회에서 교사는 공무원으로, 또는 적이도 아동 사회화를 주요 임무로 하는 더 높은 권력기구의 종사자로 인식된다. 하지만 문제는 학교가 외부에서 좌우하는 어젠다에 종속되어 있는지의 여부가 아니라 교육 이념이 그 자체로 문화적 비준을 받고 있는지의 여부이다. 중요한 것은 지식의 추구가 청소년들 사이에서 장려할 만한 노력으로 긍정되는가 하는 것이다. 비록 그러한 지식이 항상 유용하거나 직접적으로 적실하지는 않다고 하더라도, 그것은 학생들에게 무엇이 참인지에 대한 통찰력을 획득할 수 있는 준비를 해준다.

역사적으로 볼 때, 교육의 의미를 둘러싼 의견 충돌은 교육의 이념을 그 자체로 고무하려는 사람들과 그들에 맞서 교육을 직업시장을 위한 훈련의 한 형태로 도구적으로 바라보는 사람들 사이에서 다양한 형태로 일어났다. 맨체스터 그래머스쿨Manchester Grammar School의 교장인 크리스토퍼 레이(Christopher Ray, 2008)의 지적에 따르면, 19세기 무렵부터 "교육의 이론적·학문적 목적과 실용적·직업적 목적" 사이에서 긴장이 뚜렷이 감지되었다. 에클레스톤과 헤이스(Ecclestone and Hayes, 2008: 141)의 주장에 의하면, 아이들에게 무엇을 가르쳐야 하는가를 둘러싼 논쟁은 일반적으로 **교육**을 강조하는 사람들과 **훈련**을 선호하는 사람들 간의 의견 충돌이라는 형태로, 즉 아이를 '만대의 상속자'로 여기는 사람들과 '일자리 소모품'으로 바라보는 사람들 간의 충돌이라는 형태로 2000년 넘게 이어져왔다. 이 논쟁의 역사는 "교육을 위한 교육education for its own sake"이라는 관념에 대한 평가절하가 난상토론의 초대장 역할을 한다는 것을 보여준다. 도구주의를 비판하는 사람들 가운데 일부는 도구주의가 "오늘날 끝없는 유행과 변덕을 반영하여 새로운 정책과 관행들이 쇄도하게" 만들었다고 믿는다(Ecclestone and Hayes, 2008: 141).

교육은 계속해서 그 의미를 찾는 중이다. 새로운 교육 목표와 목적을 정식화하려는 시도가 끊임없이 일고 있다는 것이 이를 입증한다. 최근에 비도구적인 공평한 형태의 교육 이념에 체계적으로 의문을 제기하려는 시도가 있어왔다. 비도구적인 자유주의적 교육은 사회가 직면한 실제 문제들에 대처하기에는 지나치게 엘리트주의적이라는 혹평을 자주 받는다. 그러한 비판자의 한 사람인 존 화이트John White는 비도구적인 자유주의적 교육을 18세기 엘리트 교육으로의 회귀로 일축하고, "교육의 중심 목적이 되고자 하는 많은 대안적 후보들이 존재하기 때문에 비도구적이라는 이유에서 다양한 유형의 이론적 인식을 추구하는 것이 보다 실용적인 인식의 추구, 개인 발달, 시민의식, 또는 강한 경제 만들기보다 당연히 우월하다고 볼 수는 없다"라고 주장한다(White, 2005: 132). 이러한 쇼핑리스트식 접근방식에 따르면, 이론적 지식은 교육에 할당되는 많은 목적 가운데 단지 하나일 뿐이다. 화이트는 "학생의 웰빙, 실용적 추론, 시민적 삶을 위한 준비를 강조"하는 것이 학생들을 무기력하게 만드는 이론적 교과목으로부터 교과과정을 해방시키는 데 도움을 줄 수 있다고 믿는 것처럼 보인다(White, 2006: 2).

현재 교육에 의미를 부여하고자 하는 시도들은 가지각색의 다양한 목적을 강조한다. 잉글랜드의 정규 교과과정이 추진하는 목적들로는 개인적 성취, 사회적·시민적 참여, 경제적 공헌, 실용적 지혜 등이 있다. 이전 시대라면, 이런 목적들은 아동 사회화 프로젝트에 포함되었을 것이다. 어느샌가 교육의 목적이 사회화의 목적으로 축소되어버린 것으로 보인다. 벤틀리가 진술하듯이, "교육의 기본 기능은 청소년들이 성인의 삶에서 직면할 과제들에 대처할 수 있도록 준비시키는 것이다"(Bentley, 1998: 8). 그렇다면 사회는 청소년들이 어떤 종류의 과제에 대처하도록 준비시키고 있는가? 그것이 세상을 이해하고 세상에 대응함으로써 세상을 갱신하게 하는 것은 아니라는 것은 확실하다. 벤틀리가 염두에 두고 있는 과제들이, 성인들이 직업시장이나 여타 삶의 영역에 참여하기 위해 보유할 필요가 있는 실용적 기술들과 관련되어 있다는 것은 분명하다. 그러한 형태의 기술 획득은 이론적 지식의 학습과 직접적으로 대조된다. 교육의 문제(그리고 실제로는 사회화의 문제)는 교육이 삶에 필요한 기술들을 담고 있지 않다는 것이라고 암묵적으로 재정의된다.

> 보다 일반적으로 말하면, 증거들은 많은 사람이 일상적 삶에서 마주하는 과제와 도전에 제대로 대처하지 못한다고 시사한다. 그러한 것들에는 미래를 위해 돈을 저축하지 못하는 것, 관계를 이해하고 견디지 못하는 것, 경력을 계획하고 관리하지 못하는 것, 시민으로서의 의무를 인지하고 수행하지 못하는 것, 그리고 스트레스와 변화와 불안에 대처하지 못하는 것이 포함된다.(Bentley, 1998: 9)

지적·도덕적 유산의 전유를 배제하고 그 유산을 기본적인 생활기술 life-skill 훈련으로 대체하는 것은 교육에 의미를 부여하는 데 크게 실패했다는 것을 보여주는 징후이다. 사람들에게 성인의 역할을 훈련시키는 행위는 아이들에게 자신들의 문화적·지적 유산을 어떻게 숙지시켜야 하는가라는, 보다 근본적인 문제와 씨름하지 않아도 되게 해준다. 일부 교육 전문가들은 청소년들의 지적 이해와 추론 능력을 키우는 대신 청소년들이 문제에 대처하는 것을 도와준다고 약속하는 치료요법적 기법들을 선택해왔다. 교육에서 훈련으로의 이러한 이동은 학교에서 아이들에 대한 어른들의 기대가 낮아졌다는 것을 의미한다.

청소년들에게 삶을 준비시키는 것으로서의 교육이라는 현재 주창되는 관념과, 세상을 갱신하는 데 필요한 세대 간 교류의 일부로서의 교육이라는 관념을 혼동하지 않는 것이 중요하다. 전자는 청소년들에게 인류의 지적 유산을 제공하는 것으로서의 교육이라는 교육의 이상을 암묵적으로 거부한다. 청소년들에게 성인의 삶을 준비시킨다는 목표는 훈련의 한 형태로, 그것의 목적은 훈련생이 사회에 입문하는 것을 돕는 것이다. 이처럼 청소년들에게 성인의 삶을 준비시키는 일에 몰두하는 것은 그 자체로 교육의 임무를 과소평가하는 것이다. 그러한 작업은 성인의 삶을 위한 준비가 어떤 지적·문화적 토대 위에서 이루어져야 하는가라는 질문을 회피한다. 교과과정이 일상생활에서 제기되는 즉각적인 실용적 질문들에 고착될 경우, 교사가 학생들로 하여금 그들의 상황과 직접적인 관련이 없는 근본적인 지적 질문들에 관심을 갖게 하기란 어렵다.

하지만 많은 경우에 교육은 학생들 자신이 전혀 제기하지 않은 질문들, 이를테면 인간 지식의 역사적 발전에 결정적이었던 질문에 대한 답변들을 성찰함으로써 시작된다. 이것이 바로 아렌트가 "학교의 기능은 아이들에게 세상이 어떠한지를 가르치는 것이지 삶의 기술art of living을 훈련하는 것이 아니"라고 주장했던 이유이다(Arendt, 2006[1961]: 192).

20세기 동안 삶의 기술을 장려하는 사회화 주도적인 학교 어젠다가 출현한 것은 그간 기술 연계적 교과과정을 장려해온 것과 연관되어 있다. 아렌트는 1950년대 미국의 경험을 지적하면서, "[학교가] 의식적으로 의도한 것은 지식을 가르치는 것이 아니라 기술을 가르치는 것이었으며, 그 결과 학습기관이 직업시설로 변질되었다"라고 지적했다. 그녀는 그 시설들은 학생들에게 이론적 교과목들을 이해시키는 것보다 아이들에게 타자기를 사용하는 방법이나 자동차를 운전하는 방법, 또는 삶의 기술을 가르치는 것에 훨씬 더 능하다고 썼다(Arendt, 2006[1961]: 179). 역사적으로 학교 교육을 통해 실용 기술을 제공하는 것은 노동계급 아이들을 대상으로 하는 것이었다. 오크숏이 "교육의 '사회화'로의 대체"라고 묘사했던 것의 목적은 사회의 빈곤 부문들을 통합하는 것이었다. 19세기 영국에서 학교 교육은 "국가의 안녕에 이바지하도록 사람들을 교육하는 것"으로 되었다. 당시에 이러한 유형의 학교 교육은 "학교와 대학에서 추구하는 교육 업무"와는 무관한 것으로 인식되었다. 하지만 20세기 중반 이래로 생활기술과 삶의 기술을 가르치려는 프로젝트는 강력한 추진력을 얻었고, 대학을 포함하여 모든 교육기관들로 확대되었다(Oakeshott, 1989: 81, 83).

기술 주도 교육학의 우세와 사회화 정명의 확산은 최근 교과목 중심의 이론적인 자유주의 교육의 권위가 상실되는 것과 나란히 진전되어 왔다. 1980년대까지만 해도 많은 급진 개혁가가 엘리트 학교 교육의 특징이던 지식 위주의 교과과정에 사회의 모든 부문이 접근할 수 있게 해야 한다고 요구했다는 점을 상기할 필요가 있다. 1960년대 동안 많은 평등주의 교육이론가가 "노동계급도 엘리트와 동일한 교과과정의 이점을 누릴 수 있기를 원했다"(White, 2005: 137). 통합 교육을 지지하는 수많은 사람이 새로운 체계가 그래머스쿨의 장점을 통합하고, 사회 전체로 확대되기를 바랐다. 1970년대 이후 자유주의 교육에 대한 이 같은 적극적 지지는 점차 부식되었다. 일부 비판가들은 자유주의 교육을 편협한 엘리트주의라고 공공연히 비난했고, 그러한 교육을 학교로 확대하려는 시도는 "중간계급 교과과정을 국가 전체에 강요하려는 것"이라고 혹평했다(White, 2005: 137).

비도구적인 자유주의 교육 이념에 대한 문화적 지지의 부식은 학교가 방향감각을 상실하게 만들었다. 학교는 교육의 의미와 목적을 무익하고 편협하게 추구했다. 정책 입안자들은 변함없이 교육영역에 자신들의 관심사를 투영하고 있으며, 청소년에게 인류의 지적·문화적 유산을 철저히 이해할 수 있는 기회를 제공하는 것이 갖는 중요성을 통찰하지 못하고 있다. 정책 입안자들이 아이들의 지적 자본 계발이라는 목적을 암묵적으로 부정함으로써 초래된 가장 극적인 결과가 바로 이론적인 교과목 중심 교육의 중요성이 축소되었다는 것이다. 교육 전문가들은 학교에서 경험하는 학문적·지적 차원보다 '전인적 욕구'를 우선시하는 학교 교과과정을 거듭 주장한다. 실제로 이론 학습이 이처럼 특별할 것 없는 지위를 부여받고 있음은 이미 정책 입안자들이 교육과 이론 학습을 암묵적으로 분리시키는 태도를 취하고 있다는 것을 뜻한다. 우리가 앞으로 제6장에서 살펴보듯이, 이러한 접근방식은 반지성적·반학문적 교육학을 조장하는 결과를 가져왔다.

학교와 관련된 많은 문제가 실제로는 사회가 교육에 의미를 부여하는 데서 겪는 어려움에서 기인한다. 교육 '목적들'을 끊임없이 발명하고자 하는 시도는 교육의 목적에 대한 합의가 부재함을 보여줄 뿐만 아니라 성인세계가 어린 세대에 대한 자신의 책임을 혼동하고 있음을 여실히 보여준다. 사회는 이 문제를 인정하고 명명하는 데 어려움을 느끼고 있다. 그리하여 교육의 역할과 목적은 끊임없는 논쟁과 개정에서 알 수 있듯이 잠정적인 지위만을 누리는 상황에 처하게 되었다. 하지만 세대 간 교류를 통해 청소년들이 자신들의 과거를 알고 현재를 이해하고 미래에 맞서는 데 필요한 지식을 획득할 때에만 학교 교육이 교육이 된다는 것은 피할 수 없는 사실이다.

때때로 성인 사회는 교육을 그 자체로 진지하게 다룰 필요가 있음을 깨닫기도 한다. 따라서 짐 로즈 경Sir Jim Rose은 학교 교과과정을 검토해 달라는 영국 정부의 요청을 받고는, 아무 생각 없이 아이들에게 삶의 기술을 가르치는 부적절한 수업과정에 대해 비판했다. 그는 2008년 10월에 이렇게 진술했다. "우리는 사회를 괴롭히는 질병들을 심히 우려한다. 그리고 우리는 그 질병들을 아주 초기 단계에 초등학교에 떠넘겨버렸다." 성인 사회를 괴롭히는 많은 사회적·도덕적 문제를 처리하는 임무를 초등학교가 떠안게 되면서, 의심할 여지없이 교육은 그 길을 잃었다. "우리는 배움 그 자체에 대한 사랑을 심어주려고 애써왔는가?"라는 반드시 필요한 질문을 공중에게 상기시켜야만 한다고 느꼈던 것을 보면, 로즈는 그 프로젝트의 무용성을 너무도 잘 알고 있었음에 틀림없다.[5]

교육은 그 자체로 의미를 지닌다는 점을 이따금 상기시켜주는 사람이 있다는 사실은 우리가 중심 문제를 완전히 놓치지는 않았음을 보여준다. 이 문제가 좀처럼 제기되지 않는 이유를 이해하기 위해서는 어른의 권위 행사를 둘러싼 수많은 혼란을 살펴볼 필요가 있다.

제3장

어른의 권위를 둘러싼 혼란

사회는 교육을 통해 어떤 종류의 가치와 의미를 전달해야만 하는가라는 질문과 지속적으로 마주친다. 세대 간 교류 행위는 청소년들이 전수받아야 하는 세계관에 관한 문제를 항상 제기한다. 아이들에게 그들이 마주할 세상에 대비하도록 준비시키는 교사가 가장 효력을 발휘할 때는 교사가 사회에 대한 사회의 인식을 명확하게 그리고 목적의식을 가지고 전달할 수 있을 때이다. 1924년에 잉글랜드 작가 체스터턴G. K. Chesterton은 "교육은 간단히 말해 한 세대에서 다른 세대로 사회의 정신을 전달하는 것이다"라고 썼다. 하지만 사회가 자신의 정신을 표현할 수 있는 언어를 발견하기 어려울 경우 어떤 일이 생기는가? 세대 간 소통은 골치 아픈 일이 되고, 학교는 학생들의 지적·도덕적 발전을 효과적으로 인도하는 데 필요한 해석체계를 갖추기가 어려워진다.

언젠가부터 많은 서구 사회는 자신들의 과거에 대해, 그리고 자신들이 의지하는 기본 가치에 대해 합의를 보기가 어렵다는 것을 깨달아왔다. 전통적인 상징과 관습은 사람들을 열광시키고 고무시킬 수 있는 힘을 상당 부분 상실했고, 몇몇 경우에는 돌이킬 수 없을 정도로 손상되었다. 이러한 사태 전개를 무엇보다 잘 보여주는 사례가 역사 교육을 둘러싸고 지속되고 있는 논쟁이다. 어떤 세대가 자신들의 성장 기반이었던 이야기와 이상들이 이제 '변화된' 세상에서는 적절하지 않다고 인식할 때, 그들은 그러한 이야기와 이상들을 아이들에게 확신을 가지고 전달하기가 어렵다는 것을 발견한다. 그리고 역사적으로 무엇이 옳고 그른지를 놓고 벌어지는 논쟁은 상충하는 이해관계와 정체성과 관련된 서로 경쟁하는 주장들을 굴절시킨다. 이러한 상황에서 사회는 세대 간 대화를 지속하는 방법에 관한 문제를 제기하기가 망설여진다. 그럼에도 불구하고 정책결정자와 교육자들은 이 문제를 해소해야만 한다는 것을 직관적으로 알고 있으며, 따라서 아이들에게 전달할 가치와 전통을 요구하는 목소리에 어떤 식으로든 반응해야만 한다. 하지만 그러한 프로젝트는 좀처럼 성공하지 못한다. 왜냐하면 과거와 유기적으로 연관된 관습과는 달리 그러한 프로젝트는 좋은 의도에도 불구하고 도전에 취약한 인위적 구성물이기 때문이다. 신성시되는 관습이나 관례와 달리 구성된 가치constructed value는 주기적으로 정당화될 필요가 있다. 구성된 가치가 의식적으로 설계되고 발명된 것이라는 사실 자체가 대안적인 역사와 전통을 구성하는 것이 가능한가라는 의문을 제기하기 때문이다.

2006년에 당시 재무부 장관이던 고든 브라운은 "우리를 하나로 묶어주는 일에 주력하기" 위해 영국의 날을 만들겠다는 계획을 발표했다. 하지만 무엇이 사회를 하나로 묶을 수 있는지를 명확히 제시하는 것조차 매우 힘든 과제라는 사실을 알게 되었고, 정부는 몇 년 지나지 않아 그 아이디어를 조용히 접어버렸다. 정부가 이 계획을 소리 없이 포기한 것은 공중을 고무할 수 있는 국가적 전통을 '이해관계자'로 이루어진 위원회 모임이나 전문가 회의를 통해 발명해낼 수 없다는 것을 알게 되었기 때문이었다. 만약 사회가 자신이 옹호하는 것이 무엇인지를 스스로 확신할 수 없다면, 학교가 사회의 정신에 관해 말할 수 있는 능력을 결여하고 있다고 해도 그것은 놀랄 만한 일이 아니다.

2007년 6월에 시작된, 11~14세 아동을 대상으로 하는 새로운 교과과정은 "학생들이 공유된 가치를 배우고 영국의 국가 정체성을 학습하게 될 것이다"라고 밝혔다. 하지만 사회의 공유된 가치가 무엇인지가 명확하지 않은 상황에서 교사들은 이 교과과정을 어떻게 다루어야 하는지에 대해 확신하지 못했다. 많은 교사가 어렵고 논쟁적인 것으로 여겨지는 주제를 다룰 능력이 자신에게 있는지를 걱정했다. 애국심 교육에 대한 교사의 태도를 조사한 한 저자는, 교사들이 애국심 교육에 대해 우려하는 이유 중 하나로, 교사들이 "출신 국가에 대해 여전히 애착심을 가지고 있는 이민자 학생들에게 영국에 대한 애국적 애착을 고취하는 것이 얼마나 적절한지를 확신하지 못한다"는 점을 지적했다. 이 조사에 따르면, 인터뷰에 응한 교사의 13%만이 학교가 "애국심을 적극적으로 고취해야" 한다고 생각했다.[1] 이 교육자들이 '애국심'을 고취하는 것에 대해 거부감을 갖는 것은 그들이 영국적 가치에 대한 애착을 결여하고 있다는 증거로 해석될 수도 있다. 하지만 그들의 태도는 혼란스럽고 골치 아프고 어렵다고 생각되는 주제를 가르치는 것에 대한 걱정을 표현하는 것일 가능성이 훨씬 더 크다.

종교 교육 역시 어려움으로 가득 차 있다. 잉글랜드 전역의 학교를 감사하는 정부 부서인 교육기준청Ofsted은 현행 시험체계가 위험하게도 "중요한 종교적 쟁점들을 하찮아 보이게 만들고 있다"고 우려한다.

교육기준청의 2008년도 보고서는 9·11 이후 종교의 정치화를 우려하며 "학생들이 종교가 복합적"이고 항상 선의의 힘인 것은 아니라는 사실을 "배워야 한다"고 역설했다.[2] 이 주장이 사실이라는 데에는 의심의 여지가 없다. 그렇다고 성인 사회가 종교의 역할과 관련한 모호함과 갈등을 종교 교육을 구실로 교실에서 재현해야 하는가?

무엇이 공동체를 하나로 묶는지와 관련한 혼란은 2008년에 초등학생용 국민가요집을 출판하려던 정부계획이 소리 없이 중단되었을 때 희화화된 형태로 나타났다. 정부는 원래 11살 난 모든 아동이 알아야 하는 노래 30곡을 뽑아 선집으로 출판하고자 했지만, 그 아이디어는 지나치게 분열을 일으키는 것으로 간주되어 기각되었다. 그 프로젝트를 실행하는 책임을 맡았던 단체인 싱업Sing-Up을 이끄는 인물 개러스 멀론Gareth Malone은 전문가들이 어떤 노래를 선집에 포함해야 하는지에 합의할 수 없었다고 지적했다. 멀론은 그 프로젝트를 "문화적으로 뜨거운 감자"라고 묘사하고, "우리는 현실주의적이어야 하고 이 문제와 관련하여 지나치게 문화제국주의적이어서는 안 된다"라고 덧붙였다.[3] 결국 공무원들은 공통 가요집의 출판이 야기할 수도 있을 논쟁을 피하기 위해 600곡의 '노래은행'을 선정하는 쪽을 선택했다.

애국심, 종교, 심지어 부를 노래의 곡목 선정이라는 주제를 둘러싸고 벌어진 논쟁은 교육이 직면한 결정적 문제가 무엇인지 — 즉, 아이들의 도덕 교육 지도 방식이 명확하지 않다는 것 — 를 알려준다. 우리의 경험은, 어린 세대를 고무할 수 있는 핵심 가치들을 이용하여 새로운 전통을 인위적으로 창조하는 것은 불가능하며 어떠한 가치나 의미도 전문가나 행정가의 작업을 통해 생산될 수는 없다는 것을 보여준다.[4] 만약 교사가 국가의 역사에 대해 확신하지 못한다면, 학생들을 설득력 있게 지도

할 수 없을 것이다. 그리고 가치들을 취사선택하여 새로운 '전통'을 발명하려는 접근방식을 가지고 학생들에게 동기를 부여하고자 하는 시도는 항상 실패할 것이다. 그러한 가치들은 상당 부분 나이 든 세대가 경험하지 못한 것들이기 때문에, 세대 간 교류를 통해 성공적으로 전달되기도 쉽지 않을 것이다. 일단 성인 사회가 자신을 사회화한 가치들을 통해 사회를 인식할 수 없게 되면, 아이들에게 새로운 의미체계를 교육할 수 있는 성인 사회의 능력 또한 감소한다.

하지만 교사는 학생들에게 인간 조건에 대한 지식을 제공할 필요가 있으며, 그것도 권위 있게 전달할 필요가 있다. 어떤 종류의 지식을 전달해야 하는지에 대한 합의가 깨지면, 세대 간 가치 교류 역시 손상될 뿐만 아니라 성인 세계가 권위 있게 행동할 수 있는 능력 또한 감소한다. 권위는 개인 행동에 속하는 속성이 아니다. 권위는 공유된 이상들을 통해 정당화되며, 그 이상들이 권위 있는 행동에 일단의 행동 원리들을 제공한다. 가치, 전통, 권위는 서로 밀접하게 연관되어 있다. 따라서 하나가 훼손되면, 다른 것도 훼손된다. 하지만 교육체계가 효과적으로 작동하기 위해서는 어른들의 권위 행사는 불가피하다.

최근 수십 년 동안 교사의 권위 행사와 관련된 문제들에 대해 광범한 논의가 있어왔다. 물론 교실에서 규율을 유지하는 문제는 정규 학교 교육이 시작된 이래로 되풀이되고 있는 문제이다. 보다 최근에 교사들이 규율 문제를 자신들에 대한 직접적인 위협으로 인식하는 경향이 있다는 것은 흥미롭다. 전체교육위원회General Teaching Council가 2008년 7월에 발행한 조사보고서는 교사들이 교직을 그만두는 가장 큰 이유가 학생들의 나쁜 행동 때문이라고 결론내렸다.[5]

규율 문제는 학생들 간의 파괴적인 행동이나 충돌에 국한되지 않는다. 2008년 2월에 발간된 한 보고서에 따르면, 잉글랜드에서는 조사 대상 교사의 약 절반이 학생들로부터 괴롭힘, 학대, 또는 물리적 공격을 받은 적이 있다고 응답했다. 일부 교사는 그러한 사건들을 보고하는 것이 자신들의 학교를 "나쁘게 보이게" 만들지는 않을까 하는 우려를 하기도 했다.[6] 그로부터 한 달 후 정부는 교사들이 인터넷과 핸드폰을 통해 "괴롭힘 당하지" 않게 하는 조치를 취하겠다고 약속했다. 교사 노동조합 NASUWT의 사무총장 크리스 키츠는 "교사에게 초점을 맞추는 강력한 학교정책이 필요하다는 점을 정부가 받아들여 기쁘다"는 반응을 내놓았다. 그녀는 "교사들의 삶이 점점 더 학생들의 행동에 의해 파괴되고 있다"고 경고하면서 다음과 같이 덧붙였다. "학생들이 과거에는 교사와 직접 얼굴을 맞대고 나쁜 행동을 하는 것에 만족했다면, 이제는 점점 더 테크놀로지를 이용하여 무례한 행동을 하고 있다."

많은 교사가 볼 때, 자신들을 겨냥한 위협적 행동은 에피소드적 성격의 몇몇 적대적 행동에만 그치는 것이 아니다. 일부 교사들은 학교 환경에서 무력감을 느끼고 자칫하면 심적 혼란에 빠지기도 한다. 교직에 종사하는 상당수의 사람들이 경험하는 불안전감은 그들이 자신들의 권위 상태가 불안정하다고 느낄 뿐만 아니라 권위를 행사할 힘이 없다고 느낀다는 것을 시사한다. 교사를 괴롭히는 아이라는 생각 자체가 세대 간 동학에 중대한 역전이 일어났음을 의미한다. 이는 규율 문제가 한 아동의 개인 행동으로 환원될 수 있는 문제가 아닐 뿐만 아니라 어른의 권위가 아이들의 존경을 받는 보다 광범위한 문제와 연관되어 있음을 시사한다. 초등학교에서조차 규율이 하나의 쟁점이 되었다. 한 보고서는 소수의 학생들은 아주 어린 나이부터 성질을 부리고 심한 욕을 하고 신체적 공격을 가한다고 주장했다.[7] 교사들이 두 살에서 네 살 아이들을 '폭력 학생'으로 지칭한다는 사실 자체가, 일반적으로 성인의 지도에 아주 잘 응하는 것으로 생각되던 연령집단의 행동을 억제하는 데서 교사들이 겪는 어려움을 보여준다.[8] 많은 교사가 여섯 살짜리들의 파괴적인 행동에 위협감을 느낀다고 고백한다. 한 초등학교 교사는 초등학생들과 관련하여 "사람들은 어린 아이들이 나이 든 사람들만큼 폭력적이고 위협적일 수 있다는 사실을 자주 과소평가한다"라고 기술한다.[9]

어른과 아이 간의 약한 권위관계는 유아원 교육에서 가장 극적인 형태를 띤다. 아장아장 걷는 아이들을 다룰 때조차 성인 보육자와 교사들은 선을 넘지 않으면서 권위를 유지하는 일에 무력해 보인다. 관련 공무원들에 따르면, 2007년 잉글랜드에서는 유아원에서 1540명의 유아가 정학을 당했다. 그중 거의 1000명의 유아가 교사와 다른 아이를 공격했다는 이유로 정학을 당했다. 두 살 난 어린아이 20명이 신체적·언어적 폭행으로 정학을 당했다는 사실은 교사들이 유아원 환경에 대해 통제력을 유지하기가 어렵다는 것을 보여준다. 이 수치들은 규율의 문제처럼 보이는 것이 근본적으로는 어른임과 아이임이 무엇인지에 대해 의미를 부여하는 데서 실패하면서 나타나는 문제라는 것을 알려준다. 권위 있게 행동할 수 있는 기회를 부여받지 못하거나 또는 권위 있게 행동할 수 없을 경우, 어른들은 아장아장 걷는 아이들에게까지 그들에게 적용하기에는 부적절한 행정적 해결책에 의지하지 않을 수 없게 된다. 전국교장협회National Association of Head Teachers 회장인 믹 브룩스Mick Brookes에 따르면, 교사들이 아장아장 걷는 아이들을 정학시키는 조치를 취하는 까닭은 "난폭한 학생들을 제지하기 위해 개입"할 경우 자신들의 직업을 잃을지도 모른다고 우려하기 때문이다.[10]

이러한 지도방침은 두 살에서 네 살 아동을 마치 성인처럼 문제를 도덕적으로 해결할 수 있는 능력을 가진 것처럼 대하게 하는 뜻하지 않는 결과를 초래한다. 따라서 어른과 아이의 경계가 모호한 이런 뒤죽박죽인 세상에서는 세 살과 네 살 아동들 중에 비록 적은 수이지만 인종차별, 성적 못된 짓, 절도로 쫓겨나는 아이들이 있다는 것을 알게 된다고 해도 그것이 놀랄 일은 아닐 것이다.[11] 성인 행동의 기준을 유아들에게 적용하려는 무력한 시도는 어른의 권위를 우스꽝스럽게 만든다. 교실에서 보육 노동자와 교사가 무력하다는 사실은 사회 도처에서 어른의 위기가 얼마나 만연해 있는지를 아주 잘 보여준다. 대서양 양편에서 교실 규율의 문제는 수십 년 동안 걱정거리였다. 1960년대 말 이후 미국에서 수행된 조사연구들은 규율 부재가 학교에서 주된 문제의 하나로 확인되었다고 지적해왔다(Ravitch, 1985: 13).

교실 규율에 대한 염려는 교사와 성인이 아이와 권위 있게 상호작용할 수 있는 능력에 대해 근본적인 의문을 제기한다. 하지만 규율에 대한 우려는 권위와 관련한 훨씬 더 기본적인 쟁점에 대해 보내는 하나의 경고 신호일 뿐이다.

교육의 위기는 권위의 위기와 밀접하게 연계되어 있다. 정치이론가와 평론가들이 공적 생활의 관리에서 권위가 수행하는 역할에 대해 어떻게 생각하든 간에, 아이 양육과 교육의 과제에 관한 한, 권위의 필요성은 일반적으로 인정되고 있다. 아렌트는 양육과 교육 영역에서 "가장 넓은 의미의 권위는 항상 당연히 필요한 것으로 받아들여져 왔고, 정치적 필요성만큼이나 자연적 필요성 — 즉, 아이들의 무력함 — 때문에 분명하게 요구된다"고 썼다(Arendt, 2006[1961]: 91). 오늘날 가족생활과 학교 교육의 영역에서 권위관계가 자주 논쟁의 대상이 된다는 사실은 교육의 유효성이 주요한 도전을 받고 있다는 것을 의미한다. 어른과 아이, 교사와 학생의 관계가 어른들의 권위를 전제로 하는 규칙과 지침을 통해 매개된다는 점을 상기할 필요가 있다. 그 관계는 평등한 관계가 아니라 한 세대가 아직 세상에 대해 책임을 질 수 없는 다른 세대를 책임지는 관계이다. 이 관계에서 어른들은 서로에게 취하는 역할과는 매우 다른 역할을 아이들에 대해 떠맡는다.

널리 인정받고 있듯이, 많은 경우에 부모는 다른 성인을 대하는 방식과는 전혀 다른 방식으로 자녀들을 다룰 필요가 있다. 태어나는 순간부터 어머니와 아버지는 자신들의 의지를 자신의 아이들에게 지속적으로 강요한다. 다른 성인에게 잠자리에 들 시간이라고 말하는 것을 꿈속에서조차 생각하지 않을 부모들이 자녀들에게 8시 정각에 잠자러 가야 한다고 요구한다고 해서 문제가 될 것은 전혀 없다. 부모들은 자식의 엉덩이가 깨끗한지를 살펴보지만, 자신들과 같은 나이의 사람들에게 똑같은 일을 하지는 않을 것이다. 부모들은 자녀를 씻기고 먹일 때마다 또는 침대에서 자녀에게 책을 읽어줄 때마다, 아무 생각 없이 자신의 자녀를 어른이 아닌 아이로 취급한다.

교육에서도 어른의 권위가 의식적으로 그리고 규칙적으로 강요될 필요가 있다. 교사의 역할은 아이들의 성장을 지도하고 인도하는 것이다. 교사는 교육상의 권위를 통해 아동 발달에 영향을 미치고자 한다. 교사와 아이의 관계에서 교육자는 관계의 조건을 알려주고 안내하고 확립할 필요가 있다. 교사는 자주 아이에게 그 아이의 성향과 배치되는 요구를 강제하기도 한다. 때때로 교육자는 아이들은 전혀 관심이 없지만 그들의 발달에 근본적으로 중요한 주제를 공부하도록 아이들에게 강요하기도 한다. 일반적으로 교사는 아이들이 자제력과 집중력을 습관화하게 하기 위해 확실한 경계를 설정해서 학생들이 쉽게 산만해지거나 장난치는 성향을 억제시켜야 한다. 모든 권위관계는 위계적이며, 교사와 학생의 관계도 예외가 아니다. 교육에서 어른 권위에 우선성을 부여함으로써 발생하는 불평등한 관계는 오직 어른들만이 아이들의 복리와 세상에 대해 진정으로 책임질 수 있다는 인식에 기초한다. 세대 간 교류로서의 교육은 나이 든 세대가 아이들이 배울 필요가 있는 중요한 어떤 것을 가지고 있다는 사실을 전제로 한다.

나아가 학습행위와 지식추구 자체는 교과목, 그리고 교실에서 교과목을 대변하는 교사의 권위를 수용할 것을 요구한다. 학교에 다니는 아이들은 새로운 형태의 지식을 이해할 수 있게 지도해주는 교사들을 신뢰한다. 교사에 대한 이러한 신뢰는 사람들이 교육자의 권위를 받아들일 때에만 생길 수 있는 맹신을 필요로 한다. 밴톡Bantock은 "학습은 항상 아직까지 이해되지 않는 것을 이해하려는 결심을 필요로 한다"라고 논급했다. 또한 그는 "학생, 수용 행위, 또는 아직까지 알지 못하는 것의 권위가 학습의 필수적 전제조건이다"라고 덧붙였다(Bantock, 1952: 189). 실제로 아이들에게 교사의 권위 있는 지도가 필요한 까닭은 바로 미지의 것을 찾아 나서는 모험이 아이들의 정서적 성향과 매우 배치되기 때문이다.

아렌트는 "근대세계에서 교육이 처한 문제는 교육이 그 본성상 권위나 전통을 무시할 수 없는 반면 권위에 의해 구조화되지도 또한 전통에 의해 하나로 묶이지도 않는 세계에서 교육을 해야만 한다는 사실에 있다"고 썼다(Arendt, 2006[1961]: 193). 달리 말해 교육의 위기는 자주 훨씬 더 광범위한 위기의 한 징후이며, 이 위기는 근대사회가 자신에 대한 의미 있는 설명을 제공하지 못하는 데서 비롯된다. 왜냐하면 그러한 설명이 바로 권위 있는 성인 행동을 뒷받침하는 초석 역할을 할 수 있기 때문이다. 많은 보수적·전통주의적 사상가가 권위 일반의 쇠퇴, 특히 교실에서의 권위 쇠퇴를 저항과 반항의 결과로 바라본다. 이를테면 저술가이자 언론인인 멜라니 필립스Melanie Phillips는 자신이 '근본주의적 평등지상주의fundamentalist egalitarianism'라고 부르는 것이 "세대 간의 권위 위계를 파괴했다"고 비판했다(Phillips, 1997: 64). 이른바 아동 중심 교육자들이 교사의 권위를 억제하고자 하는 관행들을 부추기는 데서 일정한 역할을 해왔다는 것에는 의심의 여지가 없다. 하지만 교실의 안팎에서 권위의 행사를 둘러싸고 혼란이 일어나는 것은 권위에 저항한 결과인 만큼이나 전통을 유지할 권한을 가진 사람들이 실패한 결과이기도 하다.

권위의 문제

서구 사회는 권위와 권위의 행사에 대해 모호한 태도를 취한다. 근대 서구 사회는 전통적 권위에 맞서 벌인 반란을 통해 출현했다. 18세기에 자유를 추구하기 위해서는 교회와 국가의 권위에 도전할 필요가 있었다. 그 후 전통적 권위가 사람들의 삶의 방식을 결정하는 권한에 대해 의문을 제기하는 것은 근대 문화를 규정하는 특징의 하나가 되었다. 나아가 권위를 주장하는 것 자체가 점차 개인의 자유를 침해하는 것으로 인식되었다. 전통적 형태의 권위가 의문시된 이래로 다른 모든 형태의 권위도 도전받았고, 때로는 독단적인 것으로 매도되었다. 많은 사람이 권위를 정의상 자유의 반대로 간주하게 되었고, 권위의 역할을 제한하는 것이 민주적 권리의 확대를 위해 싸우는 운동들의 목적으로 인식되었다. 이러한 발전의 한 가지 결과가 **모든 형태**의 권위를 자주 의구심을 가지고 바라보게 되었다는 것이다.[12]

이제는 더 이상 과거의 권위에 호소하는 것으로는 충분하지 않다. 계몽주의시대 이후 우리 시대의 주요한 의문들은 추론의 힘에 예속되어 왔다. 진리임은 더 이상 성스러운 텍스트의 지지를 통해 확증될 수 없다. 진리는 사실에 대한 합리적 숙고와 성찰을 통해 도달된다. 근대과학은 심히 반권위주의적 작업이며, 따라서 진리를 자명한 것으로 받아들일 수 없다. 오래된 규칙들을 받아들이기를 거부하는 것은 과학만이 아니다. 도덕 또한 계속해서 새로운 답변을 추구하고 있으며, 이성에 대한 호소를 통해서만 스스로를 정당화할 수 있다. 사회는 도덕적 원리가 추론 행위를 통해 뒷받침될 수 있는 경우에만 그 원리를 권위 있는 것으로 기꺼이 받아들인다. 그리고 권위가 스스로를 정당화할 필요가 있을 경우, 그 권위의 행사는 항상 논란을 불러일으킨다.

돌이켜보면 전통적 권위의 부식은 많은 긍정적 결과들을 가져왔다. 권위가 독단적 방식으로 작용할 여지가 줄어들었으며, 권위는 그것의 행사에 대해 설명할 필요가 있게 되었다. 도덕률이 의문시되면서, 일부 사람들은 자기 나름의 삶의 방식을 개척할 수 있게 되었고, 변화하는 세계가 만들어내는 새로운 기회를 잡을 수 있는 자유를 얻었다. 한나 아렌트가 주장했듯이, "전통의 상실과 함께 우리는 과거라는 방대한 영역을 통해 우리를 안전하게 인도하던 끈을 잃었지만, 그 끈은 각각의 후속 세대를 과거라는 미리 결정된 측면에 옭아매는 사슬이기도 했다"(Arendt, 2006[1961]: 92). 전통적 권위는 변화와 새로운 관념들에 심히 적대적이었다. 변화가 가져다주는 잠재적 이점을 사회가 깨닫기 위해서는 민주적 세력이 전통적 권위에 도전할 필요가 있었다. 하지만 전통에 대항한 반란이 의미 있는 자유로운 삶에 대한 현대적 열망과 부합하는 대안들을 발전시키는 데 항상 성공한 것은 아니었다. 현대사회는 전통적 권위뿐만 아니라 권위라는 **관념** 자체를 불편해한다. '권위', '권위 있는 인물', '권위주의적' 같은 단어들은 대체로 부정적인 함의를 전달하는 방식으로 사용된다.

계몽주의가 고무한, 전통과 권위에 대한 진보적 문제제기는 이제 일종의 무비판적 비난에 길을 내어주고 말았다. 21세기에는 과거로부터 물려받은 독단적인 전통들뿐만 아니라 과거 세대들이 이룩한 지적·문화적 성과물이 차지하던 지위까지도 의문의 대상이 되고 있다. 이성의 적용을 통한 비판적 탐구라는 계몽주의의 주장은 여전히 그 자체로 소중히 여겨야 하는 하나의 유산이라는 점은 지적해둘 필요가 있다. 계몽주의는 일종의 전통이지만, 하나의 신조로서 떠받들기보다는 한층 더 발전된 지식을 통해 뒷받침될 필요가 있는 전통이다.

전통적 권위에 대항한 반란이 낳은 결과들 중 하나는 근대 시기에 모든 형태의 권위가 의문시되게 되었다는 것이다. 왕이나 성직자의 권위가 심문을 받는다면, 가장, 교사, 또는 교수의 지위를 왜 추궁하지 못하겠는가? 이것이 바로 지난 150년 동안 서서히 발생한 일이다. 19세기말에 전문가들은 부모의 능력에 대해 신랄하게 비평하며 아버지와 어머니의 권위를 제한하고자 했다. 그와 동시에 전통적 교육에 대한 공격들이 교실에서 행사되는 어른의 권위에 대해 점차 공격적인 논조를 드러내기 시작했다. 20세기로의 전환기 무렵에는 전통적인 정치적 권위에 가해지던 종류의 비판들이 전前정치적인 영역으로 불릴 수 있는 것들 — 아동양육, 가족생활, 교육 — 에까지 확대되었다.

교육 개혁가와 양육 및 관계 전문가라는 새로운 직업만이 전정치적 권위의 정당성을 훼손시키는 것은 아니었다. 근대 시기의 반권위주의적 분위기는 많은 부모와 교사들로 하여금 자신감을 가지고 어린 세대를 대할 수 없게 했다. 그들은 자신들의 권위가 시대에 뒤진 가정假定에 의거하고 있으며 그들이 역할에 요구되는 전문지식을 결여하고 있다는 말을 거듭해서 들었다.[13] 권위 있게 행동하기가 어렵다는 사실을 인식한 부모와 교사들은 교육 개혁가와 전문가들이 제시하는 제안과 장치들을 자주 기꺼이 받아들였다. 새로운 아동양육방식과 교수법이 크게 유행한 것은 전정치적 권위의 작동을 대신할 어떤 대안을 발견하는 문제를 우회하기 위해 성인 사회가 무익한 시도를 하고 있음을 보여준다. 교육의 역사는 성인 세계가 공개적·열정적으로 권위를 찬양하고 행사하기가 어렵다는 것을 알게 되자 학교 역시 그 문제를 회피할 수 있는 방법들을 모색하기 시작했다는 것을 보여준다.

하지만 전정치적 권위의 행사가 완전히 폐기될 수는 없다. 사회가 항상 어른들에게 아이들의 일을 관리할 책임을 지워온 것은 아이들의 복리를 아이들의 생존본능에 맡겨둘 수 없기 때문이다. 전통적인 교육을 가장 급진적으로 비판하는 사람들조차도 어른이 아이를 가르치고 훈련시킬 필요성까지 완전히 없앨 수는 없었다. 이러한 상황에서 그들은 어른의 권위를 없애기보다는 축소하고 억제하기 위해 노력했다.

교육 분야에서 어른의 권위에 반대하는 운동은 일반적으로 진보적인 교육학 운동, 그리고 그러한 운동의 가장 유명하고 분명한 대변자인 미국의 자유주의 철학자 존 듀이와 관련되어 있다. 하지만 듀이의 연구를 보다 면밀하게 검토해보면, 그의 주된 목적이 학교 교육에서 성인의 영향력을 완전히 제거하는 것이 아니라 제한하는 것이었음을 알 수 있다. 듀이는 모든 형태의 권위를 거부하는 개혁가들과 거리를 두고, 그들이 전통적 권위가 유일한 권위 모델인 것처럼 잘못 가정하고 있다고 주장했다. 이를 오해한 나머지 듀이의 지지자들 중 일부는 자유와 권위를 직접 대치시키기도 했다. 듀이는 권위라는 개념 자체가 완전히 무너진다면 "개인들이 개인의 타고난 자유와 사회적 안정에 필수불가결한 지도와 지원"을 박탈당할지도 모른다고 우려했다(Dewey, 1946: 97).

듀이는 권위와 자유를 조화시킴으로써 이 둘의 분극화를 극복하고자 했다. 그는 "개인의 자유가 일반적이고 모두가 공히 가지고 있어야 하고 사회적으로 조직된 권위 있는 통제기구의 뒷받침과 지도를 받아야 한다"고 주장했다(Dewey, 1936: 605). 그럼에도 불구하고 듀이는 교실에서 성인에 의해서조차 권위가 강요되는 것에 대해서는 여전히 적대적이었다. 그는 자발적 수용에 의거하는 협상된 형태의 권위를 선택한 것처럼 보였다. 새로운 권위 모델을 수립하기 위해 듀이는 권위에 과학적 방법을 적용하는 것, 즉 자신이 "자유와 권위의 결합을 위한 작업 모델"로서의 "조직화된 지성의 통제"라고 불렀던 것에 대해 심사숙고했다(Dewey, 1936: 605). 이러한 형태의 권위를 체현한 인물이 바로 전문가였다.

듀이는 당연히 중요한 사상가였지만, 전통적 교육에 대한 그의 많은 견해는 권위에 환멸을 느끼게 된 시대의 감상과 편견을 드러냈다. 그러한 관점에서 전통적 교육은 언제나 지루하고 가르치려 들고 전제적이고 체제 순응적인 것으로 인식되었다. 전통적 교육은 아이들의 자연스러운 호기심을 꺾어놓았고 그들이 상상력을 충분히 발휘할 수 없게 했다. 따라서 전통적 권위가 제거되어야만 하는 것은 분명했다. 그러나 교육자들에게는 학교에서 세대 간 관계를 어떻게 관리할 것인지가 매우 어려운 문제로 부상했다. 그들이 선택한 해결책은 세대 간 교류의 의미를 재정의함으로써 이 곤란한 문제를 회피하는 것이었다. 성인들은 여전히 수행해야 할 역할을 가지겠지만, 그들의 기능은 오늘날 자주 **촉진자**라고 불리는 것으로 축소될 것이다. 이를테면 톰 벤틀리는 세대 간 교류를 대등한 사람들 간의 교류로, 즉 어린 세대와 나이 든 세대 간의 일종의 파트너십으로 재해석한다. 그는, "우리는 청소년들을 불확실한 미래에 대처할 수 있도록 적절히 준비시키고자 하는 바람과 그들을 위한 모든 해답을 가지고 있지 못하다는 인식 사이에 끼어 있다"라고 진술한다(Bentley, 1998: 2). 그는 나이 든 세대가 '모든 해답'을 가지고 있지 못하다는 것이 "청소년들을 적절히 준비시킬 수 있는" 그들의 능력에 넌지시 의문을 제기하게 한다고 생각한다. 이 모델에 따르면, 해답을 가지고 있지 않기 때문에 어른들이 아이들에게 어떤 지혜를 전달할 수 있는지가 전혀 분명하지 않으며, 어른의 권위는 단지 매우 소소한 형태로만 전달될 수 있다.

듀이를, 그리고 진보적 운동을 추동한 것은 교실에서 강요되는 어른의 권위를 제한하고자 했던 그들의 개혁운동에 내재한 평등주의적 충동이었다고 자주 주장된다. 입수할 수 있는 증거들을 놓고 볼 때, 그들이 어른의 권위를 문제시한 동기는 더 복잡했다고 주장할 수 있다. 그토록 많은 개혁자가 새로운 교수 기법들을 받아들인 것은 어른의 권위가 학생들을 고무하고 그들에게 동기를 부여할 수 있다는 것을 자주 확신할 수 없었기 때문이다. 20세기로의 전환기 무렵에 많은 교육자가 교사들이 권위 있는 가르침에 대해 자신감을 결여하고 있다는 점과 학교 교육에서 성인이 지나치게 많은 주도권을 쥐고 있는 것은 문제일 수 있다는 주장을 양립시키기 시작했다. 듀이 자신은 어른의 권위가 아이들에게 체제 순응적인 일률성의 체제를 강요했고, 그럼으로써 그들로부터 학습 동기를 박탈하고 "새로운 것에 대한 흥미를 결여하게 하고 진보에 대해 반감을 가지게 하고 불확실하고 알려지지 않은 것에 대해 두려워하게" 했다고 생각했다(Dewey, 1966: 60).

듀이는 전통적 교육이 아이들의 창의력을 질식시키고 아이들에게 동기를 부여할 수 없다고 믿었다. 20세기에 이러한 신념은 상당한 영향력을 획득했으며, 수많은 교육자가 교사의 권위가 행사하는 영향력을 제한함으로써 학생들의 동기를 고취시키는 프로젝트에 집착하게 되었다. 심지어 일부 교육자들은 어른의 권위가 거의 존재하지 않을 때 아이들이 가장 잘 배울 수 있다고 결론내려왔다. 보다 급진적인 비판자들은 권위의 행사를 억압의 한 형태라고 묘사하기까지 했다. 파울로 프레이리는 교사들이 '억압 이데올로기'를 거부하고 자신들의 역할에 대해 겸손한 견해를 취하고 학생들로부터 배울 필요가 있다고 주장하는 반권위주의적 형태의 교육학의 밑그림을 그렸다. 그는 교사와 학생 모두가 "교사**이자** 동시에 학생"인 반권위주의적 파트너십을 제안했다(Freire, 1972: 58~59).

교사의 권위를 축소하자는 프레이리의 권고는 더 이상 주변적인 급진주의자의 괴상한 감상으로 간주되지 않는다. 교사들은 자주 자신들을 학습자로 지칭하고, 의식적으로 자신들의 직업 권위와 일정한 거리를 두고자 한다. 일부 미국과 영국의 교장들은 자신들이 구식의 권위 있는 인물이 아니라 리더라는 견해를 전달하기 위해 스스로를 '선도 학습자'로 묘사한다. 리더십이라는 경영 어휘를 채택한 것은 공식적 권위를 너무 진지하게 받아들이는 것처럼 보이는 것에 대한 심한 우려감을 무심코 드러낸다(DuFour, 2002 참조).

어른의 권위를 제한하려는 움직임은 많은 상황에서 어린 세대의 교육을 지도하는 것에 대해 어른들이 갖는 책임의식을 약화시켰다. 전 런던대학교 교육연구소 소장 라이어널 엘빈Lionel Elvin은 1969년에 다음과 같이 진술했다.

> 낡은 권위주의와의 투쟁은 우리로 하여금 교사의 직무가 어느 정도는 적극적이어야 한다는 것을 간과하게 했고, 그리하여 우리는 우리 시대만의 독특한 문제에 제대로 대처할 만한 정신 상태를 지니지 못하게 되었다. 우리의 문제는 청소년들을 지나치게 많이 지도하는 것이 아니라 지나치게 적게 지도하는 것이다. 이 점이 결정적이다. '권위주의자'라는 딱지가 붙을지도 모른다는 두려움 때문에 우리가 해야 할 말을 못해서는 안 된다.(Peters, 1969: 87에서 인용)

엘빈이 암묵적으로 제기한 질문은 교사들이 어떻게 하면 권위주의적인 방식으로 행동한다는 비난을 받지 않으면서도 적극적인 리더십을 제공할 수 있는가 하는 것이었다.

동기부여 문제와 교육 문제의 혼동

사회가 어른의 권위 문제를 세심하게 성찰하는 것은 학교 규율에 관한 걱정을 논의할 때뿐이다. 정책 입안자와 교육자들은 어른의 권위 행사가 문화적으로 평가받지 못하기 때문에 야기되는 문제들을 좀처럼 다루지 않는다. 반면에 권위주의적 스타일의 교실관리에 기초한 교수 전략들은 엄격하고 경직적이며 아이들의 창의력을 질식시킨다는 이유로 자주 비판받는다. 정책 심의에서 권위의 문제는 청소년들에게 동기를 부여할 수 있는 기법 찾기로 대체된다. 아이들에게 동기를 부여하는 교수 기법을 개발하는 것은 중요하고 가치 있는 목표이다. 하지만 동기부여에 초점을 맞추는 것은 교수 기법들 — 그중 많은 것이 심리학적이다 — 을 강조하게 만들었고, 정책 입안자와 교수법 전문가들로 하여금 그들이 아이들에게 동기를 부여하고 싶어 하는 교육의 목표를 분명하게 고찰하지 않게 했다.[14] 유치원에서부터 고등교육까지 모든 교육에서 정책 입안자들을 지배하는 관심사는 그냥 청소년들로 하여금 학교와 대학에 머물러서 배우고 싶게끔 만드는 것이다.

역사적으로 살펴보면, 동기부여의 문제가 학교가 직면한 주된 과제로 부상한 것은 20세기 초반 미국에서 중등교육이 대중화된 것과 시기적으로 일치한다. 대규모의 학생을 받아들이게 된 것은 교사와 관리자들이 많은 수의 중등학교 학생들이 학교에 가는 데 열의가 없는 상황과 마주치게 되었다는 것을 뜻했다. 그리하여 한 설명이 상기하듯이, "중등교육에 대한 논의는 새로운 결정적인 성과기준('학교의 학생 장악능력')에 대한 논의와 보다 빈번하게 뒤섞이게 되었다"(Hofstadter, 1964: 328). 그 후 대중화된 학교 교육을 비판하는 사람들 중 일부는 참여의 확대가 필연적으로 동기부여의 문제를 낳을 수밖에 없다는 견해를 취해왔다. 그러나 동기부여라는 교육학적 문제는 교육의 목표를 분명하게 규정하지 못하고 있다는 사실과 관련되어 있는 것으로 개념화하는 것이 훨씬 더 유용하다.

교육자와 정책 조언자들이 전하는 메시지의 핵심은 "중등학교가 아이들에게 제공하는 것만으로는 솔직히 그토록 많은 청소년들에게 동기를 부여할 수 없다"는 것이었다(Barber, 1997: 169를 보라). 마이클 바버는 토니 블레어도 지지를 보낸 한 영향력 있는 책에서 교과과정이 개정된다면 "청소년들의 동기부여가 최우선적으로 고려될 필요가 있다"고 진술한다. 비록 뒤이어 동기부여가 최고의 우선성을 지닌다는 자신의 단언적 주장에 "동기부여가 중요하기는 하지만 유일한 관심사인 것은 아니다"라는 단서를 달기는 하지만, 그의 가장 중요한 메시지는 동기부여가 주된 문제라는 것이다(Barber, 1997: 169, 170). 수업 내용이 동기부여 능력에 의거하여 판단되어 승인될 정도로, 교과과정에 대한 심의는 무엇을 가르칠 것인가보다 어떻게 동기를 부여할 것인가의 문제에 전력을 기울인다.

학생에게 동기를 부여하는 데서 발생하는 문제의 책임은 항상 어설픈 교수법에 돌려지고, 보다 적절하거나 자극적인 교수 기법을 채택하는 것이 해결책으로 제시된다. 미국의 문화비평가 닐 포스트먼Neil Postman이 지적하듯이, "교육자들이 학습의 이유를 제시함으로써 유명해지던 때도 있었다. 하지만 이제 그들은 학습 방법을 발명하는 일로 유명해진다"(Postman, 1996: 26). 이러한 논의는 교육에 의미를 부여하는 방식이 보다 근본적인 문제라는 것을 좀처럼 인정하지 않으며, 권위 있는 수업 체제를 구축하는 방식에 대해서도 좀처럼 다루지 않는다. 동기부여의 문제를 권위 행사와 결부시키고자 하는 연구들은 권위가 너무 적기보다는 너무 많은 것이 문제라고 자주 결론짓는다. 톰 벤틀리의 기고문은 그러한 견해를 보여주는 전형적인 사례이다. 그는 교실 내 지루함이라는 오래된 문제를 교사들의 무감각하고 권위주의적인 행동과 연관시키면서 "학교가 많은 청소년을 자주 지루하게 만든다는 것을 보여주는 증거는 아주 많다"라고 쓰고 있다. 벤틀리는 학생들이 불평한다는 것은 "교사들이 학생들을 적절하게 배려하지 않고, 수업이 너무나도 자주 지루하고, 언제 어디서 어떻게 배워야 하는지에 대해 청소년들이 스스로 충분한 영향력을 행사하지 못하고 있다"는 것을 보여주는 '증거'라고 주장한다(Bentley, 1998: 79). 벤틀리가 볼 때, 교실의 문제 중 아주 많은 것이 교사가 주도권을 쥐고 있기 때문에 학생들이 자신이 교육받는 방식에 대해 영향력을 행사하지 못한 결과 발생한다.

벤틀리는 성인 세계가 자신의 권위 상실을 잠자코 받아들여야만 한다고 드러내놓고 주장한다. 그는 다음과 같이 쓰고 있다.

> 만약 우리의 학습이 지금의 현실을 반영하기를 원한다면, 우리는 낡은 가정들에 의문을 제기할 수 있어야 하고, 또 현재 자라나는 청소년들의 상태가 실제로 어떠한지를 이해할 수 있어야 한다. 이는 나이 든 세대와 어린 세대 간에 근본적인 권력이동을 수반한다. 또한 이것은 우리가 모든 해답을 가지고 있지는 않다는 것, 그리고 우리가 청소년들을 가르칠 뿐만 아니라 그들로부터 배울 수도 있다는 것을 인정한다는 것을 의미한다. …… 우리는 어른이자 보호자로서 청소년들이 허용 받은 일들 중 많은 것을 통제할 수 있는 권력을 가지고 있다. 그러나 우리가 반드시 권위를 가지는 것은 아니다. 그리고 권력과 권위가 분리될 때, 그 결과 궁극적으로 발생하는 것이 소외, 적의, 거부이다.(Bentley, 1998: 188)

벤틀리가 볼 때, 어른의 권위 부식은 교사들이 잠자코 받아들여야만 하는 피할 수 없는 현실이다. 그는 "청소년들은 규칙을 무조건적으로 따를 준비도, 지침을 맹목적으로 수용할 준비도, 그리고 통념적 지식에 문제를 제기하지 않거나 스스로 검증해보지 않은 채 받아들일 준비도

그리 되어 있지 않다"라고 지적한다(Bentley, 1998: 80). 그가 볼 때, 어른의 권위에 대한 존경심 부족은 "통념적 지식에 문제를 제기하지 않거나 스스로 검증해보지 않고 그냥 받아들이기"를 분명하게 거부하는 비판적인 참여적 학생들이 몰고온 긍정적 발전의 하나이다. 비판적인 참여적·반권위주의적 학생이라는 이 이상화된 구성물과 관련하여 흥미로운 점은 그 학생들이 통념적 지식에 끊임없이 문제를 제기하고 검증할 때조차 그들은 어떤 분명한 동기를 가지고 있지 않고 지루해한다는 것이다. 훨씬 더 역설적인 것은 비판지향적인 청소년들에 대한 이러한 묘사가 학교에서의 '학습부진'을 이해하는 데 도움을 준다고 믿고 있다는 것이다.

그 자신이 생물학적으로 성인임에도 불구하고, 벤틀리는 어른의 권위에 대한 청소년들의 회의적 태도를 지지하는 듯이 보인다. 그는 "권위를 가진 사람들이 하는 말을 신뢰하거나 받아들일 이유가 그리 없으며", 청소년들의 입장에서 보면 "어른과 제도가 가진 **권력**과 그들의 **권위**가 점점 더 분리되고 있다"고 지적한다(Bentley, 1998: 80). 그는 청소년들이 권위를 받아들일 것이라고 기대하는 것은 비현실적이라고 결론짓는다. 그에 따르면, "청소년들이 누군가의 권위를 그 사람이 권력 지위에 있다는 것만으로 자동적으로 받아들일 것으로 기대하는 것은 불건전할 뿐만 아니라 비현실적이다"(Bentley, 1998: 163). 일단 어른의 권위 행사가 시대에 뒤지고 비현실적인 무익한 것으로 여겨지면, 학생과 교사의 관계는 협상되는 파트너십의 형태를 띠게 된다. 이러한 관계에서 교사는 "전체 교과목에 대한 권위"와 "학생의 참여규칙을 정하는" 권한을 가지지만, "학습자 또한 특정한 유형의 권위를 가진다". 왜 그런가? 그 이유는 "자신이 해당 문제들을 이해하는지, 그리고 그 문제를 학습하는 데 가장 효과적인 방법은 무엇인지를 가장 잘 아는" 사람은 학생 자신이기 때문이다(Bentley, 1998: 162). 만약 실제로 학생이 어떻게 학습해야 하는지를 가장 잘 안다면, 교사의 권위 있는 지위를 옹호하는 것은 거의 아무런 의미도 없다.

다른 정책 전문가들과 마찬가지로 벤틀리라고 하더라도 권위를 전혀 필요 없는 것으로 만들 수는 없었다. 그는 권위가 개별화되고 모두 — 교사, 학생, 부모 — 가 권위를 소유하는 모델을 제시한다. 한 세기 전에 듀이는 어른 권위의 대체물로 과학을 선택했다. 오늘날의 문화는 모든 형태의 외적 권위에 대해 훨씬 더 불편해한다. 따라서 과학 역시 학교 교육의 문제를 다루는 해결책으로 좀처럼 지지받지 못한다. 점점 더 권위는 사람들이 자신과 타인에 대해 느끼는 방식의 결과라고 제시된다. 이처럼 감정적 경험을 강조하는 것은 권위에 치료요법적 형식을 부여한다.[15] 벤틀리는 권위를 치료요법적으로 프레이밍하는 것과 관련하여 다음과 같이 분명하게 진술한다.

> 권위는 자주 그것의 외적 표현들 속에, 즉 우리가 사람들을 대할 때 사용하는 직함이나 개인이 특정 분야에서 보유하고 있는 성과목록이나 경험의 정도 속에 존재하는 것으로 가정된다. 그러나 권위는 사실 내적 가치, 즉 어떤 사람이 특정 영역과 관련하여 자기 자신에게 부여하는 가치, 그리고 타인들이 그들 나름의 관점에서 인정하고 확인해준 가치의 산물이다. 권위는 공식적인 차별화와 지위의 규칙들을 반영할 수는 있지만, 그 규칙들에 의해 권위가 부여되지는 않는다.(Bentley, 1998: 162)

이 관점에서 볼 때, 권위는 개인의 속성으로 작동한다. 권위는 감정적

조우와 긴밀하게 연관되어 있는 하나의 '내적 가치'이다.

새로운 동기부여 기법들은 외적 권위로부터 개인주의적인 자아지향으로의 전환을 전제로 한다. 이 치료요법적 시나리오에는 아이들을 고무하는 교사라는 이상으로부터 자신의 개인적 성향에 부합하게 자기 자신을 발전시킬 자유를 누림으로써 동기를 부여받는 아이라는 이상으로의 극적인 전환이 자리하고 있다. 개별 맞춤 학습의 자기주도 과정을 목표로 하는 이른바 '아동 중심' 교육학은 치료요법사인 칼 로저스에 의해 논리적으로 정식화되었다. 칼 로저스는 '권위주의적인 가르치기'와 지적 능력을 강조하는 교육 형태들을 명시적으로 거부했다. 그는 교사가 학생들의 길을 막지 않는 촉진자가 될 때, 아이들은 "자신감과 자존감"을 획득한다고 주장하고, 또한 교사들은 "바람직한 삶이 외부의 원인들에 의해 좌우되는 어떤 것이 아니라 내부에 존재한다"는 것을 깨닫게 된다고 덧붙였다(Rogers, 1983: 3). 로저스는 이론 교육과 동기부여 교육을 대치켰다. 왜냐하면 전자가 학생들에게 어떠한 '개인적 의미'도 가지지 못하는 반면 후자는 "느낌 또는 개인적 의미"를 수반하여 동기를 부여하기 때문이다. 그는 의미 있는 개인적 경험을 통해 동기가 개발되며, 촉진자의 역할은 "학습자가 책임지고 통제할 수 있는 심리적 분위기"를 만들어주는 것이라고 주장했다. 동기부여를 최우선적으로 강조함에 따라, 촉진자는 "정태적 목표나 내용 중심적 목표를 강조하는 데서 탈피하여" "과정에 초점을 맞추는" 데 도움을 줄 것을 요구받는다(Rogers, 1983: 189).

로저스와 그를 따르는 사람들은 동기부여를 최우선시한 결과 학습의 지적 내용을 경험을 통해 성과를 획득하는 과정에 예속시킨다. 동기부여로서의 교육을 제창하는 사람들 모두가 로저스처럼 일관되게 심리학적 관점을 채택하는 것은 아니지만, 그들 역시 동기부여의 정명이 교육의 내용보다 우선시되어야 한다고 파악하는 접근방식을 지지한다.

학생들이 배우는 지적 내용은 자주 동기부여 문제의 해결책을 발견하는 과제에 비해 그렇게 중요하지 않는 문제로 제시된다. 아이들의 느낌과 경험이 아이들이 어떻게 배워야 하는지뿐만 아니라 **무엇**을 배워야 하는지를 결정해야 한다고 자주 주장된다. 왜냐하면 학교 교과목의 지적 내용은 협상 가능한 상품이 되었기 때문이다. 만약 가르치는 내용이 동기부여 능력에 따라 평가된다면, 이른바 '어려운' 그리고 '도전적인' 교과목들 — 자주 "지루하다"고 표현되는 — 은 아이들의 마음에 들 것 같은 교과목들로 바뀌게 된다. 그리하여 내용은 동기부여라는 최우선적 중점 과제에 비해 부차적인 것이 된다. 이러한 목적의 추구가 바로 래비치(Ravitch, 2000: 459)가 "학교의 지적 목적을 축소시키려는 한 세기 동안의 오랜 노력"이라고 묘사했던 것을 낳았다. 반권위주의적인 아동 중심 교육을 옹호하는 사람들이 의식적으로 반지성적 입장을 취하는 것은 아니다. 하지만 그들은 학교 교육의 지적 내용에 대해 실용주의적인 입장을 취하고 교과목들을 동기부여 잠재력에 따라 평가하는 경향이 있다. 따라서 어떤 교과목이 학생들에게 동기를 부여할 가능성이 거의 없어 보인다면, 그 교과목은 그것의 지적 중요성과 무관하게 기꺼이 가치절하된다. 이것이 바로 "학교 교과목들을 진정으로 서로 연관시켜주는 핵심 축은 과학도 문학도 역사도 아니라 아이들의 사회적 활동"이라는 화이트의 주장(White, 2005: 141)이 함축하는 것이다.

당연히 교육자들은 항상 교과목의 매력을 끌어올리고 학습동기를 자극하는 형태의 교수법을 개발하기 위해 노력해야만 한다. 따라서 특정 교과목을 가르치는 데 있어 새로운 교수 기법을 도입하는 문제는 항상 토론의 대상일 수밖에 없다. 하지만 무엇을 가르쳐야 하는지는 매우 다른 기준에 따라 평가될 필요가 있다. 교수요목은 학생들에게 그 과목의 지식을 제공하는 것을 그 내용으로 해야 한다. 이를테면 적어도 역사 수업을 듣는 학생들은 자신들의 과거를 알 필요가 있다. 그러나 유감스럽게도 잉글랜드에서 역사 교과과정을 변화시킨 주된 동기는 과거에 대한 아이들의 지식을 향상시키려는 목표가 아니라 그러한 지식을 그들의 생활에 보다 '적실하게' 만드는 것이었다. 1970년대에는 "아이들이 역사 수업을 따분하고 반복적이라고 생각한다"는 이유로 역사 교육이 비난받았고, "역사 공부가 가치 있다고 생각하는" 아이들이 30%에도 달하지 않는다는 것을 보여준 조사연구가 역사 교과과정을 개편하는 논거로 이용되었다(Crawford, 1995: 434~435). 역사를 덜 지루한 것으로 만들어야 한다는 편향적인 강박은 교육자들로 하여금 역사 과목을 아이들에게 보다 직접적으로 적실한 것으로 만드는 일에 초점을 맞추게 했다. 그리하여 1990년 이후 역사 교과과정에서 연표가 사라졌고, 역사과정에 대한 인식은 증거물들을 대충 얼버무려서 이야기하고 삶의 기술을 기준으로 삼아 그 증거물들을 평가하는 것으로 대체되었다. 이러한 식으로 역사 교육을 실시한 결과, 역사는 그 구성요소들로 분해되고 과거의 의미는 상실되었다. 또한 교과과정 개혁가들이 역사를 삶에 보다 적실하고 보다 생생하게 만들기 위해 최선의 노력을 했음에도 불구하고, 아이들이 고대 그리스에서 현대에 이르는 사건들의 연대기적 계보를 추적하도록 요구받던 때보다 오늘날 그 교과목에 덜 지루해하는 것도 결코 아니다.

미국에서 제2차 세계대전 이후 '지루한 연대기적 역사'에 반대하여 일어난 개혁운동은 자주 의식적으로 반지성적인 형태를 취해왔다. 래비치는 캘리포니아주 앨러미다 카운티의 사례를 상세하게 이야기한다. 그곳에서 정책 입안자들은 세계 문제에 관한 수업이 "연대기적 역사 수업으로 변질되었기" 때문에 "보다 중요한" 수업, 이를테면 '운전자 교육' 같은 것에 자리를 양보해야만 한다고 주장했다. 확실히 학생들은 자동차 관련 학습경험을 통해 "민주적 삶에 대한 통찰력"을 얻을 수 있었다(Ravitch, 2000: 341). 21세기 영국에서 교육자들은 자동차에 대해 학습시키기보다는 "식단, 운동, 그 밖의 건강 관련 요소들"에 대한 정보를 제공함으로써 학생들에게 동기를 부여하고자 한다(White, 2006: 11).

역사 교과과정을 둘러싼 슬픈 경험은 학생들의 동기를 고취시키기 위해서는 재치 있는 교수 기법 이상의 것이 요구된다는 것을 보여준다. 과학과 수학을 학생들의 삶에 보다 적실하게 만듦으로써 학생들의 동기를 끌어올리려고 했던 유사한 시도들 또한 목표를 달성하는 데는 실패했다. 일방적으로 동기부여를 강조한 것이 달성한 것이라고는 학교가 아이들에게 양질의 교육을 제공하는 과제에 감연히 맞서는 것에서 관심을 다른 곳으로 돌리게 한 것뿐이다. 더 나쁜 일은 교육의 지적 내용에 대해 실용주의적·임시방편적으로 지향함으로써 이론적 교과목의 지위를 떨어뜨리고 그리하여 교사의 권위 또한 훼손시켰다는 것이다. 하지만 경험이 보여주듯이, 청소년들을 고무할 수 있는 잠재력을 지닌 사람은 다름 아닌 권위 있는 학급 교사들이다. 그들이 효과적인 동기부여 전략에 의존할지도 모르지만, 결국 학생들의 호기심과 흥미를 유발하는 것은 교사들의 권위 있는 교육 방식이다.

뒷문으로 은밀하게 권위 행사하기

어른의 권위 부식은 우선 어른들이 세대 간 교류라는 신중한 행위에 참여하는 일로부터 멀어진 것, 그리고 다음으로는 그로 인한 결과를 묵인한 것과 연관되어 있다. 많은 저술가가 이러한 사태의 책임은 다른 모든 것을 희생시키면서까지 아동 중심적이고 평등지상주의적인 철학을 조장한 진보적 교육자들에게 있다고 주장해왔다.[16] 이 해석에는 의심의 여지가 있다. 어른의 권위를 부식시켜온 것은 상당 부분 자신들의 권위 행사에 대해 어른들이 보이는 모호한 태도이다. 이러한 사정은 전 정치적인 교육 영역에서 특히 두드러진다. 이 영역에서 매우 뚜렷하게 드러나는 어른들의 자신감 상실이 교육으로 하여금 점점 더 전문지식과 동기부여 기법들에 의존하게 해왔다.

어른의 권위가 격하된 이면에는 아동 권위의 인플레이션이 자리하고 있다. 이러한 변화는 자주 아동 중심 교육을 향한 움직임으로 인식되어왔다. 하지만 사태의 이 같은 전개는 어른 권위의 쇠퇴가 낳는 문제들을 우회하려는 반半의식적 전략에서 기인하는 것으로 보는 것이 더 정확하다. 권위 자체가 부정적인 함의를 지니게 된 세상에서 어른들이 권위를 행사하는 데서 겪는 어려움은 근대세계의 어쩔 수 없는 현실이라고 일축될 수도 있다. 이러한 상황에서 많은 사람이 권위의 쇠퇴를 상실이 아니라 이미 오래전에 이루어졌어야 할 교실 민주화의 서막으로 경험했다.

'진보적인' 교육을 책망하는 경향은 자주 성인들로 하여금 어른의 권위 위기를 초래한 원인이 무엇보다도 성인들이 권위 있게 행동하기 어렵게 되었다는 것에 있다는 사실을 공개적으로 인정하기보다는 다른 곳으로 주의를 돌리게 한다. 진보적인 교육자들이 고무한 경향과 기법들 자체가 어른의 권위를 쇠퇴시킨 것은 아니다. 실제로 덜 엄격하고 개방적인 형태의 교육학을 촉진시켜 아이들에게 자기표현과 개성 실현을 위한 최고의 기회를 만들어주어야 한다고 말하는 데에는 그럴 만한 충분한 이유가 있다. 아이들에게 세상을 실험할 기회와 세상을 탐구할 더 큰 자유를 제공하는 것은 아이에게 엄청난 이득을 가져다줄 수 있다. 많은 경우에 그러한 형태의 위험감수적인 교육학은 반권위적인 것으로 제시된다. 하지만 그러한 교육학이 작동하기 위해서는 아이들에게 권위 있는 방식으로 영향력을 행사할 수 있는, 지적이고 확신에 찬 어른들이 교육에 투입되어야 한다. 자유롭고 개방적인 학습과정에 토대를 제공해주는 것이 바로 견실하고 권위 있는 학교 에토스이다. 아이들이 스스로를 표현하는 능력은 자제력의 정도에 달려 있다. 아이들이 자기통제 습관을 학습하지 않는 한, 그들은 자신들이 무엇을 표현하려고 하는지를 결코 분명하게 알지 못할 것이다.

아동 중심의 진보적 교육이 비록 평등주의와 자주 연관되어 있지만, 이 둘은 서로 자주 상충된다. 자아실현과 개인적 자아표현을 강조하는 진보적 교육은 잠재적으로 반평등주의적이다. 실제로 진보적 교육은 아이들이 부유한 부모가 지닌 상당한 문화적 자본의 이득을 향유하는 상황에서 가장 잘 작동하는 경향이 있었다. 이것이 바로 오늘날 진정으로 비순응주의적인 아동 지향 교육이 사회의 주변부에만 존재하는 이유 중 하나이다. 아동 중심 교육이라는 수사가 우리를 설득하려 하지만, 교육이 사회에 서비스를 제공하는 역할을 할당받는 세상에서 교육은 결코 아동 중심적이 될 수 없다.

오늘날 아동 중심이라는 수사는 교사가 교실에서 공개적으로 권위를 행사하지 못하는 상황을 정당화하고 간접적으로 강화하는 데 기여한다. 동기부여 기법들은 아이들이 스스로 학습을 주도하도록 하고 아이들에게 교실에서 목소리를 낼 수 있게 해야 한다고 주장한다. 그러한 기법들은 또한 교사에게 아이들을 '정보 요원' 또는 '능동적 학습자'로, 즉 어릴 때부터 "자신의 경험을 세상에 대한 가정과 이론으로 전환"시킬 수 있는 능력을 가지고 있는 존재로 대하라고 충고한다(Bentley, 1998: 6, 7). 정책 입안자들은 학생들이 교육에서 목소리를 내는 것을 찬양하고 "개별 맞춤 교육을 지원해야" 한다고 주장한다(Whitty and Wisby, 2007). 어떤 경우에는 아이들에게 행복 교육 및 감정 교육을 통해 스스로를 깨달을 기회를 제공하기도 한다. 그러나 그러한 것들은 본질적으로 행동을 관리하기 위해 고안된 동기부여 기법과 치료요법 기법들이다. 한 연구가 지적했듯이, "학생 중심성, 선택, 권한부여가 무엇을 뜻하는지가 모호한 상황에서 진보주의적 열망은 행동관리를 우선시하는 입장과 딱 들어맞았다"(Lovlie and Standish, 2002: 327). 하지만 일반적으로 이 행동관리 기법들은, 아이들은 성인에 의해 (비록 간접적이기는 하지만) 실행되고 강화된 계획에 따른다는 전제에 기초해 있다.

많은 경우에 아동 중심 교육학은 실제로는 성인이 간접적 형태로 아이들을 통제하는 방법의 하나이다. 듀이가 교사는 "아이의 환경을 결정해야 한다고, 그럼으로써 간접적으로 지도해야 한다"고 주장했을 때, 그는 분명 이러한 접근방식을 지지하고 있었다(Dewey, 1956: 18). 버카드(Burkard, 2007: 3)는 이 접근방식을 옹호하는 사람들은 "직접 명령을 내리는 더 단순하고 솔직한 수단보다 양심상 더 마음이 편한" 조작적 통제형태를 선택한 것이라고 주장한다.

> 진보적 교육의 토대를 이루는 신화는, 권위의 원천으로서의 교사를 제거하면 스스로 학습을 주도할 수 있는 힘이 아이들에게 생길 것이라는 것이다. 하지만 실제로 교사는 전통적인 학교에서만큼 많은 통제력을 행사한다. 진보적 교육에는 부정직이라는, 또는 적어도 자기기만이라는 본질적 요소가 포함되어 있다. 직접적 권위는 적어도 그것의 목표에서 솔직하고 공개적이다. 즉, 권위관계의 성격을 숨기지 않는다. 진보적 교육자는 조작을 통해 권위를 행사한다.(Burkard, 2007: 4~5)

버카드가 관리라는 관념에서 영감을 얻은 동기부여 기법들에 담긴 조작적 성격을 지적한 것은 타당하다. 하지만 교사가 "전통적인 학교에서만큼 많은 통제력을 행사"하는지는 전혀 확실치 않다. 확실한 것은 학교에서 교사는 자신의 지위가 갖는 권위가 격하된 대가로 교실 관리의 효율성을 획득한다는 것이다. 교사가 획득한 것은 "조작을 통한 권위"가 아니라 일정 정도의 통제력이다.

동기부여 기법을 적용함으로써 통제력을 행사하는 것과 관련한 문제는 앞으로 치료요법적 교육에 관해 논의하는 자리에서 더 상세하게 고찰할 것이다. 여기서는 학생의 발언을 의식적으로 장려하는 것이 빈번히 교사의 권위를 제한하고, 심지어는 교사의 행동을 통제하는 데 기여한다는 점을 지적하는 것이 중요한다. 2005년 이후 교육기준청은 감사를 벌이면서 특히 "수업과 학습의 질과 관련된 문제들"에 대해 "청소년들의 의견"을 구하고 있다는 점을 지적할 필요가 있다(Whitty and Wisby, 2007: 305). 일부 학교들은 교사의 학급 성과를 평가하는 방법을 가르치는 교육과정에 학생들을 참여시킬 정도로 이 관행을 지지해왔다. 또한 아이들은 교사 채용 면접에 배석하도록 권고받기도 했다. 런던 북부에 있는 한 학교는 스피드 데이트 방식의 면접절차를 채택하여, 교장과 교감 지원자들에게 서로 다른 16명의 학생들이 차례로 2~3분씩 질문하게 했다. 이러한 면접은 많은 학생에게 지원자들을 평가할 수 있는 기회를 제공한다는 점을 근거로 하여 정당화되었다. 면접 후에 학생들은 각 지원자를 평가하여 그들 각각에 대해 점수를 매겼다.[17] 많은 공무원과 교육자가 교사의 전문적 자질을 평가하는 권위를 아이들에게 부여하는 이 정책을 열광적으로 지지한다. 그들은 이러한 형태의 참여가 학생들이 자신들의 공부에 대해 더 많은 동기를 부여하는 데 도움이 된다고 주장한다. 이 정책이 교사들의 전문적 지위를 한층 더 부식시킬 가능성이 아주 크다는 점은 정책 입안자들에 의해 하나의 문제로 고려되지 않는다. 그리고 실제로 그들은 이 과정을 가속화하기 위한 작업을 열심히 해왔다.

교사를 단속하기 위해 아이들을 이용하는 프로젝트는 2008년 11월 정부가 자유민주당의 교육법 수정안을 받아들였을 때 공식적으로 승인되었다. 이 수정법안의 목적은 아이들의 의견을 "구하고 검토할" 새로운 의무를 학교에 부과하기 위한 것이었다. 수정안 옹호자들은 교육기준청 조사연구의 결론을 근거로 들었다. 그 조사에 따르면, 응답 학생들의 1/3이 학교가 자신들의 말에 제대로 귀를 기울이지 않는다고 느꼈다. 아동 관할 부처 장관인 델리스 모건Delyth Morgan은 상원에서 학생들의 말을 경청할 책무를 자세히 설명하면서, "학교는 단지 벽을 어떤 색으로 칠할 것인지에 대해서뿐만 아니라 최소한 교과과정의 전달, 품행, 교복, 급식, 건강과 안전, 평등, 지속가능성에 관한 정책들에 대해서도 학생들이 가지고 있는 생각을 알려고 노력하고 학생들의 생각을 고려에 넣어야 한다"라고 말했다. 이 정치인이 아이의 견해에 부여하는 중요성은 정책 입안자들이 권위관계에 접근하는 안이한 태도를 보여준다. 의회가 학생 발언권의 제도화를 지지한다는 사실은 자신들의 전문직 지위를 주장하는 교사들에게서 자신감을 떨어뜨리는 데 상당한 역할을 할 가능성이 크다.

교직 분파들은 이 점을 인지하고 있었다. NASUWT의 사무총장 크리스 키츠는 교사 채용 면접에 학생들을 이용하는 것은 "적절한 교사-학생 관계를 성립시키는 핵심 요소"에 타격을 가하는 것이라고 주장했다.[18] 키츠는 또한 교사의 성과 모니터링과 채용 면접에 학생들을 이용하는 것은 교사의 지위를 손상시킨다고 주장했다. 그녀는 "그러한 조치는 교사의 전문적 역할과 지위를 존중하는 데 실패했음을 보여주며, 교사에게서 권한을 제거하고 전문성을 박탈하는 일에 아이들을 관여시키는 것"이라고 말했다. 키츠는 자신의 논지를 실증하기 위해 잉글랜드 북동부 지역의 한 교사가 그녀를 면접한 한 학생이 면접과정 동안 제기한 문제로 인해 조롱당했던 경우를 예로 제시했다.[19]

한 연구가 지적하듯이, 학생들이 목소리를 내도록 장려하는 일이 "교사를 비판하고 통제하기" 위해 증언하는 수단으로 이용될 수도 있다(Cook-Sather, 2006: 369). 이러한 압력은 더욱더 많은 교사로 하여금 보다 방어적인 교실 관리방식을 채택하게 한다. 학생 발언권의 제도화는 교사들로 하여금 자신들이 심문받고 있다는 사실에 더더욱 민감하게 만드는 분위기를 조장하는 역효과를 초래할 것이다. 슬프게도, 권위 있는 목소리로 교육을 지배해야 할 집단 – 교사 – 이 자신들의 목소리를 표현하는 데 주저하게 될 가능성이 크다. 아이들이 어른의 권위와 통제를 이전의 어느 때보다 덜 경험하는 시대에 교사들로 하여금 방어적인 태도를 취할 수밖에 없게 만드는 것은 몹시 해로운 일이다.

제4장

역사회화

교육에서 행사되는 권위와 연관된 모호함은 사회화 과제와 관련하여 가장 현저하게 드러난다. 사회화는 아이들에게 그들 앞에 펼쳐질 세상에 대처할 수 있도록 준비시키는 과정이다. 사회화는 가정과 공동체에서, 그리고 학교라는 공식적 환경에서 성인들이 수행해야 하는 책무이다. 아이들에게 지적·문화적 유산을 전수하는 것이 교육의 목적이지만, 교육은 또한 아이들을 그들의 문화적 서식지의 행동방식으로 사회화하려고 시도한다. 하지만 어른 권위의 평가절하는 이 과제를 복잡하게 만들었고, 자녀를 사회화하는 부모의 능력에 의문을 제기하게 해왔다.

지난 세기 동안 사회화의 책임은 부모에서 학교로 점차 옮겨갔다. 성인임의 가치저하는 자신들이 아이들을 사회화하는 데 요구되는 전문지식을 소유한 사람들이라고 주장하는 전문가들의 부상과 나란히 진행되어왔다. 그 과정에서 아이들을 직접 표적으로 삼아 가치를 전달하는 전문가들에게 자주 의존하는 실용주의적 형태의 사회화가 출현했다.

앞에서 지적했듯이, 과거에는 어른들이 세상에 대처하는 모든 해답을 가지고 있지 않다는 주장이 어른의 권위가 갖는 지위에 의문을 제기하기 위해 빈번하게 이용되었다. 최근 성인의 지혜에 대한 이러한 비관적 평가는 나이 든 세대의 도덕적 지위에 대한 노골적인 비난으로 바뀌었다. 「어른이 세계를 파멸시켰다」. 이것은 아이들을 대상으로 한 온라인 잡지에 실린 기사 제목이다. 그 기사는 "어른들이 우리가 커가고 있는 세계를 파멸시키고 있다"라고 경고하고 "기후변화가 다음 세대인 우리에게 어떤 영향을 미치게 될까?"라고 묻는다.[1] 녹색운동가 조너선 포리트Jonathan Porritt도 유사한 메시지를 전달한다. 그는 아이들에게 "너희의 부모와 조부모는 지구를 돌보는 일에서 실수를 저질러왔다"라고 고발한 후 "그들이 부정할 수도 있지만 그들은 너희의 미래를 도둑질하고 있다"라고 덧붙였다(Porritt, 1998: 82). 어른들은 역할 모델 노릇을 하기는커녕 아이들에게 나쁜 선례를 보이고 있다고 자주 비난받는다. 2008년에 잉글랜드 학교들에서 일어나는 행동을 검토해줄 것을 위탁받았던 한 교장은 청소년들에게 나쁜 선례를 보이고 있다는 이유로 어른들에게 손가락질을 했다. 그는 우리가 "탐욕스러운 문화 속에 살고 있으며", 그 속에서 "우리는 서로에게 무례하게 굴고 아이들은 그것을 좇아 한다"라고 논급했다.[2] 만약 실제로 성인들이 그처럼 부정적인 선례를 보이는 경향이 있다면, 아이들에게 그들이 마주할 세상에 대비하도록 준비시키는 과제를 어떻게 성인들에게 맡길 수 있겠는가?

성인 행동에 대한 비난은 아이들이 나이 든 사람들보다 더 최신식이기 때문에 아이들이 가진 가치가 더 계몽된 것이라고 주장하면서 아이들을 치켜세우는 경향과 나란히 이루어진다. 디지털 학습의 옹호자인 마크 프렌스키Marc Prensky는 어른들과 달리 아이들은 "하이퍼텍스트, 다운로드한 음악, 주머니 속의 전화기, 노트북 도서관, 방송 메시지, 인

스턴트메신징"에 익숙하다고 주장한다. 그리하여 그들에게는 "강의, 단계별 논리, '말하기 시험' 교육을 견딜 만한 인내심이 거의 없다". 프렌스키는 전통적 교과과정은 아이들에게 전혀 흥미를 불러일으키지 못한다는 견해를 취한다. 프렌스키는 성인들이 변해서 어린 '디지털 원주민'처럼 되어야 한다고 결론짓는다(Prensky, 2001: 3). 이 조언은 역사회화socialization-in-reverse라고 묘사할 수 있는 것 — 즉, 아이들에게 성인 사회화의 임무를 맡기는 현상 — 의 발전과 정확히 일치한다.

사회화의 문제

보통의 성인이 어린 세대의 사회화 의무를 떠맡을 만한 능력을 가지고 있는가 하는 의구심이 근대 초기 시대 이후 커져왔다는 것은 분명하다. 한 설명에 따르면, 18세기에 "사회의 도처와 나라의 온갖 부문에서 타락과 걱정스러운 해체가 발생하면서, 성인들의 나쁜 행동방식들을 바로잡는 일이 절실히 요구되었고, 아이들이 어른들과 같은 미래를 맞지 않도록 아이들을 양육해야 한다는 요청이 강력하게 일어났다"(Heyting, Kruithof and Mulder, 2002: 383). 철학자이자 『자유론On Liberty』의 저자인 존 스튜어트 밀John Stuart Mill은 자신이 요구하는 아동 의무교육을 부모의 능력에 대한 불신과 연계시켰다. 그는 국가가 후원하는 정규 교육이 아이들을 '미개한' 부모의 영향력으로부터 해방시킬 수 있을 것이라고 보았다. 그는 또한 "미개한 사람들은 양육의 적절한 심판관이 될 수 없기 때문에 자녀들의 사회화를 위해 계몽된 교육자들의 지원을 받을 필요가 있다"고 주장했다.[3] 부모의 자녀 계발능력을 확신할 수 없게 되자 19세기의 많은 개혁가들은 정규 교육을 사회화의 주된 제도로 삼았다. 그밖에도 근대 사회학의 창시자 가운데 한 사람인 에밀 뒤르켐Emile Durkheim 같은 사람은 가족이 아동 사회화에서 중요한 역할을 수행하지만, 국가 또한 그렇다고 주장했다. 뒤르켐은 "교육은 어린 세대를 체계적으로 사회화시키는 것"이라고 주장했다(Durkheim, 1956: 71). 실제로 그는 교육의 목적 자체가 "아이들을 그들이 앞으로 살아가야만 하는 사회환경에 적응시키는 것"이라는 견해를 취했다(Giddens, 1986: 176에서 인용).

뒤르켐이 교육과 사회화를 긴밀하게 연관시킨 것은 그가 19세기 산업사회에 만연했던 단편적 경향들을 극복하는 일에 몰두한 것에서 연원했다. 그는 교육이 사회통합을 위한 강력한 잠재적 힘이라고 보았다. 그는 "사회성원들 사이에 충분한 정도의 동질성이 존재할 때에만 사회가 생존할 수 있다"고 단호하게 주장하고, "교육은 집단생활이 요구하는 본질적 유사성을 처음부터 아이에게 고착시킴으로써 그러한 동질성을 영속화하고 강화한다"고 결론지었다(Durkheim, 1956: 70). 뒤르켐이 개관한 사회통합이라는 목적은 너무나도 중요해서 부모의 손에 맡겨둘 수 없는 것으로 생각되었다. 전통적으로 이 과업에 기여해왔던 종교와 같은 제도들은 점점 더 세속적이 되고 있는 근대세계에서 영향력을 상당 부분 상실했다. 이러한 상황에서 새로 만들어진 공교육 제도가 아동 사회화의 주도적 역할을 할당받았다. 뒤르켐은 "교육 — 개인과 개인의 이해관계를 결코 그것 특유의 또는 주요한 목적으로 삼지 않는 — 이야말로 사회가 자신의 존재조건 자체를 영속적으로 재창조하는 수단이다"라고 지적했다(Durkheim, 1956: 123).

공교육을 통한 제도화된 사회화라는 정명은 가족과 불편한 관계 속에서 공존했다. 공식적으로는 부모가 여전히 자녀의 도덕적·사회적 감성을 계발할 책임을 맡고 있었다. 표면상 학교는 이 프로젝트의 실현을 지원하는 역할을 부여받았다. 1926년에 영국 정부가 출간한 해도 보고서Hadow Report는 "영국의 교사들은 기회가 주어진다면 학교의 규율을 이용하여 가정이 새로운 세대를 양성하는 데서 영향력을 행사하도록 도움을 줄 수 있을 것이며, 성격, 취향, 훈련받은 기술의 면에서 교사들과 유사한 새로운 세대들은 교사들이 기울이는 모든 노고를 충분히 정당화해줄 것"이라는 믿음을 표명했다. 해도 보고서는 지배적인 감상에 의거하여 사회화 프로젝트를 수용했지만, 사회화를 교육의 주요 목표로까지 끌어올리지는 않았다. 20세기 전반기 동안에 영국의 학교는 "국가 발전에 이바지"할 수 있는 성품 — 개인적 성품과 국민적 성품 모두 — 의 강화라는 이상을 지지했다.[4]

20세기로의 전환기 무렵에는 많은 교육자가 부모와 가정이 아이들에게 미치는 영향에 대해 존 스튜어트 밀이 지녔던 양가감정을 공유하고 있었다. 그들은 부모가 권위뿐만 아니라 아동 사회화에 필요한 지적·도덕적 자원도 결여하고 있다는 견해를 취했다. 많은 부모가 자녀 양육의 과제에 자신 없어 하던 시대에 부모들은 전문가들의 압력에 직면하여 전문가들의 전문지식을 묵묵히 받아들였다.

어른의 권위와 전문가 간의 불편한 관계

19세기 후반 이후 어른의 권위 행사는 과학적 전문지식의 주장과 불편한 관계를 유지해왔다. 서로 다른 형태의 전정치적 권위가 영향력과 정당성을 상실한 바로 그 시기에 과학의 위세는 높아갔다. 과학의 권위가 성과를 거둘 조짐을 보이자, 많은 교육자와 심리학자들에게 과학은 시대에 뒤진 과거의 아동양육 및 교육 관행에 대한 효과적이고 긍정적인 대안으로 보였다. 이 과정을 다룬 한 연구에 따르면, "아이들에 관한 그때그때 다른 임의적인 이야기, 특이한 민속지식, 할머니들이 믿는 미신들은 과학적 방법의 강한 빗질로 완전히 제거되었다"(Kessen, 1979: 817). 새로운 전문가 집단은 자신들의 과학이 지금까지 순전히 개인적 삶과 가족생활의 영역에 속하는 것으로 인식되었던 문제들에 관해 권위 있는 목소리를 낼 자격을 자신들에게 부여했다고 주장했다. 이 전문가 집단의 지배적 지위를 탐구한 한 연구가 지적하듯이, "아동발달을 다루는 '과학적 전문가들'은 권위 있는 목소리로 아이들을 올바로 훈련시키기 위해서는 근대의 거의 어떤 부모도 가지고 있지 못한 전문지식이 필요하다고 거듭 충고했다"(Loseke and Cahill, 1994: 174). 그들의 관점에서 볼 때, 아동양육, 교육, 관계는 과학적 연구의 최신 발견에 따라 재조직화될 필요가 있었다. 새로운 전문가 코호트는 강력한 개혁운동적 에토스를 가지고 있었고, 연구와 관찰 결과를 발표하는 것으로 만족하지 않았다. 케센Kessen은 다음과 같이 기술한다.

> 부모의 관행과 아동의 행동에 관한 비판적 고찰과 연구는 거의 필연적으로 부모의 관행과 아동의 행동에 대해 조언하는 쪽으로 슬며시 넘어갔다. 과학적 진술은 윤리적 정명이 되었고, 서술적 설명은 규범적이 되었다. 그 과정에서 우려되는 경우들도 있었다. 어떤 절차에 의해 수집되었든 간에, 그 당시 과학적으로 타당하다고 주장된 단편적 지식들이 무방비상태에 있는 과거의 빈약한 민속지식에 비해 엄청난 중요성

을 부여받기도 했다.(Kessen, 1979: 818)

이들 전문가는 단지 충고하는 것에 그치지 않았다. 그들은 자주 공식 기관들의 지원하에 자신들의 제안을 학교에 강요할 수도 있었고, 가족 생활의 행동에 직접 영향력을 행사할 수도 있었다. 과학의 권위와 대조적으로 보통 사람들의 통찰과 가치는 어떠한 문화적 가치도 거의 누리지 못했다. 이러한 견해를 명시적으로 표명하고 나섰던 영국의 전문가 진 에이링Jean Ayling은 1930년에 "내가 알고 있는 아이들 대부분은 어린 나이에 이미 심각한 손상을 입고 있었다"라고 진술했다. 그녀가 제시한 해결책은 부모가 "유용한 영역이 매우 제한적"이기 때문에 부모의 역할을 제한하고 아동 사회화라는 보다 광범한 과제를 도움 전문직에 할당하는 것이었다(Ayling, 1930: 204, 213).

하지만 아동양육, 교육, 관계를 전문 영역으로 하는 과학들에 관한 기록들은 그러한 과학이 그 어떤 긍정적이고 지속적인 결과도 좀처럼 달성하지 못한, 늘 반복되는 유행의 하나였음을 보여준다(Furedi, 2008: ch.10을 보라). 그럼에도 불구하고 어른의 권위가 수세에 처했을 때, 과학적 전문가는 세대 간 관계의 행동에 대해 점점 더 많은 영향력을 획득했다. 일반적으로 교육 전문가들은 자신들의 제안이 순수하게 객관적인 과학의 발견물에 기초하기 때문에 아마도 편견에 사로잡힌 사람들만이 그러한 제안에 동의하지 않을 것이라고 주장했다. 교수 기법들은 빈번히 아동발달에 대한 최신의 심리학적 조사연구나 새로운 객관적 학습이론들에 기초한다는 것에 근거하여 장려되었다. 듀이가 보기에는, 미신에 사로잡힌 구제불능의 전통주의자가 아니라면 누구도 새로운 과학적 교육학에 반대할 수 없었다. 그는 인간의 학습방식과 관련하여 '개인 심리학이라는 과학'의 최신 발견물들이 보여주는 것에 대해 누가 어떻게 저항할 수 있는지를 도저히 이해할 수 없었다. 그는 "마치 소리가 먼 거리까지 전달될 수 있다는 생각이 너무나도 터무니없기 때문에 아무도 라디오를 시장에 내다 팔려고 하지 않았던 것처럼, 그러한 반대는 하찮은 것"이라고 썼다. 그리고 그는 성급하게도 "이 심리학적 발견들은 오늘날 라디오만큼이나 확고한 사실들임에도 불구하고 아주 많은 교장과 학부모가 여전히 그것들을 기질적으로 혐오한다"라고 비난했다(Dewey, 1934: 2~3). 듀이는 자신의 많은 동료와 마찬가지로 자신이 교과과정에 대한 새로운 과학을 의문시하는 사람들의 부정한 동맹관계, 보다 구체적으로는 편견에 사로잡힌 부모들과 상상력이 부족한 전통주의적 교사들의 부정한 동맹관계라고 인식한 것으로 인해 심한 좌절감을 느꼈다.

전문가의 권위는 그들이 아동발달 및 교육과 관련하여 교사와 부모의 전통적인 관행들보다 훨씬 더 우월한 통찰력을 지니고 있다는 주장에 근거했다. 이 전문가들은 자신들의 과학을 옹호하는 데 그치지 않았다. 그들은 또한 암묵적으로 그리고 어떤 경우에는 명시적으로 부모의 능력에 의문을 제기했다. 그들은 '구식' 교사도 똑같은 모욕적인 시선으로 바라보았고, 교육이 새로운 과학적 원리에 따라 현대화되어야 한다고 주장했다. 현대화 전문가가 옹호하는 중요한 테마 중 하나가 교육이 사회적으로 보다 유용해질, 그리고 변화하는 현대세계에 적실성을 지닐 필요가 있다는 것이었다. 사회적 유용성에 초점을 맞추는 것은 전문가들로 하여금 교육을 사회화의 가장 중요한 제도로 재구성하고자 하는 경향을 드러내게 했다. 이러한 강조는 변화에 대한 강박과 과거에 대한 거부에 의해 더욱더 강화되었다. 새로운 교육 전문가들이 볼 때,

전통적 교육은 전통적이기 때문에, 그리하여 오늘날의 세계에 유용하지 않을 것 같기 때문에 시대에 뒤떨어진 것이었다. 그 결과 사회적으로 유용하지 않다고 간주되는 지식은 현대 교과과정에서 주변적인 역할만을 부여받을 수 있을 뿐이었다. 사회화 프로젝트와 결합한 새로운 교육학은 이론적 지식에 기초한 학습에 거의 관심을 보이지 않았으며, 지능계발보다는 사회적으로 적실한 교과과정을 제공하는 것을 훨씬 더 중요시했다. 20세기로의 전환기 이후 사회화로서의 교육과 지식에 대한 도구주의적 지향이 이처럼 실리주의적으로 융합하며 주류 교육학에 상당한 영향력을 행사해왔다.

아이들은 사회화될 필요가 있고, 또 사회의 성원이 된다는 것이 무엇을 의미하는지를 이해해야 한다. 그러나 많은 교육 전문가가 이 문제를 표현하는 방식은 학교를 신중한 사회공학을 통해 아이를 사회의 수요에 적합하게 만들어내는 제도로 전환시키자는 것이었다. 이 접근방식을 체계적으로 정식화한 미국의 유력 사회학자 에드워드 로스Edward Ross는 1901년에 자유로운 공교육이 '사회통제의 엔진'이라고 열성적으로 주장했다. 그는 "사적 가정에서 작게 빚은 인간 반죽 덩어리들을 모아 사회라는 반죽판 위에서 그것들의 모양을 만드는 것"이 학교의 임무라고 말했다(Ravitch, 2000: 80). 모든 전문가가 로스가 진전시킨 엄격한 사회공학적 교의를 받아들인 것은 아니었다. 그러나 그들 모두는 아이를 가족으로부터 떼어내어 계몽된 전문가들의 영향력하에 둘 수 있게 하는 것이 학교의 역할이라는 것을 공히 확신했다. 사회화는 아이를 가정생활의 유해한 영향으로부터 구해내기 위해 요구되었다.

존 듀이는 대부분의 진보적 교육자들과 마찬가지로 학교가 아이들이 사회의 지배적인 규범과 가치를 받아들이도록 사회화하는 데에 머

물러서는 안 된다는 견해를 취했다. 로스와 달리 듀이는 학교가 아이들에게 보다 계몽적인 사고방식을 제공할 의무가 있다고 믿었다. 듀이에 따르면, "기존 환경의 무가치한 측면들을 가능한 한 최대한 제거하는 것이 바로 학교라는 환경이 하는 일이다". 나아가 그는 "사회가 더욱 계몽되어서 기존 제도를 있는 그대로 전달하고 보존하는 책임만이 아니라 이를테면 더 나은 미래사회를 만들 책임도 사회에 있다는 것을 깨닫기"를 바랐다. 듀이는 "학교가 이러한 목적을 달성하기 위한 주된 기관"이라고 결론지었다(Dewey, 1966: 20). 그러나 그 역시 로스 못지않게 부모가 아이들에게 행사하는 빈한한 도덕적·지적 영향력을 학교가 바로잡아야 한다고 주장했다. 그가 유아원 교육을 옹호한 것은 유아원 교육이 아이들을 가정생활의 부정적 영향으로부터 떼어 놓을 수 있을 것이라고 믿었기 때문이다. 그는 학교에서 "아이들은 자신들이 집에서 보는 시끄럽고 상스러운 일들을 모방하는 것을 잊을 것이며, 학교가 더 나은 목적과 방법을 가르치기 위해 고안해낸 문제들에 관심을 집중할 것"이라고 지적했다(Dewey and Dewey, 1962: 81).

교육과 관련한 전문지식의 중요성을 옹호하는 입장은 케센이 '아동에 대한 구세군적 견해'로 특징지었던 것을 통해 전파되었다(Kessen, 1979: 818). 이 견해에 따르면, 아이들은 본성상 천부적으로 선하며, 잘 키우고 발전시켜야 하는 충동들을 가지고 있다. 1920년대에 잉글랜드의 진보적 교육자들은 아이들이 나라의 도덕적 쇄신에 극히 중요한 역할을 할 수 있다고 믿었다. 이 운동에 대한 한 연구는 "그러한 쇄신은 아이의 정신적 삶을 발전시킴으로써, 주로 개인의 창조성을 고무함으로써 이룩될 수 있는 것이었다"고 지적한다(Marsden, 1997: 228). 이 관점에서 볼 때, 가정과 학교에서 어른이 권위를 행사하는 것은 아이의 자발적 발달에 장애물로 작용할 수 있기 때문에 하나의 잠재적 문제로 인식되는 경향이 있었다. 그 결과 전통적인 교육은 그것이 구식이었기 때문만이 아니라 아이의 발달에 해가 되기 때문에도 공격 받았다. 아동에 대한 구세군적 견해는 자주 '아동 중심 교육'이라고 불리던 것을 옹호하는 사람들에 의해 체계적으로 조장되었다. 미국에서는 1926년에 이 접근방식의 주요 지지자들 가운데 한 사람인 해럴드 러그Harold Rugg가 "아이의 활동과 이해관계를 중심으로 교과과정을 구축할 필요가 있다"라고 선언했다. 러그가 볼 때, 아동 중심 교과과정이 미래를 상징하는 반면 교과목 중심 교과과정은 과거에 사로잡혀 있었다(Chung and Walsh, 2000: 226).

아동에 대한 구세군적 관점은 아이의 감정적 웰빙이 교육에서 가장 우선시되어야 한다고 자주 주장해왔다. 전문가들은 불행한 아이가 불행한 어른으로 성장하기 때문에 아동기의 감정 문제를 해결하기 위해 최신 과학적 발견들의 통찰을 이용할 필요가 있다고 주장한다. 또한 전문가들은 자신들이 아이들의 감정 문제를 다루는 데 필요한 특별한 능력을 지니고 있다고 주장한다. 래비치가 지적하듯이, 미국에서 아동 지도 전문가들은 "자신들이 청소년의 인성을 '바로잡는' 방법을 알고 있고, 또 아이들을 온당한 가치, 판단, 태도, 행실, 감정을 갖춘 올바른 사람으로 변화시킬 수 있는 방법을 부모보다 더 잘 알고 있다"라고 주장했다. 그리고 그들은 또한 "교과과정이 개정될 수만 있다면 사회가 기존 사회보다 훨씬 더 나아질 것"이라고 주장했다(Ravitch, 2000: 276). 보다 최근에 전문가들은 감정적 소양이 없는 부모가 유발하는 문제들을 상쇄시키기 위해서는 학교에 행동관리를 도입해야 한다고 주기적으로 요구한다(이를테면 Bentley, 1998: 26을 보라). 게다가 오늘날에는 부모가 자녀의 감정발달을 돌볼 능력이 없다는 믿음이 과거보다 훨씬 더 광범하게 퍼져 있다.

아동에 대한 구세군적 견해를 지지하는 많은 사람이 아동을 과학적으로 양육할 경우 교육개혁이 사회개혁으로 이어질 수 있을 것이라고 생각했다. 아동 심리학자들 사이에서 특히 영향력을 발휘한 이 감상은 오늘날까지 지속되고 있다. 케센은, 아동 심리학자들은 "그들이 어떤 이론적 입장을 취하든 간에 어린아이의 순진무구함과 솔직함에 대해 낭만주의적 관념을 취하여 '우리가 아이들과 관련한 문제들을 잘 해결할 수 있기만 해도 세상은 더 나은 장소가 될 것이다'라는 형태의 여러 관념을 진척시켜왔다"고 기술했다. 또한 그는 "아이가 개혁가들의 정치적 진보주의와 낙관론을 전달하는 매개체가 되었다"라고 덧붙인다 (Kessen, 1979: 818).

20세기 초반 이후 정책 입안자들은 아이를 사회개혁 수단으로 삼고자 하는 경향을 점점 더 광범하게 드러내왔다. 오늘날 영국에서는 모든 주요 정당이 아이의 삶에 '조기 개입'해야 한다는 관념에 집착하고 있다. 2006년 8월에 토니 블레어 총리는 잠재적 문제아를 심지어 태어나기 전부터 알 수 있기 때문에 정부는 미래의 문제를 사전에 방지하기 위해 양육에 개입할 것이라고 공표했다. 슈어 스타트Sure Start 같은 정부의 조기 개입 프로그램은 잉글랜드의 가족들을 명백히 괴롭히는 양육 결함을 상쇄시켜 바람직한 시민이 될 수 있는 유형의 아이들을 만들어내기 위해 설계된 것이다. 학교 역시 이 구세군적 관점을 채택해왔다.

학교가 전통적으로 가족 내에서 수행되던 양육과 사회화 관련 활동들에 대한 책임을 맡는 경향은 양차 세계대전 사이의 기간에 미국에서 처음으로 널리 보급되었다. 이러한 정책들은 원래는 미국인의 삶의 방식으로 자녀를 사회화하기가 어려운 이민자 부모의 문제를 해결하기 위해 개발되었다. 홉스태터Hofstadter는 "미국 방식에 익숙하지 않은 이민자 부모들은 자녀들이 알 필요가 있는 것들을 적절히 안내할 수 없으며, 따라서 학교가 부모의 역할에 끼어들게 되었다"라고 썼다. 그러나 학교 또한 학생들이 재차 이민가족 부모를 미국의 생활방식으로 사회화하는 데 도움을 줄 수 있다는 견해를 취했다. 홉스태터는 "오전에 미국인 학교 엄마를 접한 아이들이 오후에는 부모들이 마음에 새길 행동 및 위생 지침을 집으로 가져감으로써 미국화의 수단이 될 것으로 기대된다"라고 지적했다(Hofstadter, 1964: 337).

아렌트 역시 학교를 통해 이민 아이의 부모를 미국화하려는 어젠다에 주목했다. 그녀는 학교 교육이 수행하는 역할의 이러한 확대가 사회화를 개념화하는 방식에도 상당한 영향을 미칠 것이라고 믿었다. 만약 학교가 이민자 부모의 사회화라는 과제를 자녀를 통해 성공적으로 수행할 수 있다면, 학교가 이 프로젝트를 사회의 다른 부문들로 확대하려는 것을 무엇이 막을 수 있겠는가? 아렌트는 다음과 같이 주장했다.

> 이민자들의 땅에서 교육이 수행하는 정치적 역할, 즉 학교가 아이들을 미국화하는 데 기여할 뿐만 아니라 그들의 부모에게도 영향을 미친다는 사실, 다시 말해 학교가 실제로 사람들이 옛 세계를 버리고 새로운 세계로 들어서도록 도와준다는 사실은 새로운 세계가 아동 교육을 통해 구축되고 있다는 착각을 불러일으킨다.(Arendt, 2006[1961]: 174)

새로운 세계가 아동 교육을 통해 구축된다는 구세군적 견해는 이민자 공동체들을 미국식 생활양식에 동화시키려는 프로젝트를 통해 체계적으로 조장되었다. 하지만 어른 권위의 정당성이 지속적으로 의문시되는 세계에서 이와 유사한 사회화 모델이 곧 다른 부모들에게도 채택되었다.

20세기 초반에 교육자와 아동 전문가들은 아동 사회화의 책임을 떠맡음으로써 부모의 권위를 우회하고자 했다. 그들은 부모가 자녀들에게 가르칠 것이 거의 없다고 믿고 있었기 때문에 그들 가운데 일부가 어쩌면 부모가 자녀들로부터 배울 수도 있을 것이라고 주장하는 것은 단지 시간문제였다. 그 결과 아이들은 부모들로 하여금 구시대적 편견을 버리고 전문가 권위가 제공하는 최신의 지혜를 받아들이게 만들라는 권고를 받는다. 상황이 이처럼 전개되며 **역사회화**가 조장된다. 이는 권위관계를 역전시키고, 세대 간 상호작용에 극적인 결과를 낳는다.

아동 사회화에는 부모와 학교 간의 미묘한 거래가 포함되어 있다. 가장 자기만족적인 교과과정 전문가조차 어른의 권위가 갖는 지위에 전혀 무관심할 수는 없다. 다른 모든 점에서 부모의 능력을 무시하는 교육자들조차도 부모의 권위에 지나치게 공공연하게 도전할 수는 없다. 왜냐하면 그것이 잠재적으로 유해한 갈등을 유발하기 때문이다. 그들은 부모가 자녀의 행동을 성공적으로 관리할 수 없을 경우 학교가 감당할 수 없는 짐을 지게 될 것이라는 점을 알고 있다. 그 결과 학교-부모 파트너십이라는 수사가 널리 보급되고, 전문가 권위 대 부모 권위의 상대적 중요성을 놓고 공개적으로 논의하는 일은 좀처럼 일어나지 않는다.

1967년 발표된 잉글랜드의 초등교육에 관한 플로든 보고서Plowden Report는 교육자들이 이 주제에 관해 명확하게 말하기를 꺼려한다는 점에 주목했다.

> 교장 선생님들이 거의 언급하지 않지만 이의를 제기 받을 경우 그들이 인정할 수밖에 없었던 목표 중의 하나가 바로 학교와 가정의 협력이며, 그것을 통해 학교가 아이들에게 가족배경의 결함을 가능한 한 메워주는 일이다. 이 목표가 겉으로 거의 표현되지 않는다는 사실이 중요하다. 학교와 가정의 관계에는 여전히 해결되어야 하는 문제가 존재한다. 왜냐하면 일부 교사들이 우려하듯이, 학교가 아동의 복리에 대한 책임을 떠맡음으로써 (일부 사람들의 표현으로) 부모의 책임을 약화시키기 때문이다.[5]

의심할 바 없이 많은 교육자가 학교가 사회정의와 사회개혁에 헌신함으로써 아이들이 "가족배경의 결함"을 극복하도록 도와주어야 한다는 대의에 헌신하고 있다. 그들 중 많은 사람이 학교 역할의 확대가 부모가 책임을 이행하는 데 해악을 끼치는 힘이 될 수 있다는 것도 잘 알고 있다. 이것이 바로 플로든 보고서가 교사들이 부모와 좋은 관계를 맺는 데 신중을 기하는 경향이 있다고 보고할 수 있었던 이유 중의 하나이다. 그러나 그것은 1967년에나 할 수 있던 말이었다. 최근 이러한 신중함은 전문가의 권위가 수행하는 역할을 훨씬 더 공세적으로 옹호하는 주장에 자리를 내주었다.

부모의 자녀 사회화 능력에 대해 그간 암묵적으로 제기되던 의구심이 1990년대 중반 이후에는 점점 더 공세적으로 제기되기 시작했다. 그 결과 전문가들이 가족과 학교의 불편한 관계를 묘사하는 방식에서 점차 변화가 일어났다. 많은 교육 전문가들은 서투른 양육과 가족의 파편화라는 피할 수 없는 현실이 학교로 하여금 지금까지 가정에서 수행되던 형태의 사회화를 책임지지 않을 수 없게 만든다고 생각한다. 이것이 바로 2008년 9월에 학교·대학 지도자 협회의 총회에서 사무총장인 존 던포드 박사가 전달한 메시지였다. 던포드는 "아이 양육에서 학교가 과거 어느 때보다 훨씬 강력한 역할을 수행하고 있다"라고 진술했다. 그는 계속해서 학교가 "마지막 남은 도덕적 힘"이며, 일부 아이들에게는 "학교가 허용되는 것과 허용되지 않는 것 간의 경계선을 설정하는 틀을 제공하는 유일한 곳이다"라고 주장했다. 이 협회의 회장인 브라이언 라이트먼Brian Lightman은 이제 학교가 아이들을 가르치는 일뿐만 아니라 양육까지도 자주 강요당하고 있다고 역설함으로써 던포드의 주장을 강화했다.[6] 학교가 마지막 남은 '도덕적 힘'이라는 던포드와 라이트먼의 인식은 긍정적인 도덕적 행위자로 행위할 수 있는 어른(특히 부모)의 능력이 신뢰받지 못하고 있다는 사실에 의해 뒷받침된다. 이러한 태도는 어른의 권위 행사와 전문지식의 관계가 더욱 복잡해졌다는 것을 보여준다.

행동관리로서의 사회화

정규 학교 교육이 사회화라는 과제를 수행하는 방식은 최근 수십 년간 점진적으로 변화해왔다. 역사적으로 교육은 청소년들이 지배적인 문화적 가치 체계 속으로 진입하는 것을 도움으로써 사회화과정에 기여했다. 교육에는 곡물을 재배하고 집을 짓고 마법에 대처하거나 로그 값을 계산하는 데 필요한 축적된 노하우뿐만 아니라 "행동규칙과 미래의 행동에 대한 기대"를 학습하는 것도 포함되어 있었다(Cotgrove, 1972: 74). 사회화의 작동방식에 관심을 가지고 있는 사람들은 도덕적·문화적 태도의 전달과 관련된 쟁점들에 주로 관심을 기울였다. 이 문제들은 여전히 적실성을 지닌다. 다음 장에서 논의하듯이, 실제로 교육이 아이들에게 어떤 가치들을 심어주어야 하는가라는 질문은 아마도 지난 세기보다 오늘날에 더 복잡하고 논쟁적인 문제일 것이다. 그러나 학교가 현재 사회화의 역할을 바라보는 방식과 한 세기 전에 이해했던 방식 간에는 한 가지 현저한 차이가 있다. 사회화는 점점 더 행동관리의 한 형태로 인식되고 있다. 사회화는 이제 학생들에게 기존의 삶의 방식을 주입하거나 학생들이 공동체의 도덕적 규약에 익숙하게 만드는 것에 관한 것이라기보다는 그들에게 감정을 관리하고 다른 사람들과의 관계를 처리하는 방식을 가르치는 것, 그리고 이른바 삶의 기술을 훈련시키는 것에 관한 것이다.

사회화가 행동관리의 정명을 중심으로 점차 재조직화된 것은, 별개이지만 서로를 강화시키는 세 가지 발전으로부터 영향을 받았다. 첫째, 성인들은 청소년들의 행동을 관리하는 문제가 당혹스러울 뿐만 아니라 힘이 든다는 것을 거듭 발견해왔다. 그 결과 많은 부모가 학교와 전문가들이 제공하는 지원을 환영해왔다. 둘째, 개인의 행동과 감정발달의 문제가 전문가들로 하여금 자신들의 과학적 권위를 주장할 수 있게 해주는 복잡한 쟁점들을 만들어냈다. 감정영역에서 심리학자들은 자신들의 전문지식을 강조하는 동시에 아이들의 행동을 관리하는 데 필요한 권위를 요구할 수 있었다. 이렇듯 전문가들은 아이들의 웰빙이라는 쟁점이 지니는 중요성을 부풀리고 복잡하게 만들고 아이들의 웰빙을 정규 교육의 영역으로 끌어들일 실제적인 유인을 가지고 있었다. 어떤 점에서는 전문가들이 아이가 직면하는 문제를 다른 누구보다 잘 이해할 수 있다는 주장이 그들에게 권위를 부여했다. 마지막으로, 아이들이 새로운 환경에 적응하는 능력이 갖는 중요성이 커졌고, 그와 더불어 변화가 항상적이기 때문에 사회는 새로운 조건에 유연하게 대응할 수 있는 사람들을 필요로 한다는 믿음이 널리 확산되었다. 이러한 믿음은 사회화를 인식하는 방식에 중대한 영향을 미쳤다. 거의 50년 전에 한 선견지명 있는 연구가 지적했듯이, "사회가 매우 급속하게 변화하는 것처럼 보인다는 사실은 아이들에게 지식의 습득보다는 유연한 사고방식의 계발이 더 요구된다고 생각하게 한다"(Bantock, 1965: 134). 교육에서 유연성의 가치는 하나의 이데올로기의 지위를 획득했다. 유연한 퍼스낼리티의 계발은 심리학이 발전시킨 기법들에 의존했고, 적응성은 교과과정의 핵심 목표 가운데 하나가 되었다.

20세기 중반 무렵 많은 교육 전문가가 유능한 교사라면 학생들이 직면하는 감정적·개인적 문제들을 관리하는 방법을 알아야 한다고 주장했다. 이 관점을 강력하게 표명했던 몇몇 미국 교육자들은 행동관리가 성공적인 청소년 사회화에서 핵심이라는 견해를 취했다. 이 '생활적응' 접근방식의 옹호자들은 학교가 아이들이 자신들의 개인적·사회적 문제들을 다루는 것을 돕는 일에 상당한 자원을 할애해야 한다고 주장했다. 그들은 학생들이 자신들의 감정, 개인적 문제, 관계들에 대처하도록 지도받는다면 "현대사회에 적합한 행복한 성원"이 될 수 있을 것이라고 믿었다(Zachry, 1940: 394). 교육과 연관된 전통적 문제들이 점차 서로 다른 감정적 결함의 결과로 재정의되던 1990년대에는 부상 중이던 행동심리학이 점점 더 큰 영향력을 획득했다. 대서양 양편에서 아이들의 낮은 자존감이 실제로 모든 교육 문제의 원인이라고 주장되었다. 한 미국 연구가 지적하듯이, "1980년대 무렵 전문 문헌들에서는 자존감이 교육의 수단이자 목적으로 칭해졌다"(Ravitch, 2000: 427). 영국은 그대로 따라했고, 21세기로의 전환기 무렵 어린 학생의 사회화는 점차 감정훈련의 형태를 취하게 되었다. "학교에서의 시민의식과 민주주의 교육"에 관한 정부 자문단 중 하나는 자존감을 중점적인 핵심 기량으로 보았다. 정책문서들은 자존감과 감정교양이 그 자체로 가치를 지닌다는 관념을 반복해서 전달한다(Furedi, 2004: 62~63을 보라).

1999년 국가 교과과정이 개관한 가치와 목적은 사회화가 감정훈련의 프리즘을 통해 이루어지는 방식을 보여준다. 그 문서는 교육이 사회에서 "오래 지속되어온 가치들"을 반영한다는 점에서 중요하다고 강조한다. 하지만 국가 교과과정이 지지하는 지속적 가치들은 전통적으로 한 세대에서 다른 세대로 전달되는 종류의 도덕적, 문화적, 또는 정치적 원리들과는 거의 관계가 없다. 우리 시대의 치료요법 에토스와 부합하게 이 '지속적 가치들'은 감정관리와 행동관리에 무게중심을 두고 있다. 이 목록의 첫째가 "자기 존중하기"이고, 그다음이 "가족, 그리고 다른 관계들" 존중하기이다. 끝으로, 목록은 "우리가 속한 더 큰 집단, 우리 사회의 다양성, 우리가 살고 있는 환경"을 존중할 것을 요구한다. "자기 존중하기"라는 가치에 할당된 중심적 역할은 교과과정의 목적에 관한 논의에서 한층 더 강화된다. 그 문서는 학교 교과과정이 "학생들에게 자존감과 감정적 웰빙을 증진시켜야 한다"고 진술한다. 학교는 또한 아이들이 "가치 있고 만족스러운 관계를 형성하고 유지하는 것"을 돕는 역할을 할당받는다.[7]

교과과정이 행동관리를 점점 더 많이 강조한다는 것은 사회화를 점점 더 고도로 개별화·개인화된 형태로 인식하고 있다는 것을 뜻한다. 자신의 국가, 종교, 또는 삶의 방식 존중하기에서 "자기 존중하기"로 이동한다는 것은 단순히 강조점의 이동이 아니다. 그것은 사회화가 세대 간 가치전달 과정을 수반한다는 관념에서 사회화가 전문가들이 감독하는 행동관리 기법들에 의존한다는 관념으로 중요한 방향전환이 이루어지고 있음을 의미한다. 아이들이 자신에 대해 어떻게 느끼는지가 교육학적 관심의 주요 초점을 이룬다. 1999년 교과과정의 한 지지자는 이 교과과정의 목적이 "학생의 개인적 웰빙, 실용적 추론, 시민적 삶을 위한 준비를 상당히 강조하고 있다"고 논평했다. 그의 계산에 따르면, "가치목록 항목들"의 60%가 "우리가 학생들이 가지기를 바라는 개인적 자질들에 관한 것"인 반면 "지적인 목표"는 30%뿐이다(White, 2006: 3).

행동관리 기법을 교실에 적용하는 것을 옹호하는 사람들은 자신들의 접근방식이 과거와는 근본적으로 다른 형태의 사회화를 낳았다는 것을 때때로 명시적으로 인정한다. 벤틀리는 "사회화는 여전히 극히 중요하지만 사회화의 과제는 과거와 동일하지 않다"고 언급한다. 왜 그런가? 그 답으로 제시되는 것이 바로 우리가 살고 있는 세상이 항상 변화하고 있고 그리하여 관계 관리와 관련한 가정들이 계속해서 의문시되기 때문에 권위 있는 삶의 지침을 제공하기가 어렵다는 것이다. 이러한 상황에서 사회화는 사람들이 관계를 관리하고 사건들에 대응하는 데 필요한 유연한 기술들을 획득하는 것을 도와야 한다. 하지만 벤틀리는 사회화가 다루어야만 하는 한 가지 가치 — "청소년들이 갖추어야 할 가치들 중 가장 중요한 가치" — 가 있는데, 그것이 바로 '진정성'에 대한 청소년들의 열망이라고 주장한다. 이 관점에서 보면, 진정한 자아를 표현하고자 하는 심리적 욕구에 기여하는 것이 성공적인 사회화의 근본적인 목표가 된다(Bentley, 1998: 160).

교과과정이 학생들의 웰빙을 고취하는 일에 우선성을 부여하는 것은 자주 아동 중심의 관대한 사회가 청소년 양성에 헌신하고 있음을 보여주는 것으로 인식된다. 많은 심리학자와 교육자들이 청소년의 감정

생활을 개선하는 과제에 진지하게 헌신하고 있다는 데에는 의문의 여지가 없다. 그러나 사회화 과정에 보다 개인화되고 감정지향적인 방식으로 접근하는 것을 아이들의 감정적 욕구에 대해 계몽된 방식으로 반응하는 것으로 해석해서는 안 된다. 앞에서 지적했듯이, 학교가 행동관리를 수용한 것은 어른의 권위가 약화되고 전문가가 부상했기 때문이다. 최근 행동관리를 통해 고무되고 있는 어젠다는 유연한 노동인력이라는 이상을 지지하는 정책 입안자들과 경영부문의 마음을 끌어왔다. 그리하여 개인의 속성을 변화하는 세상에서 삶을 관리하는 데 필요한 '소프트한 기술'로 표현하려는 경향이 증가하고 있다. 이러한 상황 전개에 부응하여 정부간행물들은 때때로 교과목 공부라는 표현보다 기술 학습이라는 표현을 쓰는 것을 더 좋아한다.

오늘날 행동관리를 통해 아이를 사회화하려는 프로젝트는 교실에서 기술을 장려하는 것과 밀접하게 관련되어 있다. 실제로 모든 개인적 속성이 하나의 기술이라는 이미지로 새롭게 변신하고 있으며, 감정 교육 옹호자들은 이러한 변화를 더욱 확대할 것을 요구한다. 기술이라는 어젠다와 행동관리라는 어젠다가 융합되고 있다는 점은 2008년 초 잉글랜드 초등학교 교과과정을 재검토하기 위해 벌인 일련의 토론을 통해 분명히 알 수 있다. 그 토론회에서 열린 60개의 세미나에 참여한 1500명의 사람들이 기술훈련의 중요성을 강조했고 "마약, 섹스, 건강한 식단, 사고하는 기술 같은 문제들을 포괄하는 생활양식 수업에 초점을 맞출 것"을 요구했다고 보도되었다. 그 기사에 따르면, 의견을 제시한 사람들은 학생들이 "그들의 사회적·개인적 발달을 위해 더 많은 시간을 쓸 수 있도록 정규 교과목의 학습시간을 줄이기를" 원했다.[8] 생활양식과 감정관리에 집착하는 것을 매우 열렬히 지지하는 전국교사연합NUT

의 교육부장 존 뱅스John Bangs는 오늘날에는 개인의 발달을 "부끄럽게도 등한시한다"라고 주장했다.[9] 이론적 교과목들 대신 기술과 감정 교육을 제공하는 방향으로 학교를 기어코 변화시키고자 하는 정책 입안자, 교육자, 학교심리학자들은 현재 유력한 로비를 벌이고 있다. 이 기술 어젠다의 주도적 옹호자 중 한 사람인 존 화이트는 국가 교과과정을 세상에 대한 '백과사전적 지식'이라고 가차 없이 기각하고, 그 대신에 팀 구축, 연설, 문제해결과 같은 기술들에 초점을 맞추기를 원한다.[10]

다행스럽게도 많은 부모와 교사가 아이들에게 양질의 이론 교육을 제공하는 것의 중요성을 이해하고 있다. 아이들에게 세상을 살아나가고 새로운 도전에 대응할 수 있는 토대를 제공하기 위해서라도 학교가 주요 교과목들에서 견고한 기초 지식을 제공할 필요가 있다는 인식이 널리 확산되고 있다. 때때로 부모들은 최근 도입된 감정 교육과 행복수업 같은 최신의 행동관리 기법들에 반대하기도 한다. 하지만 이러한 반발은 어른의 권위(특히 부모의 권위)가 매우 수세에 몰린 상황에서 발생하고 있다. 이러한 상황에서는 교육을 전문가들의 손에 맡기고 싶은 충동이 일기도 한다. 그러나 전문가들은 호의에 보답할 준비가 되어 있지 않다. 전문가들은 자신들이 아동 사회화에 필요한 권위를 가지기 위해서는 부모의 권위에 끊임없이 의문을 제기해야 한다는 것을 알고 있다.

역사회화

행동관리 기법을 통해 전달되는 이상이 정규 교육이 아이들의 사회화를 수행하는 방식의 또 다른 중요한 차원을 구성한다는 것은 사실이다.

하지만 사회화가 아이들의 감정적 웰빙과 관련된 이상이나 변화하는 세상에 대처하기 위해 필요한 생활기술과 관련된 이상을 고무하는 것에만 한정되어서는 안 된다. 모든 사회는 삶의 행동에 필요한 관념들과 그러한 행동을 뒷받침하는 이상들을 전달할 필요가 있다. 과거에 그러한 이상들은 도덕적 행동규범에 대한 세대 간 대화과정을 통해 전달되었다. 하지만 앞에서 지적했듯이, 어른의 권위가 부식되면서 나이 든 세대가 가진 가치들의 영향력은 그 힘을 상당 부분 상실했다. 이러한 권위의 부식은 또한 학교에도 그리고 학교가 과거의 일반적 통념을 전달하는 능력에도 영향을 미쳤다. 종교 교육, 시민의식 교육, 가치 교육에 대한 끊임없는 논쟁은 감정 교육과 관계 교육의 채택이 학교로 하여금 사회화의 위기에 대처하는 것에서부터 다른 곳으로 주의를 돌리게 하는 데 기여한다는 것을 보여준다.

정책 입안자와 교육자들은 학교를 이용하여 아이들에게 전문가와 교육자들이 정교화한 가치들을 직접 사회화하게 함으로써 가치의 세대 간 전달이라는 문제를 우회하고자 해왔다. 이러한 접근방식은 세대 간 관계에 중요한 결과를 초래한다. 아이들에게 최신의 계몽된 '가치'를 가르치면서 그러한 가치가 시대에 뒤진 부모들의 감상들보다 우월하다는 결론을 내리지 않기란 어렵다. 아이들을 전문가들이 만들어낸 가치들로 직접 사회화하는 것은 어린 세대로 하여금 나이 든 세대와 거리를 두게 하는 데 암암리에 기여한다. 청소년들이 어른들보다 더 많은 것을 알고 있다는 견해는 근대 시기에 지속되어온 테마 중 하나이다. 하지만 이러한 감상이 교육제도의 운영과정에서 정당화되기 시작한 것은 최근의 일이다.

또한 청소년이 성인보다 더 나은 인간이라고 주장하는 강력한 문화적 힘도 존재한다. 역사적으로 이러한 감상은 아이를 교육을 통해 점진적 변화를 이끌어내는 매개물로 보았던 아동 중심의 구세군적 관점을 통해 체계적으로 전달되었다. 보다 최근에는 이 아동 중심 접근방식이 문화적으로 널리 퍼지면서 아동의 도덕적 지위와 권위를 끌어올려왔다. 학생의 목소리에 귀 기울이는 것은 학교만이 아니다. 이제는 공적 생활이 직면하는 주요 문제들 중 많은 것에 대해 정기적으로 아이들의 "의견을 청취"한다. 그리고 아이의 권리를 옹호하는 수많은 사람이 아이를 가족 내의 동등한 의사결정자로 인식해야 한다고 주장한다.

아동의 도덕적 지위 향상은 성인임의 가치가 지속적으로 저하되는 것과 직접적으로 대비된다. 대중문화는 어른들, 특히 부모를 곱지 않은 시선으로 바라본다. 영화와 텔레비전 프로그램들은 부모를 연락이 두절된 양육비를 대지 않는 사람, 따라서 자녀들의 욕구에 무감각한 사람으로 묘사한다.[11] 이러한 감상을 내면화한 정치인과 정책 입안자들은 사회를 괴롭히는 문제들의 많은 것에 대해 빈번히 부모를 탓한다. 이러한 견해가 교육의 영역으로 확장되면서, 부모는 자녀의 학업부진과 연루되어 있다는 이유에서 비난받는다. 이러한 경향은 지난 십 년 동안 특히 두드러졌다. 한 연구는 신노동당 정책토론들에서 "부모의 규율 부재가 무단결석, 반사회적 행동, 규칙위반, 비만과 결부되어 있다"고 지적한다(Ball, 2008: 177). 현재의 사회정책은 "신노동당의 재사회화 프로그램"으로 기술되어온 접근방식을 통해 부모의 행동을 변화시키고자 한다. 부모의 재사회화 프로젝트는 과거에도 진행된 적이 있었다. 게비츠(Gewitz, 2001: 366)에 따르면, 부모의 재사회화 프로젝트는 "양차 세계대전 사이의 기간에 노동계급 어머니를 대상으로 했던 방문의료서비스의 시영화市營化"를 통해 촉진되었을 뿐만 아니라 "1960년대 후

반과 1970년대에 플로든 보고서에 따라 학교 교육에 대해 부모가 긍정적 태도를 가지게 하려 했던 시도들"을 통해서도, 그리고 "1990년대 초반의 『부모 헌장Parents' Charter』"을 통해서도 고무되었다. 바뀐 것이 있다면, 현재의 정책발의가 '문제 부모'라는 특정 집단에 국한되지 않으며, 과거보다 훨씬 더 개입적이라는 것이다.

부모 재사회화 프로젝트에서 가장 중요한 정책 혁신은 아마도 틀림없이 부모 재사회화와 아동 사회화를 직접적으로 결부시키는 방식일 것이다. 학교에서 아이들은 일반적으로 교과과정에 등장하는 최신 가치들에 따라 행동하라고 배울 뿐만 아니라 부모들에게 행동을 바꿀 것을 권고하라고, 이를테면 더 건강한 음식을 구매하거나 쓰레기를 재활용할 것을 권고하라고 배운다. 이 접근방식의 주요한 선례가 바로 아이들의 학교 교육을 통해 이민자 부모들을 미국화하고자 했던 미국 학교들의 경험이다. 때때로 사회들 — 특히 전체주의적 사회들 — 은 아이들을 이용하여 부모가 공식적으로 승인된 세계관에 확실하게 순응하도록 만들고자 해왔다. 하지만 이러한 형태의 간접적인 교화가 청소년들의 도덕적 지위를 의식적으로 끌어올리는 것과 연계되어 자유민주주의 체제들에서 이용되기 시작한 것은 얼마 되지 않았다.

역사회화 경향을 정교화된 어젠다에 의해 신중하게 추동된 과정으로, 즉 관련 당국이 부모를 단속하기 위해 아이를 의식적으로 조종하는 과정으로 인식하지 않는 것이 중요하다. 역사회화 경향을 그저 세대 간 관계를 둘러싼 혼란이 증가한 결과 간접적으로 초래된 하나의 경향으로 해석하는 것이 훨씬 더 유용하다. 이러한 혼란은 세대 간 관계를 보다 유동적이게 만들었고, 이러한 유동적 관계가 특정 상황에서는 어린 세대와 나이 든 세대 간의 권위 역전을 초래한다. 이러한 상황에서 전문지식을 통해 사회화를 관리하는 것은 문제를 심화시키고 세대 간 권위의 우연한 역전을 문화적으로 수용하게 하는 상황을 만들어내는 데 기여할 수 있다.

역사회화 과정은 어떤 중요한 쟁점이나 사회적 경험에 대해 아이들이 그들의 부모를 능가하는 지식과 능력을 가지고 있다는 생각을 전달함으로써 작동한다. 이 생각에는 실제로 상당한 근거가 있다. 이를테면 청소년들은 최신 음악과 패션에 대해 어른들보다 훨씬 더 많은 지식을 가지고 있으며, 새로운 형태의 디지털 기술을 조작할 수 있는 능력에서 많은 어른이 자신의 자녀들보다 떨어진다. 또한 어른들은 아이들이 서로 문자메시지를 보내거나 소통할 때 사용하는 특이한 언어를 이해할 수 없다고 자주 불평한다. 그러나 이것들은 세대 간 경험과 문화가 달라서 나타나는 사례들로, 세대 격차의 전형적인 요소이다. 이 세대 격차가 어른들로 하여금 청소년의 의견을 따르게 한다고 해석되기도 한다. 하지만 누구의 영향력이 더 큰지는 여전히 따져봐야 할 문제이다. 역사회화 과정이 힘을 발휘하는 것이 바로 이러한 상황이다.

역사회화 과정은 배려 깊고 책임감 있는 아이와 무관심한 부모를 대비시키는 것과 같은 논란의 여지가 없는 사례에서 자주 두드러지게 나타난다. 「하루에 다섯 가지 먹기 운동five-a-day을 모르는 부모」는 2008년 6월 BBC 뉴스가 내보낸 기사의 제목으로, 그 기사가 보도한 보건부 여론조사에 따르면, 3명 중 1명의 부모가 매일 다섯 가지의 야채와 과일을 먹을 것을 권장하는 건강 식사 캠페인에 대해 자신들보다 자녀들이 더 많이 알고 있다고 지적했다.[12] 어떤 점에서 이것은 전형적인 뉴스거리가 아니었다. 그 여론조사는 100명의 표본에 근거했고, 전형적인 시장조사 방식에 따라 응답자들로 하여금 조사가 얻고자 하는 답을 제시하도록 분위기를 조장했다. 여론조사를 보다 면밀하게 검토해본 결과, 이른바 부모가 무지한 것은 건강한 식사 일반이 아니라 구체적으로 "하루에 다섯 가지 먹기" 캠페인이라는 사실이 드러났다. 그럼에도 불구하고 그 여론조사의 목적은 부모가 스스로의 무지를 극복하는 것을 돕는 데 아이들을 동원할 수 있다는 생각을 입증하는 것이었다. 이 메시지는 보건 관할 부처 장관 돈 프리마롤로Dawn Primarolo의 다음과 같은 진술로 힘을 얻었다. "우리는 아이들이 하루에 다섯 가지 먹기 운동의 메시지를 흡수해서 부모 — 그리고 또래 — 가 더 건강하게 먹도록 가르칠 수 있다는 사실을 기쁘게 받아들인다." 영국영양학회British Dietetic Association의 애즈미나 고빈지Azmina Govindji는 아이들이 부모에게 압력을 가하게 함으로써 부모의 행동에 영향을 미치려고 한다는 것에 대해 변명하지 않았다. 그녀는 이렇게 지적했다. "만약 건강한 식사 메시지를 아이들에게 이해시킬 수 있다면, 아이들은 가정에서 많은 힘을 가지게 되어 부모에게 자신들이 먹어야 하는 종류의 음식을 요구할 수 있을 것이다."

때때로 아이들은 부모의 명백히 무책임한 행동에 대해 부모를 책망하도록 의식적으로 부추겨지기도 한다. 영국 학생자치회 웹사이트는 「학생자치회가 부모들에게 가르침을 주다」라는 제목의 기사를 통해 "링컨셔의 성 니콜라스 초등학교 학생들은 노란색 지그재그 존에 불법으로 주차하는, 말을 듣지 않는 부모들을 더 이상 참지 못하고 자신들이 직접 단속에 나서기로 했다"라고 진술했다. 기사는 학생자치회 회원들이 차에서 아이들을 내려주는 부모들에게 전단을 돌리고 간청하는 조치를 취한 것에 대해 칭찬했다.[13] 언뜻 보기에 이것은 이상주의적인 아이들이 무책임한 어른의 행동에 대해 조치를 취하는 방식을 보여주는 흐뭇한 사례이다. 하지만 이것은 세대 간 관계의 역할 역전에 관한 이야기이기도 하다. 부모들은 자신들을 '가르치는' 도덕적으로 우월한 청소년들에 의해 유아화되어(즉, "말을 듣지 않는 부모들"이 되어) 행동을 제지당한다.

2008년 미국 대통령선거 기간에는 일부 학교가 투표의 중요성을 부모들에게 가르치기 위해 학생들을 동원했다. 캔디데이트 키즈Candidate Kids는 자신들을 "자세한 정보에 근거하여 투표하는 것이 얼마나 중요한지를 부모에게 가르치도록 아이들을 가르치는 일에 헌신하는" 열성적인 댄버스 고등학교 학생들의 모임으로 묘사했다. 「아이들이여, 부모를 잘 가르치자」라는 제목의 통신문에서 이 단체는 부모를 가르치도록 아이들을 가르치는 일이 시민의 책임을 다하는 하나의 중요한 방식이라고 학생들에게 알린다.[14]

아이들이 부모를 교육하는 일은 전혀 자연스럽지도 자발적이지도 않다. 일부 공무원, 지원 단체, 교육 전문가들은 부모를 벌하기 위해 아이들의 선의의 이상주의를 이용하는 관행을 채택하기도 했다. 따라서 2007년 4월에 내무부가 주관한 아동 경연대회에는 아이들로 하여금 나쁜 행동을 하는 어른들을 망신 주는 것이 포함되어 있었다. 내무부 안내장에는 "나쁜 행동에 이의를 제기하는 포스터 그리기, 인근의 쓰레기 수거에 참여하기 같은 대회와 활동들은 아이들에게 용인되는 행동을 교육하는 데뿐만 아니라 아이들의 '졸라대기의 힘'을 긍정적 방식으로, 즉 어른들에게 어떻게 행동해야 하는지를 상기시키는 방식으로 사용하게 하는 데에도 도움을 준다"라고 설명되어 있었다.[15] 성인행동을 틀 짓는 일에 아이들의 훈계를 이용하기 위해 설계된 이 계획은 역사회화 관념을 드러내놓고 지지한다. 이 계획의 주도적 발의자 가운데 한 사람인 루이스 케이지Louise Casey는 그녀가 아이들을 이용하여 성인들을 공개적으로 망신 주는 일을 주창한다는 지적에 대해 어떤 변명도 하지 않았다. 케이지는 이렇게 경고했다. "우리는 사람들에게 무엇이 정중한 행동이고 무엇이 그렇지 않은 행동인지를 상기시키기를 원한다. 따라서 우리는 아이들이 이 분명한 메시지를 어른들에게 전달하도록 장려하고 있다."

이 내무부 계획과 관련하여 흥미로운 점은 그 계획이 아이들의 '졸라대기의 힘'을 긍정적으로 표현한다는 것이다. 전통적으로 아이들의 졸라대기는 소비사회의 골칫거리로 묘사되어왔다. 그리고 아이를 표적으로 하는 광고는 아이를 조종해서 최신 장난감이나 운동화를 사 달라고 부모에게 졸라대게 만드는 것으로 자주 비난받아왔다. 하지만 최근에 졸라서 원하는 것을 얻어내는 힘은 그것이 아이에 의해 부모의 행동과 가치를 바꾸는 데 이용될 경우 잠재적으로 긍정적인 힘으로 복권되었다. 한 마케팅 평론가는 자동차 제조사 르노와 에너지기업 엔파워의 광고 캠페인이 아이들이 부모를 졸라서 부모의 행동을 바꾸게 한 것에 대해 칭찬을 아끼지 않았다. 그는 그러한 캠페인이 "아이들로 하여금 자신들의 행동을 바꾸고 부모 역시 그렇게 하도록 설득하기 위해 설계되었다"고 지적하면서, "가정의 난방 온도를 낮추고 에너지 효율이 높은 가전제품들을 구매하도록 아이들이 부모에게 영향력을 행사하기를" 바랐던 엔파워의 녹색학교 캠페인을 극찬했다. 그 저자는 그러한 캠페인을 '긍정적 조작'이라고 부르고, '졸라대기의 긍정적 힘'은 전국학교파트너십National Schools Partnership과 아동식품캠페인Children's Food Campaign 같은 단체들의 지지를 얻고 있다고 말했다.[16] 「졸라대기 힘의 긍정성」이라는 제목의 ≪더 타임스The Times≫ 기사도 이러한 접근방식을 되풀이했다. 그 기사는 이제는 아이들이 건강한 먹기에 대해 훨씬 더 많이 알고 있으며, "부모들에게 더 나은 음식을 먹으라고 잔소리를 한다"라고 지적한다.[17]

때때로 긍정적 졸라대기라는 표현은 교묘한 마케팅적 공상이 낳은 산물의 성격을 띠기도 한다. 아이들이 부모에게 더 건강한 음식을 달라고 조른다는 주장은 영국의 한 주요 슈퍼마켓 체인이 실시한 판매촉진 조사에 기초했다. 이 조사의 주장에 따르면, 10명 중 7명의 아이가 부모에게 더 건강한 음식을 사도록 요청했고, 그중 절반 이상의 아이가 정크푸드 대신에 과일을 사도록 요청했다. 많은 홍보용 마케팅 조사처럼 이 조사가 제기한 질문들은 조사가 원하는 응답을 이끌어내기 위해 고안되었다. 이 경우에 조사의 결과는 졸라대기의 힘을 동원하는 것을 정당화하는 데 기여했다.

성인들을 사회화하는 데 졸라대기의 힘을 이용하려는 프로젝트가 가장 체계적으로 추진되는 영역이 바로 환경 교육이다. 많은 환경 교육자가 졸라대기의 힘을 성인의 행동을 변화시키는 데 기여하는 요인으로 의식적으로 옹호한다. 서리대학교University of Surrey 환경심리학 교수인 데이비드 우젤David Uzell은 몇 년 전에 참석한 한 회의에서 졸라대기의 힘이 환경변화 문제에 대한 '해답'이라고 "모든 사람이 절대적으로 확신"했던 것을 상기한다.[18] 우젤이 수행한 연구는 그가 "일반적으로 아동에서 부모/다른 성인들/가정으로 개인적 경험이 이전되면서 이루어지는 세대 간 학습"이라고 부르는 것에 초점을 맞추고 있었다.[19] 아동의 경험이 부모에게 이전된다는 이 무심한 언급은 역사회화 관행이 일상화되었음을 예증한다. 미국에서는 환경 교육의 증진을 통한 아이들의 사회화가 학교에서 10년 이상 체계적으로 추진되어왔다. ≪뉴욕 타임스New York Times≫는 녹색가치에 헌신하는 '에코키즈eco-kids'는 "자신들의 부모에게 책임을 지우기 위해 노력한다"고 보도하면서, 성인들은 "꼬마 에코경찰의 감시의 눈초리"로 인해 방어적이 된다고 지적한다.[20] 미국 전역의 학구學區들은 '에코키즈'의 이상주의에 편승하여 환경가치들을 모든 교과목에 통합시키고자 해왔다.

정치인과 정부는 환경 교육을 공중의 행동에 영향을 미치고 관리하는 데 잠재적으로 효과적인 수단으로 여겨왔다. 노동당 하원의원인 맬컴 윅스Malcolm Wicks는 환경가치들이 "과학 수업, 시민윤리 수업, 지리 수업에서 생생한 교육 보조물 역할을 할 수 있으며", 이들 수업 내용을 소화함으로써 "아이들은 부모를 교육하는 일을 시작할 수 있게 될 것이다"라고 주장한다. 그는 "이러한 방식으로 우리는 행동을 변화시키기 시작할 수 있다"고 덧붙인다.[21] 정부 각료인 데이비드 밀리밴드David Miliband도 유사한 열망을 표현하며, "아이들은 사회가 장기적으로 환경에 대한 태도를 바꾸게 하는 데서 열쇠가 될 수 있다"고 주장했다. 밀리밴드는 "아이들은 지구를 구하는 데 열정적일 뿐만 아니라 가족의 생활양식과 행동에도 큰 영향을 미친다"고 확신했다.[22] 전 교육부 장관 앨런 존슨Alan Johnson은 다음과 같이 기술했다. "아이들은 소비자와 영향력 행사자라는 이중의 역할을 한다." 따라서 "그들에게 유행을 좇아 여분의 운동화를 구매하는 것이 미치는 영향을 교육하는 일은 그들이 부모에게 연료를 많이 소비하는 차량을 구매하지 못하도록 압력을 행사하는 일만큼이나 중요하다".[23]

『에너지 관련 소비자 행동과 학교의 역할The Role of Schools in Shaping Energy-related Consumer Behaviour』이라는 제목의 보고서는 부모의 행동에 영향을 미치는 교육 프로그램을 장려하려는 목적과 관련한 정책 틀을 정교화하는 데 전력한다.[24] 그러한 계획의 하나 — 5500개 학교가 포함된 에코스쿨 계획 — 를 진행하는 앤드류 서터Andrew Sutter는 그 계획이 아이들에게 "교사의 위치에서 그들의 부모에게 변화를 위해 해야만 하는 것을 말할 수 있는" 기회를 제공한다고 믿는다.[25] 이 점을 강조하는 정부 에너지 보고서는 "재생기술 장치들을 학교에 설치하면 교과서가 할 수 없는 방식으로 교과과정에 생기를 불어넣을 수 있을 것"이라고 진술한다. 더 나아가 이 보고서는 "학교는 자주 지역사회의 관심의 초점이기 때문에 재생장치의 설치는 보다 광범위한 지역사회의 태도를 틀짓는 데 일조할 수 있을 것이다"라고 쓰고 있다.[26] 성인행동을 변화시키기 위해 졸라대기의 힘을 동원하는 것은 때로는 열광적인 개혁운동의 성격을 띠기도 한다. 제임스 러셀James Russell의 책 『녹색 부모 만드는 법How to Turn Your Parents Green』은 아이들에게 "우리의 세계를 아무 생각 없이 파괴하는 사람들에게 잔소리하고 졸라대고 귀찮게 하고 괴롭히고 벌을 주"라고 부추긴다. 러셀은 아이들에게 "그들의 졸라대기의 힘을 보여주고 부모와 위반자들에게 벌금을 매기"라고 요구한다(Russell, 2007).

과거에는 부모의 행동을 단속하기 위해 아이들을 동원하는 관행이 전체주의 사회들에 한정되어 있었다. 선과 악에 대한 아이들의 극단적으로 단순한 견해를 이용하려고 시도했던 여러 당국들은 오웰Orwell의 빅 브라더를 생각나게 한다. 하지만 토니 블레어 영국 총리가 "기후변화에 관해 아이들의 말에 귀를 기울여야 할 사람은 바로 부모들이다"라고 주장할 수 있는 시대에 빅 브라더를 필요로 하는 것은 누구인가?[27]

해소되지 않은 긴장들

역사회화라는 심란한 현상이 부모의 권위를 제거하려는 의식적인 시도로 해석되어서는 안 된다. 전문가들이 부모를 우회해서 아이들을 기꺼이 직접 사회화하려고 한다는 것은 한 세기를 거치며 아주 분명해졌다. 그리고 이 접근방식은 애초부터 세대 간 가치전달의 효과를 신뢰하지 않았다. 전문가의 의도가 반영된 사회화 형태들이 세대 간 관계를 더욱 더 부식시키는 데 기여했다는 것은 아마도 틀림없겠지만, 그러한 관계의 부식은 의도한 목적이 아니었다. 매우 드문 예외적인 경우를 제외하고는 교육자와 공무원들은 아이들을 그런 식으로 노골적으로 이용하여 부모들의 감성을 자극하는 것을 꺼려하는 경향이 있었다. 교육자와 정책 입안자들이 역사회화 현상과 관련된 전술들을 노골적으로 지지하게 된 것은 단지 최근의 일일 뿐이다. 하지만 그들도 역사회화 현상의 의도하지 않은 결과들 중 한 가지, 즉 역사회화가 부모 권위의 감소에 기여하게 된 것에 대해서는 환영하지 않을 것 같다.

부모 권위의 감소는 부모뿐 아니라 교사들에게도 문제이다. 본질적인 의미에서 어른의 권위는 분할될 수 없다. 그리고 부모의 도덕적 지위가 훼손되면, 교사와 다른 어른들의 도덕적 지위 역시 훼손된다. 교육제도는 부모들이 자녀들에게 일정 정도의 영향력을 행사할 수 있을 때만 작동할 수 있다. 만약 부모의 권위가 효과적으로 행사되지 못할 경우 교실의 규율 부족이 직접적으로 초래될 수 있다는 사실은 널리 인정되고 있다. 따라서 교육 전문가들이 부모의 능력과 관련하여 사적으로 어떤 의구심을 가지든 간에, 학교는 아이들의 행동을 관리하는 데서 가정이 미치는 영향력에 여전히 의존한다. 학교가 아동 교육에 부모를 직접적으로 연루시키려는 경향이 점차 증가하는 것도 바로 이 때문이다. 전 교육부 장관 앨런 존슨은 "우리는 부모가 자녀들의 교육을 돕는 일을 더 쉽게 할 수 있도록 해야 한다"고 주장했다.[28]

하지만 이러한 부모 개입은 자주 질책을 받는다. 존슨의 위협적인 어조는 「부모들이 더 잘해야만 한다 — 존슨」이라는 기사 제목으로 보도되었으며, 그의 동료인 아동 담당 장관 베벌리 휴스Beverley Hughes도 그를 좇아 "부모의 행동과 무관심"이 자녀들을 해치고 있다고 부모를 비난했다.[29] 역사회화가 함축하는 부모의 유아화는 부모들의 아동양육 관행이 수준 이하라는 논평들에 의해 강화된다. 많은 교육자가 부모에게 그들의 책임을 일깨우는 것과 관련하여 거의 어떠한 주저함도 드러내지 않으며, 그러한 태도가 가져올 해로운 결과에 대해 전혀 생각하지 않는다. 같은 맥락에서 장황하게 말을 늘어놓던 전국교사연맹 위원장 스티브 시놋Steve Sinnott은 부모들이 아이들의 "버릇을 잘못 들이고 있거나 제멋대로 하게 만들고 있다"고 비난하면서, 교사와 학교에 "부모들에게 충고"할 것을 요구했다.[30] 시놋은 부모들에게 종속적 지위를 부여함으로써 사회가 부모의 권위를 신뢰하지 않고 있음을 무심코 드러낸다. 이러한 태도는 어린 세대의 사회화에 이롭지 않을 가능성이 크다.

이 장에서 우리는 어른의 권위 행사 속에 자리하고 있는 긴장들이 사회화 과정과 어떻게 관련되어 있는지에 초점을 맞추어왔다. 행동관리 기법을 적용함으로써 아동을 사회화하려는 프로젝트는 권위 있는 어른의 행동을 통해 영향력을 행사하는 것의 효과적인 대체물이 되지 못한다. 결국 특정 형태의 사회화가 효과적인지는 그것이 일관된 가치체계, 또는 적어도 세상에 대한 일관된 방침을 전달하는지에 달려 있다. 개인의 웰빙을 자신들의 공인된 목적으로 삼는 치료요법적 가치들에 호소하는 것은 단지 교과과정에 뚫린 큰 구멍에만 관심을 집중하게 할 뿐이다. 그 구멍은 실제로는 삶에 대한 공통의 인식을 공유하지 못함으로써 초래된 것이다. "우리가 아이들에게 가르치고 싶은 가치는 무엇인가?"라는 질문에 만족스러운 답을 제시하지 못한 결과, 전체 교육과정이 이 질문으로 인해 붕괴되는 상황이 초래되었다.

제5장

사회공학

어른의 권위가 평가절하됨에 따라 초래된 중요한 결과 중 하나가 세대 간 관계의 관리에서 학교의 역할에 점점 더 많은 중요성이 부여되고 있다는 것이다. 최근 몇 십 년간 학교는 그 소관 범위를 확대하여 과거에 부모, 자발적 조직, 또는 복지기관이 맡았던 문제들을 다루어왔다. 런던 서부 세인트폴 스쿨St Paul's School의 교장 마틴 스티븐Martin Stephen이 기술했듯이, "우리가 사회의 양심이 짊어져야 할 모든 짐을 [교과과정에] 떠넘기면서 교사와 학교는 약물남용, 십대 임신, 여타의 많은 문제에 대해 훈계해야 할 책임을 점점 더 많이 지게 되었다. 실제로 우리는 교육시설의 교사로 하여금 영국 국교회의 교구 목사의 역할을 대신하게 해왔다"(Lovelock, 2008: 140). 그 결과 학교는 다른 제도들보다 사회적으로 점점 더 중요해졌다. 정책 입안자들이 교육에 전례 없는 중요성을 할당하면서, 교육은 이제 사회의 가장 근본적인 문제들 중 일부를 해결하기 위한 수단으로 간주되어왔다.

그러나 교육을 정책 입안자가 선택할 수 있는 도구의 하나로 격상시키는 것은 불가피하게 실망을 낳을 수밖에 없다. 경제적 쇠퇴에서 반사회적 행동에 이르기까지 교육이 다루도록 요청받는 사회악과 사회문제들은 계속해서 사회적 풍경을 황폐화시킨다. 그 결과 교육은 해결할 것을 요청받은 바로 그 문제들로 인해 비난받으며, 사회에 존재하는 위기가 교육의 위기로 해석된다. 하지만 "교육이 위기에 처해 있다"는 사실의 발견이 학교를 재조직화할 것을 요구함에도 불구하고, 정부는 여전히 사회의 문제들을 해결하는 데서 학교가 수행하는 역할을 확대해야 한다고 주장한다. 이런 방식으로는 학교는 실패할 수밖에 없다. 감지된 위기에 대해 학교가 이 같은 방식으로 대응하는 것은 더 많은 실패의 장을 마련할 뿐이다. 이 장에서는 학교의 정치화와 그러한 정치화가 교과과정에 미치는 영향을 집중적으로 고찰할 것이다.

사회화에서 사회공학으로

제4장에서 논의했듯이, 사회화는 사회의 가치들을 어린 세대에게 전달하는 일을 한다. 그렇다면 그러한 가치가 무엇인지를 분명하게 표현하기가 어렵다는 사실을 사회가 깨닫게 되면 어떻게 될까? 그러한 상황에서는 사회화가 당연한 것으로 간주되는 공동체의 이상을 전달하거나 사람들을 한데 묶는 유대를 재생산할 수 있을 것이라고 기대할 수 없다. 오늘날 교육자와 정책 입안자들은 이 문제에 민감하게 대응하며, 자신들이 사회적 응집성 문제라고 부르는 것에 대해 끊임없이 숙고한다. 그럼에도 불구하고 그들은 교실에서 어떤 가치와 이상을 전달해야만 하는지에 대해 그들 자신도 확신하지 못한다는 사실을 공개적으로

인정하기가 어렵다는 것을 알고 있다. 실제로 정책 입안자들은 가치라는 수사 뒤에 여전히 숨어서 가치라는 단어를 반복함으로써, 그러한 반복이 가치가 무엇을 의미하는지를 진술해야만 하는 문제로부터 자신들을 구해주기를 바란다. 정책문서들은 마치 가치라는 단어의 의미가 너무나도 명확해서 어떠한 설명도 필요하지 않다는 듯이 '가치'라는 단어를 반복한다. 정부가 후원한 『음악 선언』 계획은 "우리는 음악이 사회적·문화적 가치들을 표현하고 고취하기 때문에, 그리고 음악이 공동체의 형성과 통합에 도움을 줄 수 있기 때문에 음악이 중요하다고 믿는다"라고 주장한다.[1] 음악교육을 통해 어떤 종류의 가치를 고취할 것인지, 그리고 그 가치들이 어떻게 공동체를 통합시킬 수 있을지를 생각하는 것은 독자의 몫으로 남겨져 있다.

그렇다면 학교는 어떤 가치를 장려해야 하는가? 이 질문에 답하려는 시도들은 당황스러울 정도로 성공하지 못했다. 1996년에 학교교과과정평가원Schools Curriculum and Assessment Authority은 가치·교육·공동체를 위한 전국 포럼National Forum for Values and Education and the Community을 설립했다. 그 포럼의 소관업무는 "사회 전체가 동의하는 어떤 가치들이 존재하는지를 발견하는 것"이었다. 오랜 심의 끝에 포럼이 성명서에서 발표한 가치들은 "약화되고 무의미해진, 일단의 희석화된 '정치적으로 옳은' 가치들"로 기술되어온 것들이었다.[2] 이 가치 목록의 저자들은 "이 가치들이 너무 기본적이어서 평범해 보일지도 모른다"고 주장했다. 그런 다음 그들은 그러한 가치들을 나열한 순서가 어떤 우선성이나 불가피한 선호를 포함하지는 않는다고 진술하며, "사회 전체가 동의해야 하는 어떤 가치들이 존재하는지"에 관해 어떤 입장을 취하기를 꺼렸다. 실제로 이 목록이 제시한 것은 가치들이 아니라 "자신을 소중히 여기기", "타인 존중하기"와 같은 상투어들이었다. 가치들을 '선별'하여 '혼합'한 이 당황스러운 목록이 갖는 실제적 중요성은 그것이 사회를 한데 묶는 어떤 이상과 관련하여 분명한 것은 존재하지 않는다는 사실을 드러냈다는 데 있다.[3] 그 포럼의 성명서는 "일정한 공유된 가치들이 존재하지만, 그러한 가치들의 원천이나 적용방식에 대한 합의는 전혀 존재하지 않는다"라고 결론지었다. 가치·교육·공동체를 위한 전국 포럼은 만약 사회에서 동의받는 가치가 있다면 어떤 가치들이 "일반적으로 동의를 받는가"라는 질문을 명시적으로 다루고자 시도해본 결과, 그러한 합의가 현저히게 허약하다는 사실을 인정하지 않을 수 없었다.

이따금 학자들은 교실에서 어떤 가치들을 장려해야 하는가와 관련하여 제기되는 우려를 명시적으로 다루기도 한다. 이를테면 교육철학을 다루는 한 학술지는 최근 편집자 논설에서 "교육의 과제와 관련한 유력한 가치가 존재한다면 그것이 무엇이든 그것을 이용할 수 있는 가장 효과적인 방법을 발견할 필요가 있다"라고 논급했다.[4] "그것이 무엇이든"이라는 단어가 포함되어 있다는 것에 주목하라. 이 요청의 초점은 우리가 당연한 것으로 간주할 수 있는 가치들이 아니라 사회에서 작동하는 가치들이 있다면 그것이 무엇이든 활용하자는 것이다. 교육 전문가들이 아이들에게 어떤 가치들을 전달해야 하는지를 모른다는, 널리 알려진 사실이 유감스럽게도 공중에게는 좀처럼 알려져 있지 않다. 정책집단들 내에는 가치에 관한 합의를 이루기 위해 어떤 체계적인 시도를 해보고자 하는 열망이 거의 존재하지 않는다. 대신에 정책 입안자들은 수사적 표현 뒤에 숨어버린다. 즉, 그들은 '다양성', '다문화주의', '다원성'에 갈채를 보내고, 이 다양하고 다문화적이며 다원적인 세계에서는 사회화의 의미가 변화될 필요가 있다는 생각을 전달할 뿐이다.

역사적으로 사회화의 과제는 기존의 공유된 가치들을 동원하여 사회적 응집성을 가장 효과적으로 강화하는 방법을 찾아내는 것으로 인식되었다. 뒤르켐은 "따라서 아이가 자신이 살아가야 할 환경과 조화를 이루어나가도록 하기 위해서는 사회는 교사에게 아이의 마음에 심어주어야만 하는 관념과 감상을 지속적으로 일깨워줄 책임이 있다"라는 논평을 통해 이러한 견해를 분명하게 표명했다. 뒤르켐이 볼 때, 사회통합과 합의를 실현하기 위해서는 그러한 관념을 고취시키는 것이 필요했다. 그는 다양성이라는 관념에 반대하며 다음과 같이 경고했다.

> 만약 사회가 교육이 사회적 방향으로 실행되도록 항상 경계하고 강제하지 않는다면, …… 교육은 필연적으로 특정 신념들에 복무하는 데 이용될 것이며, 큰 뜻을 가진 국가는 분할되어 파편화된 옹졸한 피조물들의 비응집적 무리로 해체되고 …… 공통의 관념과 감상의 토대는 훼손될 것이다. 하지만 그러한 관념과 감상 없이는 그 어떤 사회도 존속할 수 없다.(Durkheim, 1986, 177)

뒤르켐은 근대사회에서는 가치들이 경합을 벌이고 또 사회가 상충하는 의견과 견해들에 의해 자주 분열된다는 것을 알고 있었다. 그러나 그는 "온갖 논쟁에도 불구하고 오늘날 우리 문명의 토대 자체에는 모든 사람이 공유하는, 그리고 어떤 경우에도 어느 누구라도 감히 드러내놓고 직접적으로 부정할 수 없는 일정한 수의 원칙들이 존재한다"고 믿었다(Durkheim, 1986, 178).

오늘날 우리가 "공통의 관념과 감상"을 표현하는 방식에 대해 합의를 보지 못하고 있다는 것은 뒤르켐이 개관한 접근방식이 21세기 사회의 작동에는 적용할 수 없는 것으로 거부되고 있음을 의미한다. 일부 교육 전문가들은 자신들이 명확하게 공식화된 가치체계를 옹호하는 데 주저하는 것을 정당화하기 위해 그러한 이상들이 그러한 가치에 동의하지 않는 사람들을 화나게 할 수도 있다고 주장하기도 한다. 일부 교사들은 매우 부담스러운, 그렇지만 아주 시급한 도덕적 쟁점들과 씨름하는 일을 불편해하기도 한다. 정부는 "다양성과 시민의식 교과과정"에 대한 한 논평에서 2007년 7월 발생한 런던 폭탄테러 이후 "많은 학교가 복잡한 상황에 대처하는 가장 좋은 방법으로 침묵을 선택했는데, 그 이유가 학생들이 묻는 질문에 대처하는 방법을 알지 못했기 때문"임을 보여주는 증거를 접하고 '충격'을 받았다고 지적했다.[5]

많은 학교가 누군가의 기분을 상하게 할 수 있는 일에 매우 방어적인 태도로 보이며, 다양성을 목적 자체로 장려하기를 더 좋아한다. 다른 사람들은 더 이상 공유된 가치에 기초하여 사회적 응집성을 확보할 수 없다고 주장한다. 따라서 학교는 학생들이 의사소통과 타자에 대한 '적절한' 태도를 가지게 하라는 요구를 받는다. 중요한 것은 학생들이 행동하는 방식이기 때문이다. 네덜란드에서 제출된 한 논문에 따르면, "교육이 아이들에게 규범과 가치를 전달하는 것으로는 사회통합에 기여할 수 없다"(Heyting et al., 2002: 396). 그 논문은 그러한 규범을 가르치는 대신에 "복잡하고 급변하는 환경"에 대처하는 데 도움이 되는 형태의 사회적 기술과 행동을 청소년들에게 주입할 것을 제안한다. 이 논문의 저자들은 자신들의 접근방식이 사회적 합의 대신 '다양성'을 촉진할 것이라는 점을 인정하면서도, 사회적 기술social skill을 획득함으로써 학생들이 서로 연결되어 있다는 의식을 발전시키기를 희망한다(Heyting et al., 2002: 396). 학교가 사회의 규범과 가치를 전달하는 것을 어려워한다는 인식은 가치를 고취하는 것에서 가치를 명료화하는 것으로 초점을 이동하게 했다. 스탠디시(Standish, 2009: 32)가 지적하듯이, "가치의 고취가 가치의 명료화로 대체되었고, 그리하여 개별 학생들은 사회문제를 탐구함으로써 자신의 가치를 결정하도록 요구받았다". 가치 명료화로의 이러한 방향전환은 아이들에게 사회적 기술을 훈련시키는 것을 강조하게 만들었다.

많은 교육자가 가치 장려에서 사회적 기술 교육으로 초점이 이동한 것을 암묵적으로 지지한다. 많은 경우에 그러한 기술들은 보다 개인적인 가치들을 표현할 수 있는 수단으로 제시되는데, 그 가치들이 관계행동과 관련될 때 특히 그러하다. 따라서 벤틀리는 "상호존중, 감사, 진지함이라는 가치들"이 기술skill 주도적 형태의 사회화를 통해 전달될 수 있는 가치들이라고 쓰고 있다(Bentley, 1998: 160). 이러한 방식으로 개인의 기본적인 태도와 기술들은 '개인적 가치들'로 이미지를 변신할 수 있고, 공유된 가치에 의미를 부여하는 과제를 우회할 수 있다. 미국에서는 많은 학교가 아이들에게 '공감' 수업을 실시하고, 친절하고 인정 있는 사람이 되는 기술을 훈련시킨다.[6]

사회가 아이들에게 사회의 가치를 장려함으로써 사회의 응집성을 확보할 수 있다는 것에 대해 교육자들이 확신하지 못하는 것은 20세기 전반기 동안 교육자들이 그 임무에 확신을 가지고 임했던 것과는 현저하게 대조된다. 1940년에 잉글랜드의 주요 교육자 가운데 한 사람이었던 인물은 "잉글랜드를 하나로 묶어 주는 끈들이 잉글랜드 자체보다 더 강하다"라고 주장했다. 잉글랜드적 가치가 지닌 힘을 이상화하고 있는 이 견해는 아마도 제2차 세계대전이라는 어두운 시간 동안 사람들에게 동기를 부여하려던 목적에서 비롯되었겠지만, 그럼에도 불구하고 그것은 사회의 규범과 가치가 지닌 힘에 대한 믿음을 드러내는 것이었다.[7] 이러한 믿음이 사라지면서, 사회화의 의미와 작동방식 자체가 크게 수정되었다. 지난 수십 년 동안 교육은 아이들을 사회화하기 위한 주요 수단의 하나로서 사회공학을 채택해왔다.

사회화와 사회공학 간에는 결정적인 차이가 존재한다. 사회화가 단지 어린 세대에게 가치를 전달하는 일만 하는 것은 아니다. 사회화는 사회에서 나이 든 세대들이 이미 광범위하게 지지하는 가치들을 어린 세대에 전달하는 방식으로 진행된다. 이와 대조적으로 사회공학은 아직은 약하지만 사회공학의 지지자들이 보기에 사회가 앞으로 나아가는 데 필요한 것으로 판단되는 가치들을 고무하는 데 주력한다. 때때로 이 접근방식은 지배적인 가치들이 시대에 뒤지거나 잘못되었기 때문에 더 나은 세상을 만들기 위해서는 아이들에게 보다 계몽된 가치들을 가르쳐야 한다는 확신에 의해 고무되고 정당화된다. 하지만 사회공학자 자신이 강한 확신을 가지지 못하는 경우들도 자주 있으며, 그럴 경우 그들의 프로젝트는 전통과 가치들은 의미를 결여하고 있고 따라서 사람들의 사회화에 효과적으로 이용될 수 없다는 인식에 의해 인도된다. 이러한 상황에서는 새로운 가치를 만들어내어 낡은 가치들을 대체하고 싶은 생각이 들기도 한다. 독일 사회이론가 위르겐 하버마스는 이 과정을 가치를 "행정적으로" 쇄신하려는 시도라고 기술했다(Habermas, 1976: 47). 교육에서 사회공학은 사회적 합의를 도출하는 데서 사회가 드러내는 무능력을 상쇄할 목적으로 가치들을 만들어내는 과정에서 발전했다.

가치를 행정적으로 갱신하고자 하는 작업은 일반적으로 태도를 변화시켜야만 한다는 것을 근거로 하여 정당화된다. 기존 가치를 전달하는 일을 포함하는 사회화와는 달리, 사회공학은 사회에서 아직 뚜렷한 지지를 받지 못하고 있는 태도들에 대한 지지를 끌어내는 데 전력한다. 단순화의 위험을 무릅쓰면, 이 차이는 지배적인 태도를 대체로 긍정하는 것(사회화)과 그러한 태도를 변화시키는 것(사회공학) 간의 차이로 이해될 수 있다. 사회공학이 가치변화를 강조한다는 것은 때때로 그것이 나이 든 세대와 관련된 태도에 대해 의식적으로 반대한다는 것을 뜻한다. 이를테면 앞 장에서 논의했듯이, 아이들에게 부모의 행동과 가치를 문제시하게 함으로써 그렇게 한다.

사회공학의 관점에서 볼 때, 학교는 사회가 직면한 문제들을 다루는 핵심적 제도의 하나이다. 따라서 학생들에게 바람직한 태도를 길러주는 것은 교육과 사회화 외부에서 발생하는 문제들에 맞서 싸우기 위함이다. 학교가 보다 광범위한 공동체의 삶의 질을 개선하는 데 긍정적으로 기여하기 위해 분투하는 것은 전적으로 바람직한 일이다. 하지만 학교가 공동체 생활에서 능동적인 역할을 하는 것과 고질적인 사회적 질병을 해결하는 데 이용되는 것 간에는 근본적인 차이가 있다. 학교가 사회의 실패를 상쇄할 수 있는 잠재력을 지니는 것으로 인식되자마자, 학교는 점증하는 일련의 문제들과 맞서 싸워야 하는 임무를 부여받는다. 이러한 감상은 학생들이 계몽된 전문가들이 전파하는 태도를 학습하여 내면화할 경우 성인 행동과 관련된 문제들 중 많은 것이 해결될 수 있을 것이라는 순진한 믿음을 통해 빈번히 전달된다.

전통적인 형태의 사회화를 통해 진전된 이상들과는 달리, 사회공학이 전달하는 이상들은 자주 공동체 생활과 거의 어떠한 유기적 관련도 없다. 즉, 그것들은 전문가, 정책 입안자, 싱크탱크의 작업을 통해 구성된 규범과 가치들이다. 하나의 과정으로서의 사회공학은 이처럼 행정적으로 생산된 가치들을 교육제도를 통해 내면화시켜 보다 광범위하게 공명할 수 있는 가치들로 전환시키고자 시도한다. 이런 의미에서 사회공학에는 교화의 요소가 포함되어 있다. 과거에 아이들의 태도를 변화시키려는 시도들은 종교적 또는 이데올로기적 교화를 통해 이루어졌다. 20세기에 들어와서는 학생들의 세계관을 근본적으로 변화시키기 위한 노골적인 전략이 나치 독일이나 스탈린주의 소련과 같은 전체주의적 사회들에서 행해졌다. 오늘날의 사회공학은 훨씬 노골적이었던 전체주의적 사회공학과는 그리 공통점이 없다.

21세기에 사회적 교화는 이데올로기적이라기보다 실용주의적이다. 다수의 기득권 세력들이 자신들이 강력하게 지지하는 견해를 교실에서도 옹호하기를 바라지만, 사회공학은 본질적으로 도구주의적인 기획이다. 사회공학은 신념을 결여하고 있으며, 작동하고 있는 가치들에 주로 관심을 가진다. 가치 교육이라는 주제를 다루는 정책문서들은 자주 목적과 의미를 가지고 있지 않다.

종래의 이데올로기적 형태의 경성 사회공학hard social engineering과 현재의 사회공학적 관행들은 구분할 필요가 있다. 이것이 바로 내가 현재의 형태를 **연성 사회공학**soft social engineering이라고 칭하는 이유이다. 현재의 사회공학은 사회를 변화시키기보다는 학생들의 행동을 변화시키는 데 전력한다. 연성 사회공학은 사회의 가치들에 대해 의미 있는 말을 할 수 있는 언어를 결여하고 있다. 포괄적인 도덕적·사회적 쟁점들에 대한 대화에서 연성 사회공학이 취하는 잠정적이고 비일관적인 입장은 때때로 종교 학교들에서조차 뚜렷하게 나타난다. 선견지명이 있는 한 논평자가 지적했듯이, "오늘날 종교 학교는 정규 공립학교와 대체로 약간 다를 뿐이다. 그리고 …… 교육이 필요로 하는 유력한 가치들은 다른 학교에서 그런 것만큼이나 종교 학교에서도 거의 불충분하게 공급된다".[8] 연성 사회공학이 유력한 가치들을 전달하는 데서 어려움을 겪는다고 해서, 연성 사회공학의 영향력이 그리 크지 않은 것은 아니다. 연성 사회공학은 오늘날의 교육에서 결정적인 역할을 수행한다. 그리고 그것이 거둔 주요 성과는 교육을 정치화하고 학교가 학생들에게 지적 자극을 유발하는 경험을 제공하지 못하게 한 것이다.

사회공학자들이 자신들이 행정적으로 구성한 가치들에 대해 잠정적이고 실용주의적인 지향을 드러낸다고 해서, 그들이 자신들의 소명을 진지하게 받아들이지 않는 것은 아니다. 교육이 사회의 문제들을 해결하는 데서 가장 효과적인 수단이라는 생각은 자주 정책 입안자들 사이에서 의문의 여지없는 도그마의 성격을 획득한 것처럼 보인다. 정치인과 전문가들은 범죄, 마약, 비만, 인종차별주의, 동성애 혐오, 반사회적 행동, 정치적 무관심 등의 문제에 맞서는 일에 학교를 이용해야 한다고 지속적으로 요구한다. 학교를 사회정책 제도의 하나로 바라본다는 것은 학교의 교육적 역할이 비록 완전히 강등되지는 않았다고 하더라도 암묵적으로 재정의되어왔다는 것을 뜻한다.

교육의 위기로 인식된 사회적 위기

학교와 사회의 관계는 부단히 계속되는 논쟁의 주제이다. 어떤 사람들은 학교가 사회변화의 엔진으로 작동할 잠재력을 가지고 있으며, 불평등, 차별, 또는 공동체의 파편화와 관련된 문제들을 극복하는 데서 중심적인 역할을 수행한다고 주장한다. 다른 사람들은 학교가 문제의 일부라고 보거나 불평등과 차별의 원천이라고 본다. 역사적 경험은 교육과 사회의 관계가 결코 안정적이지 않음을 보여준다.

학교와 사회의 관계는 계속해서 변화한다. 대부분의 역사적 시대에 교육은 사회제도들을 보존하는 일을 했다. 하지만 교육은 새로운 사고방식과 생활방식이 출현하는 데 기여하기도 했으며, 사람들로 하여금 사회가 직면하는 문제들에 대해 새로운 접근방식을 채택하게 하기도 했다. 하지만 보다 광범위한 사회적 또는 정치적 목적들을 달성하는 데 교육을 이용하고자 하는 시도들은 실제로 좀처럼 실현되지 않는다. 한 조사가 시사하는 바에 따르면, 그렇게 해서 이루어진 변화들은 "그러한 변화를 가져오는 데 일조했던 많은 행위자의 의도와는 자주 일치하지 않았다"(McCulloch, Goodman and Richardson, 2007: 405). 과거의 경험을 살펴보면, 교육에 할당된 목표들은 지배적인 감상과 경험에 부합할 때 가장 잘 달성된다. 그러한 상황에서는 교육이 사회변화를 실현하는 수단으로서의 역할을 하는 것도 당연할 것이다. 하지만 영국의 유력 교육사회학자 가운데 한 명인 핼시A. H. Halsey가 논평했듯이,

> 교육은 생물학적 유기체를 사회적 존재로 바꾸어놓음으로써, 아이들을 사회에 대비하도록 준비시킨다. 본래 교육의 능력은 사회를 창조하는 것이 아니라 재창조하는 것이며, 사회생활의 구조를 만들어가는 것이 아니라 그 구조를 특징짓는 사람과 기술을 유지하는 것이다. 사회변화의 수단으로서의 교육은 부차적인 것이다.(Halsey, 1978: 133~134)

건전한 교육체계는 사회가 계몽되고 진취적이 되는 데 필수불가결하다. 하지만 교육이 삶을 향상시킬 수 있는 상당한 잠재력을 지녔음에

도 불구하고, 교육은 사회와 긴장관계에 있다. 교육은 자주 사회가 자신의 결점을 알아채는 거울로 여겨진다. 학교는 자주 문제의 원인으로 인식되기도 하고, 문제의 해결책으로 인식되기도 하며, 원인과 해결책 둘 다로 인식되기도 한다.

지난 150년 동안 사회가 직면한 어려움들은 자주 교육체계의 탓으로 해석되어왔다. 교육이 위기에 처해 있다는 인식은 적어도 부분적으로는 사회의 기본 가치들에 대한 합의가 부재함을 보여주는 징후이다. 1960년대 초반에 아렌트는 사회의 도덕적 합의 부재와 학교 교육의 문제를 혼동하는 경향을 인지하고 있었다. 교육체계가 자신의 미덕을 확인할 수 있기 위해서는 그에 앞서 과거에 대한 합의가 일정 정도 존재해야만 한다(Arendt, 2006[1961]: 193). 달리 말해 교육에서 나타나는 위기는 자주 사회가 자신에 대해 의미 있는 설명을 하지 못하고 있음을 보여주는 징후이다.

주기적으로 분출되는 '교육의 위기'에 대한 우려는 많은 경우에 사회의 위기를 에둘러 말하는 방식의 하나이다. 현대화론자들은 빈번히 전통적인 '엘리트주의적' 교육이 영국의 산업적·경제적 힘을 상대적으로 쇠퇴시켰다고 비난해왔다. 반면에 보수주의자들은 자주 '진보적 교육', 특히 1960년대에 행해진 교육이 영국이 도덕적으로 쇠퇴하게 된 원인이라고 비난해왔다. 새로운 교육정책을 통해 이른바 학교 교육의 위기를 극복해야 한다는 주장들은 항상 정치적 어젠다와 연관되어 있다. 이른바 교육개혁들 역시 많은 경우 학교와는 거의 관계가 없는 문제들을 다루는 위기대응 정책들이었던 것으로 판명난다. 따라서 신노동당의 주요 교육 자문위원들 중 한 사람은 우리가 마주한 문제들(전 지구적 불안정성, 환경 악화)이 "인류 역사상 그 어느 것보다도 더 심각한 일단의 과제"라고 경고한 후 "이것이 바로 급진적 교육개혁 프로그램을 정당화한다"라고 지적했다(Barber, 1997: 17).

서구 사회에서 이른바 교육 위기가 정기적으로 공중의 관심을 끄는 주제가 된 것은 냉전 동안이었다. 1957년 10월 소련에서는 스푸트니크Sputnik 1호가 발사되었는데, 이는 서구사회에서 급속하게 변화하는 도발적 상황에 성공적으로 적응할 수 있는 능력과 관련하여 심각한 자신감의 위기를 불러일으켰다. 이 자신감의 위기를 가장 분명하게 보여준 징후가 바로 서구의 정부와 지식인들이 소련의 위성발사에 대해 드러낸 수세적인 태도였다. 어떤 사람들은 소련이 서구가 따라잡을 수 없는 엄청난 혁신과 활력의 잠재력을 가지고 있다고 주장하기까지 했다. 미국에서 주요 논평자들은 소련이 "자국 시민들의 지적·경제적 능력을 동원하는 방법을 발견하는 동안 미국인들은 분별없는 소비와 하찮은 즐거움에 빠져 자신들의 세습재산을 낭비했다"고 선언했다(Zieger, 2004: 87). 불안한 시대에 자주 그러하듯이, 사회의 적응능력에 대한 우려는 교육제도에 주목하게 했다. 소련의 교육체계가 "청소년들에게 동기를 부여하고 국가의 기획에 적극적으로 협력하게 하는 능력에서 미국의 교육체계보다 우월하다"는 생각이 널리 퍼졌다(Zieger, 2004: 91). 따라서 스노C. P. Snow가 엄청난 갈채를 받은 강연 — 이 강연은 자신의 책 『두 개의 문화The Two Cultures』에 관한 것이었다 — 을 공중은 "교육을 새로운 시선으로" 바라보아야 하며 "러시아인들로부터 배울 점이 많다"는 경고로 끝을 맺었을 때, 청중은 그가 무엇을 말하고 있는지를 알았을 것이다(Snow, 2007: 50).

1980년대에 미국 국가수월성교육위원회가 출간한 『위험에 처한 국가』는 과거 어느 때보다 사회경제적 문제들이 교육의 문제로 인식되고 있음을 보여주었다. 이 보고서는 미국이 경제적으로나 기술적으로 전 세계적 '우위'를 유지하는 데 실패했다고 경고하면서, 그것의 직접적인 원인으로 학교의 실패를 지목했다. 그 보고서는 "만약 비우호적인 외세가 미국에 오늘날 존재하는 것과 같은 보잘것없는 교육적 성과를 강요하려 했다면, 우리는 당연히 그것을 전쟁행위로 간주했을 것이다"라고 경고하며, 국가가 "경솔하게, 그리고 일방적으로 교육적 무장해제" 조치를 취했다고 덧붙였다(The National Commission on Excellence in Education, 1983: 1). 『위험에 처한 국가』를 주의 깊게 읽어보면, 그 보고서의 전망이 미래의 위협에서 살아남을 수 있는 사회의 능력에 대한 우려와 고조된 도덕적 위기감에 지배되고 있음을 알 수 있다. 교육은 그러한 문제의 원인이자 미국 사회를 소생시킬 가능성이 가장 큰 제도로 인식되었다.

1980년대 이후 영국에서는 사회적 또는 도덕적 위기 인식이 교육정책에 직접적으로 영향을 미쳐왔다. 1990년대 동안 영국 청소년의 사회적·도덕적 발달에 관한 공적 논의들은 학교의 역할에 대해 빈번히 의문을 제기했다. 반사회적 행동과 범죄에 대한 우려, 그리고 청소년들의 태도와 행동에 대한 걱정이 불필요한 우려를 자아내는 언어들로 자주 표출되었다. 결국 가치 교육에 대한 요구는 정부로 하여금 '시민의식 교육'이 국가 교과과정의 필수과목이 되어야 한다고 주장하게 했다. 이러한 혁신은 통상적인 사회화 메커니즘들이 더 이상 효과적이지 않게 되었다는 인식에 대한 응답으로 의식적으로 제창되었고, 학생들이 "자신들의 삶과 사회 속에서 제기되는 어려운 도덕적·사회적 의문들을 다루는 데" 시민의식 교육이 도움을 줄 수 있을 것이라는 점에 근거하여 정당화되었다(Davies et al., 2005: 343). 지난 십 년 동안 청소년들의 행동에 대한 우려가 심해지면서, 학교는 이 문제에 점점 더 많이 관여하게 되었다. 초등 교육 교과과정에 대한 최근의 비평에 따르면, "약물남용, 비만, 성과 관계 교육, 폭력적 행동, 인터넷 안전, 재정능력 등과 같은 중대한 문제들에 대한 깊은 사회적 우려가 매우 어린 아이들이 다니는 초등학교에서도 그것들에 대해 교육적으로 대응할 것을 지속적으로 요구한다"(Department for Children, Schools and Families, 2008: 6). 비록 이 진술이 초등교육에 대한 비평 속에서 나온 것이기는 하지만, 결국 그것의 출발점은 분명 "사회의 우려"이고 그다음에 그러한 우려가 우리에게 "교육적으로 대응할 것을 지속적으로 요구한다". 사회적 위기에 따라 서로 다르게 표현되는 문제들에 대해 "교육적으로 대응"하기 위해서는 일반적으로 아이들에게 서로 다른 개인적·사회적 기술을 가르칠 것이 요구된다. 하지만 그러한 대응이 도덕적 규범과 가치들의 영역에서 완전히 벗어나서 이루어질 수는 없다. 또한 그러한 방식의 대응은 형식에서는 교육적이고 내용에서는 정치적인 경향이 있다.

'교육적 대응'을 통해 보다 광범위한 공동체의 문제를 해결하는 데 일조하자는 생각은 2006년 '교육과 감사에 관한 법Education and Inspections Act'이라는 이름으로 통과된 입법으로 구현된다. 이 법안에 따르면, 학교는 사회적 응집성을 증진시킬 의무를 지닌다. 장관들이 우리를 하나로 묶어주는 유대가 상대적으로 부식하는 것에 대해 우려할 수밖에 없는 데에는 충분한 이유가 있다. 그렇다면 사회가 사회적 연대를 달성하는 데 실패한 것을 학교가 상쇄할 수 있을까? 학교에 제시된 지침들에 따르면, '공동체의 응집성'을 증진시키는 의무를 수행하기 위해서는 다음과 같은 사회를 만들기 위해 노력할 것이 요구된다.

> 모든 공동체가 공통의 비전과 소속감을 갖는 사회, 사람들이 지닌 다양한 배경과 환경이 진가를 인정받고 소중히 여겨지는 사회, 모든 사람이 비슷한 생활기회를 얻을 수 있는 사회, 일터, 학교, 그리고 보다 광범한 공동체에 강하고 긍정적인 관계가 존재하고 그 관계가 지속적으로 발전되는 사회.[9]

이것은 대단히 무리한 요구이다. 정부가 설정한 미래사회 목표를 실현하는 일을 돕는 의무를 학교에 부여하는 것은 학생이 성인 사회의 문제를 상쇄하고 사회변화의 엔진으로서의 역할을 할 수 있다는 순진한 생각에 기초한다.

정치적·사회적 문제에 대한 '교육적 대응'은 불가피하게 교과과정의 정치화를 초래한다. 공동체의 응집성을 증진시킬 의무에 관한 지침들을 살펴보면, 그것은 본질적으로 하나의 정치적인 진술이다. 즉, 그것은 "학교는 자신의 기풍과 교과과정을 통해 공통의 정체성 의식을 고취하면서도 다양성을 유지하여 학생들에게 상이한 공동체들이 어떻게 공통의 경험과 가치로 하나가 될 수 있는지를 보여줄 수 있다"라고 진술한다. 그 지침은 교과과정의 정치화를 통해 성인 사회가 지금까지 회피해온 목표들을 학교가 달성할 수 있기를 바란다.

오늘날 영국에서 도덕적 합의의 부재 문제는 아이들로 하여금 경건한 척하는 상투어들에 복종하게 한다고 해서 해결될 수 있는 것이 아니다. 그리고 이것이 바로 응집성을 증진시키기 위한 지침들이 실제로는 어떠한 지침도 제공할 수 없는 이유이다. 또한 학교가 "학생들에게 타인을 이해하고 공동의 가치를 증진시키고 다양성을 소중히 여기도록 가르쳐야" 한다고 학교에 통보한다고 해서, 그것이 교실에서 어떤 '공통의 가치'를 지지해야 하는지를 알지 못하는 교육자들에게 도움이 될 것 같지는 않다. 많은 경우에 사회공학자들로부터 나오는 지침들은 교사들이 수사를 내면화하여 그럴듯하게 말하는 데 도움을 준다. 그러나 응집성의 수사를 그저 주문처럼 외운다고 해서, 사회가 파편화 의식을 극복할 수 있을 것 같지는 않다.

교과과정 손질하기

정책결정과 심의를 통해 구성된 가치들은 여러 세대에 걸쳐 함양된, 당연한 것으로 간주되는 규범들만큼 영향을 미칠 수 없다. 하버마스가 지적했듯이, 사회공학을 통한 사회화는 도덕적 권위를 강화하기보다는 약화시키는 역효과를 낳는다. 행정적으로 생산된 가치들은 공유된 경험 및 신념의 체계와 유기적 관계를 가지지 못한다. 그러한 가치들은 의문과 회의를 불러일으키기 때문에 본질적으로 불안정하다. 그러한 가치들이 구성되었다는 사실 자체가 왜 다른 전문가가 만든 다른 가치가 아닌 그 가치를 선택해야만 하는가라는 의문을 은연중에 불러일으킨다. 나아가 하버마스는 "문화적 전통이 객관주의적으로 준비되어 전략적으로 이용되는 순간 그 문화적 전통은 바로 그 힘을 상실한다"라고 주장했다. 일단 가치가 행정적 구성 행위의 하나로 인식되면, 근대시기까지 어떻게든 살아남은 전통들의 영향력조차 훼손될 가능성이 크다. 하버마스는 사회화 서사를 객관적으로 구성하려는 프로젝트의 한 가지 사례로 교과과정 설계를 지적하며 다음과 같이 진술했다. "과거의 학교관리가 자연처럼 무계획적으로 그 형태를 갖추어온 규범을 단지 성문화하는 것에 불과했다면, 현재의 교과과정 **설계**는 전통적인 교과과정 유형이 다른 형태였더라면 좋았을 것이라는 전제에 기초한다"(Habermas, 1976: 71). 가치가 이처럼 임의적이고 상황적인 성격을 띠는 순간, 그 가치는 어떠한 내재적 의미도 지니지 못하게 된다. 그 결과 그러한 가치들은 논쟁의 대상이 되고 끊임없이 수정되지 않을 수 없게 된다. 이는 하버마스가 '문화적 사건 불러일으키기'라고 불렀던 것, 즉 교과과정을 끊임없이 손질하는 경향을 초래한다.

지난 20년 동안 잉글랜드에서 학교는 자신들의 이상과 가치를 고무시키기 위한 수단으로 교과과정을 이용하고 싶어 하는 정책 입안자, 도덕 기업가, 옹호단체들로 구성된 경쟁 집단들의 표적이 되어왔다. 그 결과 교육적 쟁점과 정치적 쟁점이 계속해서 혼동되고 있다. 이를테면 2007년 4월 평등기회위원회Equal Opportunities Commission는 성 불평등에 대처하는 방식에 관한 40쪽의 지침을 잉글랜드 학교의 교장과 운영위원들에게 보냈다. 『젠더 평등 의무The Gender Equality Duty』는 교과과정을 주로 태도와 행동을 변화시키기 위한 정치적 수단의 하나라고 간주하는 상상력의 산물이다. 그 위원회는 "젠더 평등 의무는 학교로 하여금 불평등과 조직적으로 맞서 싸우게 함으로써 모든 학생에게 자신의 잠재력을 완전히 실현할 수 있는 환상적인 기회를 제공한다"고 선언했다.[10]

젠더 간극을 메우는 방법과 관련하여 학교에 내려진 훈령과 아이들이 문화적 차이에 보다 민감하도록 가르치는 방법을 개관하고 있는 지침이 교과과정 속에서 서로 각축을 벌이고 있다. 유행하는 대의를 지지하는 모든 사람들이 교과과정의 일부를 탐낸다. 교사전문직협회Professional Association of Teachers의 전 전국 위원장은 학생들에게 "기저귀에 대해 배우게 하기"를 원한다. 따라서 그는 14세에서 16세의 학생들을 대상으로 의무적인 양육수업을 도입할 것을 요구해왔다.[11] 다른 사람들은 교사들이 수업에서 성, 관계, 기후변화, 건강한 식사, 약물, 동성애 혐오, 또는 이슬람 혐오에 대해 이야기하는 데 더 많은 시간을 할애해야 한다고 주장한다.

학교 교과과정은 자신들의 메시지를 홍보하고 싶어 하는 운동가와 사업가들의 싸움터가 되었다. 공중보건 공무원들은 건강한 먹기와 비만에 대해 더 많은 토론수업을 의무적으로 시행할 것을 요구한다. 청소년들의 성생활에 집착하는 전문가들은 학교가 훨씬 더 많은 성교육계획을 도입해야 한다고 주장한다. 다른 사람들은 학교가 흑인 역사 또는 게이 역사에 더 초점을 맞추기를 원한다. 최근 언론은 텔레비전 리얼리티 쇼 〈셀러브리티 빅 브라더Celebrity Big Brother〉에서 방영된 도덕적·문화적으로 무지한 지저분한 장면들에 대해 대대적으로 항의하면서, 많은 사람이 학교가 영국다움을 가르쳐야 한다고 요구했다. 아직까지는 정부가 "텔레비전 리얼리티 쇼에서의 적절한 행동"에 관한 교육을 교과과정에 도입하겠다는 어떠한 계획도 예고하지 않았다. 그러나 유행하는 대의들 중 교실에서 가르치기에 적절한 대의들을 탐색하는 작업은 여전히 계속되고 있다. 2007년 초에 전 교육부 장관 앨런 존슨은 자신이 지구온난화 과목을 도입했을 뿐만 아니라 영국이 노예무역에 관여했음을 역사 교과과정의 필수 부분으로 가르치게 했다고 전했다.

존슨이 볼 때, 역사 과목은 지리 과목과 마찬가지로 유행하는 최신 대의나 가치를 전달하는 과제를 맡아야만 한다. 하지만 존슨은 하나의 고유한 학술연구 분야의 일부로서의 노예무역에는 관심이 없다. 그는 노예무역 과목을 다문화적 영국이라는 자신의 생각을 홍보하기 위한 하나의 수단으로 본다. 그는 자신이 개편한 역사 교과과정을 옹호하면서 "이것은 학생들로 하여금 오늘날 영국인이라는 것이 무엇을 의미하는지를 확실히 이해하게 하는 것에 관한 것이다"라고 말했다. 전 교육부 장관이라는 존슨의 명칭은 그가 교육 자체에 아무런 관심도 없는 것처럼 보이기 때문에 어딘가 적절하지 않은 면이 있다. 존슨은 심지어 학교 스포츠조차 그냥 내버려두지 못하고, 체육수업이 건강한 생활양식의 중요성을 강조하고 비만 문제에 대한 인식을 고취해야 한다고 주장했다. 따라서 아이들은 녹색소비자로 행동하는 법, 핵심적인 양육기술을 학습하는 법, 진짜 영국식으로 사고하는 법을 배우고 난 다음에는 어떻게 그리고 왜 체중을 감량해야 하는지를 배우게 될 것이다. 교과과정이 학령기 소년소녀를 완전히 개조하는 데 바쳐진 나머지, 그것은 아이들로 하여금 진정한 교육에 관심을 가지게 하는 방법과 같은 부차적 쟁점들을 다룰 만한 여력이 거의 없게 되었다.

자신들이 하는 일에 진정한 의미를 부여할 수 없을 경우, 교육자들은 최소한 가치와 유사한 어떤 것이나마 전달하기 위해 새로운 대의들에 눈을 돌린다. 이것이 바로 2007년 2월에 존슨이 "우리는 다음 세대로 하여금 그들이 환경에 미치는 영향을 다른 방식으로 사고하게 할 필요가 있다"라고 공표했을 때 배후에 숨어 있던 의도였다. 존슨은 아이들의 문화적 전망을 틀짓는 것이 목적이던 그 프로젝트를 다음과 같은 보다 고차원적 진리에 호소함으로써 정당화했다. "만약 우리가 다음 세대에게 우리의 행동이 어떻게 지구온난화를 완화하거나 유발할 수 있는지를 주입시킬 수 있다면, 우리는 글자 그대로 세상을 구하는 문화적 변화를 이끌어낼 수 있을 것이다."[12] 다시 말해 지리 교과과정을 손질하고 그것을 이용하여 아이들에게 기후변화를 가르치는 것은 세상을 구하는 일이기 때문에 그렇게 할 만한 충분한 가치가 있는 일이라는 것이다. 그러나 이 고상한 수사 아래에는 몇 가지 기본 가정이 자리하고 있다.

교과과정이 점점 더 정치적 목적을 홍보하고 아이들의 가치, 태도, 감성을 변화시키는 수단으로 간주되고 있다. 하지만 교과과정의 개편을 요구하는 옹호단체들은 대부분 자신들이 영향을 미치고 싶어 하는 교과목에 최소한의 관심조차 없다. 그들이 관심을 갖는 것이라고는 성명서를 발표하여 자신들의 대의를 인정받는 것이다. 이것이 바로 자유민주당 지도자 닉 클레그Nick Clegg가 교육은 동성애 혐오와 맞서 싸워야 하고 교육기준청 장학사들은 학교가 이 문제를 얼마나 잘 처리하고 있는지를 평가해야 한다고 주장했을 때 하던 일이다.[13] 성 전문가들은 성교육에 할애되는 시간을 늘려야 한다고 지속적으로 요구한다. 2008년 7월에 성적 건강과 HIV에 관한 독립 자문단Independent Advisory Group on Sexual Health and HIV은 학생들이 불충분한 교육을 받고 있는 것은 성교육이 필수과목이 아니기 때문이라고 지적했다. 같은 달에 가족계획협회Family Planning Association와 브룩Brook은 4세 아이들도 연령에 적합한 '의무 성교육'을 받아야 하며 성과 관계 교육 역시 수학과 영어 같은 여타 필수 교과목들과 유사한 지위를 교과과정에서 누려야 한다고 주장했다. 이 옹호단체들이 '필수'를 강조하는 것은 사회공학적 정명이 지닌 특징이다. 이러한 맥락에서 NSPCC는 감정에 대한 조언이 성교육의 필수 항목이 되어야 한다고 요구해왔다.[14] NSPCC가 조언에서 필수로 쉽게 개념적 비약을 감행한다는 사실은 그 단체가 염두에 두고 있는 것이 감정적 교화의 한 형태라는 것을 보여준다.

때때로 전통주의적 비판자들이 성교육을 학교 필수과목으로 바꾸려는 캠페인에 문제를 제기하기도 하지만, 서로 다른 대의들을 둘러싼 많은 유사한 계획이 사람들의 눈에 띄지 않은 채 진행된다. 2008년 9월에 정부는 국가 교과과정을 개정하여 11세의 어린 소년들에게 좋은 아버지가 되는 법을 가르칠 것이라고 발표했다. 아이들은, 만약 그들이 자신의 자녀를 유기한다면 고소를 당하고 징역형을 받을 수도 있다는 말을 듣게 될 것이다. 그렇다면 이 계획은 어디에서 나온 것인가? 확실한 것은 그것이 교실에서 발견되는 교육학적 문제에 대한 대응은 아니라는 점이다. 오히려 그것은 "자녀 양육비를 대지 않는 아버지"에 대해 무언가 조치를 취해야 한다고 강하게 느끼는 정책 입안자와 전문가들의 심의에서 나왔다. "무엇을 해야 하는가"라는 문제가 제기될 때면, 이제는 정형화된 해결책, 즉 국가 교과과정에서 그 문제를 다루어야 한다는 답이 제시된다. 따라서 아동양육비집행위원회의 위원장인 자넷 파라스케바Janet Paraskeva는 "국가 교과과정이 아이들로 하여금 자신들이 언젠가는 자신들의 자녀를 재정적으로 책임져야 한다는 것을 깨닫게 하는 무언가를 할 필요가 있다"라고 진술했다. 파라스케바는 "우리는 어린 나이의 아이들에게 부모가 된다는 것의 재정적 책임을 이해시키기를 원하기" 때문에 "이것이 국가 교과과정에 단지 하나를 추가하는 것만은 아닐 것"이라고 아주 진지하게 주장했다.[15]

수년 동안 각 정부들은 잇따라 교과과정과 관련하여 자신들이 "무언가를 해야만 한다"는 태도를 취해왔다. 현재 학교는 다른 계획들 가운데서도 특히 먹기, 관계, 성, 약물, 이민자, 흡연, 운동, 공적 사건, 환경 쟁점, 개인 금융에 대한 태도를 변화시키는 일에 몰두하고 있다. 장학사들은 이제 학교가 아이들의 웰빙을 향상시키기 위해 어떤 일을 하고 있는지, 그리고 학교가 사회공학자들이 구성한 어젠다를 얼마나 성공적으로 실행하고 있는지에 의거하여 학교를 평가한다. 한 보고서에 따르면, 잉글랜드에서 학교는 "세상에서 가장 면밀히 조사받는 기관들 가운데 하나"이다.[16]

사회공학은 '조기 개입' — 일상생활에서 쓰는 표현으로는 가능한 한 어린 나이의 아이들에게 영향을 미치려는 시도를 지칭하는 관념 — 에 집착해왔다. 이 관점에서 볼 때, 네 살 아이를 성교육의 대상으로 삼는 것은 매우 일리 있는 일이다. 최근에 조기 개입의 강박적 집착은 도덕 개혁가들로 하여금 유아원에 관심을 집중하게 했다. 국립아동국National Children's Bureau은 2008년 7월에 출간한 『어린 아이와 인종 정의Young Children and Racial Justice』에서 유아원 교사는 "유아들에게 인종차별적 발언을 하지 않도록 정신을 바짝 차려야 한다"라고 지적했다. 336쪽에 달하는 이 지침서의 목적은 유아원 노동자들로 하여금 인종차별적 태도의 표지 역할을 하는 '단서들'에 민감하게 만듦으로써 유아들의 사고방식을 변화시키는 것이다. 유아가 자신의 요리와는 다른 요리전통들에 대해 '우웩' 하는 소리를 내며 부정적으로 반응하는 경우가 그러한 단서의 한 가지 사례이다. 유아가 경험한 적 없는 음식에 보이는 그러한 반응은 분명 그 음식과 관련된 사람들에 대한 부정적 느낌들을 나타내는 것으로 보일 수도 있다.[17] 글래스고에서 조기 개입은 취학 전 아이들에게 인종차별 반대 교육을 실시하는 형태로 이루어져왔다. 지방의회 의원인 고든 매서슨Gordon Matheson은 "차별적이거나 편파적인 행동 경향을 빨리 알아챌수록 그것과 맞서 싸울 기회를 더 많이 얻게 된다"라고 주장한다.[18]

내용 없는 시민의식 교육

학생들에게 현재 유행하는 가치들을 주입하기 위해 행해지는 이러한 부단한 시도는 오늘날의 도덕적 혼란이 일반적 상황임을 보여준다. 영국의 문화 엘리트들은 훌륭한 시민이 된다는 것이 무엇을 의미하는지를 이해시키거나 또는 공공선의 전망을 명확히 하는 대신, 자신들의 모든 관심사를 하나의 학교 교과목으로 만들기를 더 좋아한다. 교실에서는 공적 삶에서 미해결된 문제들이 극히 단순한 교육수단으로 변형되기도 한다. 사회공학의 편견이 교과과정을 어떻게 변질시키는지를 아주 잘 보여주는 사례가 바로 시민의식 교육이다.

시민의식 교육은 학교를 활용하여 사회문제를 해결하려는 야심찬 시도의 하나이다. 학교는 항상 청소년들에게 공적 삶을 지적·도덕적으로 준비시키고 공동체와 보다 광범위한 사회에 대해 그들이 지는 책임을 이해시키기 위해 노력해왔다. 그리고 때때로 학교는 사회적 가치를 아이에게 확실하게 전달하기 위해 독특한 세계관을 장려하기도 했다. 시민의식 교육의 독특한 특징들 중 하나는 그것이 이처럼 교화를 열망하면서도 아이들에게 어떤 가치를 가르쳐야 하는지에 대해 확신하지 못한다는 것이다. 시민의식이 교육의 명시적인 목표가 된 것은 1990년대에 들어서면서부터였다. 1997년에 새로 설립된 시민의식자문단Advisory Group on Citizenship은 이 주제를 교과과정에 도입하는 것에 대해 조언하는 책임을 부여받았다. 스탠디시가 지적하듯이, 그 단체의 목적은 청소년들이 보다 "사회적으로 책임 있는 태도를 지니고 행동하도록" 교육함으로써 "'국가의 정치문화'를 변화시키는 것"이었다(Standish, 2009: 76~77). 이것은 책임 있는 시민이라는 생각이 일상적인 영국 사회에서 거의 어떠한 의미도 지니지 못하는 시대에 교실에서 시민을 창조하겠다는 야심찬 사회공학 프로젝트였다.

하지만 처음부터 이 사회공학 프로젝트의 제안자들은 자신들의 임무 내용에 대해 혼란스러워했다. 2000년 9월 잉글랜드와 웨일즈의 초등학교에서 시민의식 교육이 국가 교과과정의 일부가 되었을 때, 많은 교사가 학생들에게 무엇을 가르쳐야 하는지에 대해 확실히 알지 못했다. 중등학교 역시 비슷한 상황이었다. 2002년 7월에 교육기준청 장학사들은 잉글랜드의 많은 중등학교가 2000년 9월 이후 도입된 시민의식 교육에 대한 준비가 제대로 되어 있지 않다고 경고했다. 1년 후 장학사들은 학교가 혼란스러워 하고 현실에 안주하고 있는 것처럼 보인다고 불평했다. 시민의식 교육의 수준은 "대체로 낮았고", "관리는 매우 불만족"스러웠다. 2005년에 발간된 보고서에서 교육기준청은 "시민의식 교육이 정의상의 문제로 인해 실행에 어려움을 겪어왔다"라고 시인했다. 달리 말해 교육자들이 이 필수과목의 내용에 대해 혼란스러워했다.[19]

학교 장학사들은 시민의식 교육을 거듭 비판해왔다. 그리고 시민의식 교육의 주요 지지자들이 그 교과목이 무엇에 관한 것인지 또는 무엇에 관한 것이어야 하는지에 대해 거의 알지 못하는 것처럼 보인다는 점을 고려할 때, 그러한 비판은 실제로 놀랄 만한 일이 아니다. QCA의 전 최고책임자 닉 테이트Nick Tate는 시민의식 교육이 "가치, 참여, 의무를 고무하고 전달하는 것"이라고 주장했다. 그러나 "어떤 가치인가?"라는 명백한 질문은 조심스럽게 회피되었다. 대신에 시민의식 교육을 옹호하는 사람들은 자신들의 입에 맞는, 아무도 반대할 수 없는 감상들을 가치로 변신시켜 하나의 목록으로 대충 꿰어 맞추었다. 공평성, 정직, 공동체와 나란히 참여와 투표조차 가치로 전환되었다.

몇 해 지나자 시민의식 교육의 방법과 의미는 학교가 시민의식을 교과목의 하나로 가르치기 시작했을 때보다도 훨씬 더 불명확해졌다. 2007년 1월에는 학교의 시민의식 교육 방법을 재검토한 결과, 그 교과목이 영국적임이 의미하는 것에 대해 어떠한 것도 전달하지 못한다는 것이 밝혀졌다. 그것은 행정적으로 구성된 가치들은 상상력을 담아내는 데 항상 실패한다는 것을 보여주었다.

교육학에 대해 최소한이나마 알고 있는 사람이라면, 교실에서 시행되는 사회공학 프로젝트가 잇따라 실패하는 것에 대해 전혀 놀라지 않을 것이다. 도덕적 합의의 부재는 아이들로 하여금 경건한 척하는 상투어들에 복종하게 한다고 해서 해결될 수 있는 문제가 아니다. 아이들을 교육해서 책임 있는 시민이 되게 하는 일에 진정으로 관심을 가지는 사람들이라면, 그것보다는 진정한 지식체계를 대표하는 실제 교과목들에 눈을 돌릴 것이다. 유행하는 최신 '가치'를 진작시키려는 캠페인은 아이들의 학습을 방해할 뿐이다. 가치 주도 교육은 아이들이 홀로코스트가 끔찍한 일이었다는 것을 배우면서도 제2차 세계대전 동안 가장 사상자가 많았던 나라가 어디인지는 알지 못하는 상황을 만드는 데 일조해왔다. 이러한 상황은 노예무역이 나빴다는 것은 알지만 투표권이 영국에서 어떻게 획득되었는지는 모르는 아이들을 만들어낼 것이다.

2008년 2월에 전 교육부 장관 데이비드 블런켓은 아주 소수의 교사들만이 새로운 필수과목인 시민의식 수업을 하고 있다고 경고했다.[20] 그는 "그것이 학생들에게 생생하게 전달하기에는 어려운 새 교과영역"이라는 점을 인정한다. 하지만 그는 시민의식 교육이 이론적 교과목으로서는 전혀 의미가 없다는 것과 교사들도 자신들이 전달할 것으로 기대 받는 내용에 대해 거의 알지 못한다는 것을 스스로 인정할 수는 없었다. 블런켓이 경고한 며칠 후에 교육연구소의 마이클 핸드Michael Hand와 조 피어스Jo Pearce는 교사 300명을 대상으로 실시한 조사에 기초하여 작성한 보고서에서, 교사들이 시민의식 수업의 운영방식에 대해 분명하게 알고 있지는 못했지만 애국심을 "학교에서 가르쳐서는 안 된다"는 점에 대해서는 매우 확신하고 있었다고 주장했다. 이 저자들이 볼 때, 애국심은 "논쟁의 여지가 있는 문제"라고 가르칠 수밖에 없었다. 그리고 "도덕적으로 모호한" 역사를 가진 영국이 아이들의 사랑의 대상이 되어서는 안 되었다.[21]

핸드와 피어스의 애국심 교육 비난과 관련하여 무엇보다 흥미로운 점은 그 비난이 협소한 국가주의에 대해 전통적인 비판을 가하는 것이 아니라 충성심 자체에 대해 근본적인 의문을 던진다는 것이다. 그들은 "국가가 진정으로 사랑의 적절한 대상인가?"라고 수사적으로 질문을 던지고 나서, '국가의 역사'에 대해 특정한 형태의 암묵적인 문화적 적대감을 지녀야 한다고 조언한다. 왜냐하면 그 역사 전체가 "도덕적으로 모호하기" 때문이다. 그들은 "우리가 사랑하는 대상이 우리에게 나쁠 수도 있는데, 우리가 사랑하는 대상이 도덕적으로 타락했을 때" 특히 그러하다고 충고한다. 이 관점은 영국적인 삶의 방식을 구성하려는 시도를 넌지시 도덕적으로 비난한다. 물론 애국심은 일반적으로 악당들의 종교라고 주장하는, 존중할 만한 사례도 있다. 그리고 사람들에게 진정한 보편적 가치들을 받아들일 것을 권고하는 존중할 만한 교육학적 전통도 존재한다. 그러나 핸드와 피어스의 애국심 비판은 그러한 감성과는 별 관계가 없다. 그들의 비판은 애국심의 조작을 경계하는 데 그치지 않고 아이들에게 자신들의 국가에 대해 좋게 느끼지 말라고 조언한다. 이 보고서가 조사한 교사들의 3/4이 이러한 감상에 명백한 동의를 표했고, 학생들에게 애국적 감정의 위험을 경고할 의무가 자신들에게 있다고 느꼈다고 진술했다. 그러한 입장을 취하는 교사들은 아마도 어떤 특정한 공동체를 마음속에 그리거나 어떤 특정한 의미를 부여하지 않는 채 시민의식을 그냥 정체성의 한 형태라고 가르칠 것이다. 아이들에게 어떤 가치를 사회화할 것인가와 관련한 이 두 가지 진술은 거의 언론의 주목을 받지 못했다. 다시 말해 학교가 아이들에게 그들이 누구인지에 대한 이야기를 제공할 수 없으며 또 아이들에게 보다 폭넓은 충성심을 권고할 수도 없다는 생각은 공적 대화에서 좀처럼 언급되지 않았다.

시민의식 교육을 괴롭히는 막연한 불안의 책임을 교직에 돌려서는 안 된다. 시민의식 교육의 주요 지지자들이 그 교과목이 무엇에 관한 것인지에 대해서 별 생각이 없었다는 것은 처음부터 분명했다. 시민의식의 의미에 대한 논쟁은 상투적인 말들의 교환으로 변질되었다. 공평성, 정직, 공동체와 나란히 참여와 투표도 가치가 되었다. 시민의식 교육과 관련한 주요 자문위원이던 버나드 크릭Bernard Crick 교수는 "학생들이 적극적으로 시민의식에 헌신하고, 자발적으로 봉사에 참여하고, 환경에 관심을 가져야 한다"라고 진술했다. 달리 말해 이론적인 교과목을 공부한다는 구실 아래 실제로는 어린 학생들에게 지배적인 정치적 행위 규범이 요구하는 특정 형태의 행동을 받아들이게 하는 것이다. 그 교과과정이 참여의 가치에 중요성을 부여한다는 것은 그 과목이 도덕적·실제적 내용을 결여하고 있음을 보여준다. 학생들은 그 교과과정에 의거하여 "학교와 공동체에 기초한 활동들에 참여하여, 자기 자신과 타인에 대한 태도 속에서 개인적·집단적 책임을 입증할 것"을 요구받는다. 하지만 그 같은 참여 권유는 무엇이 좋은 사회를 구성하는지 또는 책임 있는 시민이 된다는 것이 무엇을 의미하는지와 같은 특정한 전망들에 근거하지 않고 있다. 또한 학생들에게 어떤 종류의 공동체 기반 활동에 참여하라는 것인지도 분명하지 않다. 학생들에게 여우사냥에 나가란 말인가? 술집에 가란 말인가? 아니면 새로운 슈퍼마켓 건설에 반대하란 말인가? 시민의식 교과과정이 참여에 의미를 부여하지 못한다는 것은 그 교과목의 주창자들이 바람직한 시민이 된다는 것이 무엇을 의미하는지를 설득력 있게 설명할 수 없다는 것을 뜻한다. 시민의식 교육은 이론적 교과목이 아니라 논거를 찾고 있는 하나의 대의이다. 따라서 조사 대상 학생의 10%가 시민의식 수업에서 무엇을 배웠는지 알지 못한다고 응답하고 또 다른 17%의 학생이 수업과 관련하여 기억할 만한 것이 아무것도 없다고 응답한 것은 놀랄 만한 일이 아니다.

시민의식 교육은 연성 사회공학이 작동하는 방식을 보여주는 전형적인 사례의 하나이다. 옹호자들은 시민의식 교육이 사회의 정치문화를 변화시킬 것이라고 큰소리쳤지만, 이 교과목이 명확성과 내용 모두를 결여하고 있다는 사실이 곧 자명해졌다. 연성 사회공학의 대부분의 형태가 그렇듯이, 시민의식 교육은 가치 교육에서 가치 명료화로 강조점을 이동시켰다. 시민의식 수업은 개인적 가치와 행동을 '성찰'하는 데 점점 더 많은 시간을 할애하고 있으며, 사회에 대한 보다 광범한 전망을 제공하기보다는 개인의 태도에 영향을 미치는 일에 초점을 맞추고 있다. 이런 점에서 시민의식 교육을 옹호하는 사람들은 자신들이 아이들에게 시민이 되는 데 필요한 지적 자원을 제공하기보다는 아이들이 미래의 시민처럼 행동하는 법을 배우는 것을 돕는 일을 하고 있다고 주장할 수 있다. 연성 사회공학은 아이들에게 영향을 미치기 위해 행동관리와 치료요법 수단들에 의존하며, 그것이 지지하는 가치들은 공식적으로 인정되는 형태의 개인행동과 관련된 가치들이다. 이 프로젝트의 제안자 가운데 한 사람은 다음과 같이 쓰고 있다. "시민의식 교육은 특정한 지식 및 기술 체계를 포함하고 있다. 그러나 시민의식 교육은 자신감, 바람직한 관계, 책임 있는 행동, 탐구, 의사소통, 학교와 공동체에 대한 적극적 참여를 고무하는 학습법이자 교수법이며 학교생활의 방법이다"(Alexander, 2001: 17). 이 저자는 대체로 시민의식 교육과 관련 있는 '지식체계'보다는 시민의식 교육이 갖는 수많은 치료요법적 이점에 대해 훨씬 더 상세하게 기술한다. 거기서 중요하게 고려되는 것은 사회가 시민들에게 기대하는 바를 지적으로 명확하게 하는 일이라기보다는 시민의식 교육이 행동에 영향을 미칠 수 있는 잠재력이다.

사회변화의 엔진으로서의 교육

지난 30~40년 동안 학교에 대한 정치적·경제적 기대는 꾸준히 증가해왔다. 1970년대 초반 노동당의 유력 정치인 앤서니 크로슬랜드Anthony Crosland는 정치와 교육의 분리라는 관념을 가차 없이 비판했다. 그는 "소수의 사람들은 여전히 사회적·정치적 열망과 교육을 어쨌든 분리할 수 있고 또 분리해야 한다고 생각한다"라고 쓰고 나서 "그러나 당연히 그들은 그렇게 할 수 없고 그렇게 해서도 안 된다"라고 주장했다(Crosland, 1982[1974]: 27). 크로슬랜드는 조기 선발을 폐지하고 통합 교육을 도입하는 것이 "어린 시절의 실패감을 줄여줄 것"이라고 믿었다. 오늘날의 사회공학자들이 보여주는 야심과 비교하면, 크로슬랜드의 포부는 상대적으로 소박했다. 1970년대 이래로 교육에 거는 기대의 비중은 꾸준히 증가하여 교육을 사회변동의 주요 동력으로 표현하는 데까지 이르렀다. 현재는 교육이 너무나도 정치화되어 있기 때문에, 많은 경우에 정책 입안자들이 교실의 일상적 현실과 유리되어 있는 것처럼 보일 정도이다. 2008년 9월에 혁신·대학·기술부 장관 존 데넘은 "교육은 사회정의의 수단이며, 아마도 우리가 가진 가장 강력한 도구일 것이다"라고 진술했다.[22] 데넘의 발언은 사회가 사회·경제정책, 문화생활, 또는 혁신동력을 이용하여 긍정적인 변화를 이룰 수 있다는 것과 관련한 패배주의적 의식에 대해 에둘러 유감을 표현한 것이었다. 그 발언은 또한 공적·정치적 활동이 사회정의를 달성할 수 있는 잠재력을 지니고 있다는 것을 사람들이 믿지 않고 있다는 사실을 자신이 알고 있음을 드러내는 것이기도 했다. 그는 교육을 "우리가 가진 가장 강력한 도구"로 특성화함으로써, 지금까지 공적 삶에 할당되었던 역할을 학교가 수행할 수 있을 것이라는 비현실적인 기대를 전달한다.

데넘이 교육을 "가장 강력한 도구"로 묘사했을 때, 그는 사회공학자의 언어로 말했다. 그의 도구주의적 표현에 따르면, 교육은 교육 외부의 목적을 달성하기 위한 수단으로 개념화된다. 일단 교육이 이러한 도구적 지위를 할당받으면, 교육 내용은 교육 외부의 목적을 실현하는 데 예속된다. 교과과정을 손질하는 것은 항상 교육의 평가절하로 이어진다. 이 과정이 초래한 파괴적 결과는 학교 교육을 통해 사회적 불평등을 극복하고자 했던 정책들이 교과과정의 지적 내용을 축소시키는 것으로 이어졌던 것에서 확인할 수 있다.

학교는 불우한 배경을 가진 아이들이 1등급 교육을 받도록 돕는 데서 중요한 역할을 한다. 바람직한 교육체계는 모든 아이의 학습을 격려하고, 그들이 잠재력을 계발하고 실현하는 길에 그 어떤 장애물도 놓이지 않게 하기 위해 노력한다. 대부분의 교육체계는 이 지점에서 실패한다. 그리고 노동계급 출신 아이들이 받는 교육의 질은 자주 중간계급 출신 아이들이 누리는 교육의 질에 비해 열악할 수밖에 없다. 이는 가난한 가정의 학생들이 가장 좋은 중등학교들에 들어가기 위해서는 적지 않은 장애물들을 넘어야 하는 잉글랜드에서 특히 문제이다.[23] 정부들이 교육 성취에서 나타나는 사회적 불평등을 극복하기 위해 잇따라 실시한 여러 시도들이 목적을 달성하지 못한 데에는 많은 이유가 존재한다. 그 이유 중 하나가 학교만으로는 사회적으로 불리한 상태를 극복할 수 없다는 것이다. 최근의 교육개혁 물결이 실패한 또 다른 이유는 개혁이 교육적 해결책이 아닌 행정적 해결책에 의존하기 때문이다.

최근 몇 십 년간 불우한 배경을 가진 학생들의 성취도를 올리는 데 실패하자 사회공학자들은 교육의 내용을 끊임없이 함부로 고쳤다. 그들은 바람직한 교육에 방해가 되는 사회적·문화적 장애물들과 맞서 싸우는 것에서 교육 자체를 사회적 평등을 달성하는 데 방해가 되는 장애물로 제시하는 쪽으로 초점을 이동시켰다. 이러한 강조점의 변화를 가장 분명하게 보여주는 것이 바로 사회적 포함 정책이다. 교육에서 이 정책은 모든 사람이 똑같이 교육을 받는 데 방해가 되는 어떠한 장애물도 제거할 것을 요구한다. 포함 교과과정은 모두에게 열려 있을 뿐만 아니라 모든 사람이 교육에서 배제되어 있지 않다고 느끼게 만드는 교과과정이다. 이것이 바로 이른바 '포함 교육inclusive education'의 주창자들이 전통적인 교과목에 '엘리트주의적' 또는 '중간계급'이라는 꼬리표를 붙이면서 그러한 교과목의 학습을 사회적 배제의 한 형태라고 빈번히 공공연하게 비난하는 이유이다. 사회적 포함을 옹호하는 사람들이 물리와 수학처럼 지식에 기초한 보다 도전적인 교과목들을 자주 비판하는 이유는 모든 아이가 그러한 교과목들에 쉽게 접근할 수 없기 때문이다. 싱크탱크 생각연구소Institute of Ideas의 소장 클레어 폭스Claire Fox의 말대로, 사회적 포함의 주창자들이 아이들의 잠재력 실현을 방해하는 장애물들을 제거할 것을 주장할 때 그들은 "과거 급진주의자들이 그랬던 것처럼 사람들로 하여금 지식과 사상에 접근하지 못하게 하는 사회적 장벽들을 제거하자고 말하는 것이 아니다". 그들의 목적은 이론적 교과목 중심의 교육이라는 장벽을 제거하고 모든 사람을 포함시키는 교육으로 교과목 중심 교육을 대체하는 것이다.[24]

사회적 포함이라는 어젠다가 우위를 점하고 있다는 사실은 사회적 배경이 서로 다른 아이들 모두에게 지적으로 도전적인 교육을 제공하려는 프로젝트에 대한 믿음이 상실되었다는 것을 보여준다. 과거에 개혁가들은 아이들이 양질의 교육을 받는 것을 가로막는 사회적 장벽을 제거해야 한다고 강조했다. 오늘날에는 포함이라는 사회공학적 정명이 학교 교육의 내용보다 우선시된다. 이것이 바로 점점 더 많은 정책입안자와 교과과정 전문가들이 이론 교육을 극복해야 할 장애물로 간주하는 이유이다. 그리고 이것은 사회공학적 관점이 교육의 힘을 수사적으로 찬양함에도 불구하고 학교 교육의 내용을 진지하게 고려하지 않는다는 것을 보여준다.

때때로 사회공학은 교과과정을 정치화하는 경향 때문에 비판받기도 한다. 그리고 일부 교육자들은 그러한 경향이 지적 수준의 저하를 초래할 것이라고 우려한다. 그러한 우려는 아이들의 교실 경험에 의해 너무나도 자주 사실로 입증된다. 그러나 아마도 사회공학의 가장 해로운 결과는 그것이 학교 교육에 대한 반지성적 교육학의 힘을 강화한다는 점일 것이다.

제6장

교육에 대한 믿음의 상실

많은 서구 사회는 교육에 대해 모순된 태도를 취해왔다. 외견상 교육은 사회를 변화시킬 수 있는 잠재력에 대해 과대평가라고 할 정도로 찬양받는다. 정치인들은 교육의 미덕을 칭찬하고 자신들의 학교 교육 개혁이 경제를 변화시키는 데 일조할 것이라고 주장함으로써 비현실적인 기대감을 창출한다. 하지만 사회의 문제를 해결할 수 있는 교육의 잠재력이 과대평가되는 데 반해, 아이들에게 지적으로 도전적인 문제들과 맞서도록 고무하는 교육의 능력은 과소평가된다.

교육기관은 사고의 힘을 신뢰하기가 어렵다는 사실을 발견한다. 교육자들은 교사들로 하여금 전공과목 전문지식을 발전시켜 양질의 사고력을 가지고 학생들에게 계속해서 영감을 줄 수 있게 하기는커녕, 교실행동을 관리하는 동기부여 기법들을 신뢰하는 쪽을 택한다. 이른바 교육개혁과 교육학적 혁신은 어떻게 하면 청소년들의 지적 발달을 가장 잘 촉진할 수 있는가라는 문제를 한결같이 외면한다. 그 대신에 개혁과 혁신은 새로운 심리교수법(학습 스타일, 뇌의 기능, 사고 기술, 감정지능, 또는 다중지능)에 기대를 걸고, 시장조사와 심리학적 기법들에 의존하여 학생들에게 동기를 부여하는 장치들을 고안해왔다(Burton, 2007: 8~9). 교육이 기법들에 의존하게 되면서 교육은 최신 유행에 민감한 영역으로 바뀌었다. 이러한 교수법은 학습 스타일에는 집착하지만, 학습되는 지식에는 전혀 관심이 없다.

교육학이 이처럼 지식에 부차적인 지위를 할당하는 것은 교육의 지적 내용에 대한 정책 입안자들의 학습된 무관심을 보여준다. 새로운 정책들은 교육제도 안에서 이루어지는 지식습득과 지적 발달의 역할을 너무나도 자주 평가절하한다. 게다가 더 심각한 것은 아이들을 변화시키고 발전시킬 수 있는 교육의 잠재력을 거의 신뢰하지 않는 교육학이 학교를 지배하고 있다는 것이다.

그렇지만 하나의 사회공학 프로젝트로서의 교육이 품고 있는 팽창 야심에는 한계가 없어 보인다. 2005년 3월에 잉글랜드 정부는 0세에서 5세까지의 아이를 대상으로 새로운 교과과정을 시작했다. 영유아기 기초단계Early Years Foundation Stage 교과과정은 옹알거리는 소리에서 재잘거리는 소리로 넘어가는 단계에 있는 아이들의 발달을 표적으로 하여 지침을 제공한다. 모든 아이의 발달은 13개의 평가척도에 따라 정밀하게 조사되어 6개의 학습과 발달 영역으로 분리된다.[1] 정부는 이 정책이 실행될 경우 40개월 된 어린아이조차도 "시민의식 수업"에 참여할 수 있을 것이고, 따라서 "사람들이 서로 다른 욕구, 견해, 문화, 신념을 가지고 있고, 그것들은 존중되어야만 한다"는 것을 이해할 수 있을 것이라고 확신한다. 관료집단이 조기 학습의 마술적 힘에 대해 가지는 확신은 그 집단이 물리나 수학 같은 지적으로 도전적인 과목들과 마주 대할 수 있는 청소년들의 잠재력을 믿지 못하는 것과 분명하게 대조된다. 나아가 40개월 된 어린아이들이 시민의식 수업에 참여할 수 있을 것이라는 주장은 유아들이 개념적 능력을 지녔다는 사실보다 시민의식 교과목의 내용이 너무나도 뻔하다는 사실에 대해 더 많은 것을 말해준다.

젖먹이와 유아의 돌봄을 공식화하여 그들을 '조기 학습 목표'에 따르게 하려는 이 초고도로 야심찬 노력은 언뜻 보기에 관료집단이 교육의 힘에 무척 헌신한 결과인 것처럼 보일 수도 있다. 하지만 실제로 그 같은 시도에는 초등·중등학교 교육의 효과에 대한 정부의 혼란과 우려가 반영되어 있다. 이 계획은 "무언가를 해야만 한다", 그리고 "빠를수록 좋다"라는 정명에 의해 추동된다. 정책 입안자들은 아이들이 여섯 살이라는 성숙하고 노회한 나이가 될 때까지 기다리면 너무 늦어서 교육이 효과가 없을 것이라는 견해를 가지고 있는 것처럼 보인다. 이러한 믿음 결여가 낳은 유감스러운 결과들 중 하나가 교육을 유아화하는 경향이다. 아장아장 걷는 유아를 위해 만들어진 교과과정은 교육의 의미를 하찮아 보이게 만들 뿐만 아니라 그것이 유년기 이후 청소년들의 학교 교육 모델까지를 제공할 우려가 있다.

교육이 전례 없는 공적 지출의 수령자가 되고 정책 입안자들로부터 지속적인 관심을 받는 시대에 교육에 대한 믿음이 상실되어버렸다는 주장은 우리의 직관에 반하는 것처럼 보인다. 어쨌든 정책 입안자들은 계속해서 학업수준의 향상을 약속해왔고, 또 고등교육을 늘리겠다는 야심찬 목표를 설정해왔다. 그러나 이러한 논의를 추동하는 힘은 희망이 아닌 공포이며, 바로 이것이 그 논의가 자주 실패의 책임이 누구에게 있는지에 대한 논쟁의 형태를 띠는 이유이다. 목표달성의 실패, 학업수준 향상의 실패, 학교의 실패와 교사의 실패를 곱씹는 용어들은 무언가가 크게 잘못되었다는 생각을 담고 있다. 은연중에 도출되는 결론은 교육 자체에 문제가 있거나 아니면 적어도 고전적으로 교육이라고 여겨져오던 것에 문제가 있다는 것이다. 이것이 바로 수많은 정책진술과 교육학 연구논문들에서 '교육'이라는 단어가 '학습'과 '기술' 같은 용어들로 대체되어온 이유이다. 한 연구자 집단은 "최근의 문서들에서 교육이라는 용어가 의무교육 이후의 단계를 지칭하기 위해 최소한으로만 사용되는 것은 신중하게 계획된 전술의 일환인 것처럼 보인다"라고 지적하면서, "교육이라는 용어를 학습과 기술로 대체하는 것에는 어떤 메시지 또는 권력관계가 함축되어 있는가?"라고 묻는다(Finlayet al., 2007: 6). 관료집단이 '교육'이라는 용어의 사용을 꺼리는 것이 계획적인지 아닌지의 여부는 추측의 문제이다. 하지만 이러한 용어상의 변화가 의무교육 이후의 교육에서만 나타나는 것은 아니라는 점은 확실하다. 이러한 추세를 보여주는 가장 충격적인 사례들 중 하나가 2007년에 『비전 2020』이라는 제목으로 발간된 정부위탁 보고서이다. 그 보고서는 2020년에 공식적인 '개별 맞춤 학습' 정책이 어떤 모습으로 실행되고 있을지를 개관하고자 한다. 그 보고서가 제시하는 '비전'에서는 '교육'이라는 단어가 좀처럼 언급되지 않는다. 그 보고서가 제시한 미래 목표는 "모든 아동과 청소년이 영어와 수학에서 기능적인 기술을 익히고, 창조적으로 학습하고 사고하는 법과 위험을 감수하고 변화에 대처하는 법을 터득하고 나서 학교를 나서게 하는 것"이다.[2] 그 보고서는 정보기술에 대해서는 많은 것을 이야기하지만, 이론 학습에 대해서는 거의 이야기하지 않는다. 그 보고서가 협소하게 기술에 초점을 맞추고 학교 졸업생들에게 기능적 기술을 제공하는 것을 목표로 삼는다는 사실은 정책 입안자들이 교육제도에 대해 낮은 기대를 가지고 있음을 보여준다.

이 프로젝트가 교육의 지적 내용을 축소시키고자 한다는 것은 교과목 중심의 교과과정이 정규 교육에서 수행하는 중심적 역할에 의문을 제기하는 용어들 속에서 계속해서 시사되어왔다. 전문가들이 탄성을 지른 단어가 바로 '학습'이다. 이 용어를 선호한다는 것은 강조점이 정규 교육에서 포괄적 과정으로서의 학습으로 전환된다는 것을 의미한다. 학습으로의 용어 전환은 교육 외적 경험을 긍정적으로 평가한다는 것을 말해준다. 전문가들은 공중에게 청소년들이 학교 밖에서 학습하는 것들이 학교에서 받는 교육만큼이나 (비록 더 중요하지는 않더라도) 중요하다고 거듭 주지시킨다. 그들은 사람들이 생활을 통해 학습하는 것들이 공식 성적으로 인정되어야 하고, 학교도 '체험학습'에 높은 가치를 부여해야 한다고 주장한다. 평범한 매일의 일상적인 학습이 체험학습으로 이미지를 변신함에 따라, 교육자들은 사람들이 자신들의 노동과 삶에서 얻는 일상적 통찰을 성적으로 인정하게 되었고 또 인정할 것을 주장하게 되었다.

체험학습을 성적으로 인정하는 것은 모든 형태의 지식과 경험에 가치를 부여하는 민주적 태도의 하나로 제시된다. 그러나 평범한 것들의 중요성을 부풀리는 것은 정규 학교 교육의 역할을 평가절하하게 한다. 이러한 감상은 평생학습의 이상을 교육의 이상으로 묘사하는 경향에 내재되어 있다. 평생학습 옹호자들은 겉으로는 교육의 중요성을 찬양하지만, 평생학습이 실제로 내세우는 주장은 자주 학교가 개인의 교육에서 수행하는 중심적 역할에 의문을 제기한다. 학교는 자주 개인이 '생활을 통한 학습'이라는 도전적 과제에 착수하기 전 거치는 짧은 단계에 불과한 것으로 묘사된다.

'학습'은 '교육'과는 매우 다른 어떤 것을 의미한다는 점을 지적하는 것이 중요하다. 한 정의에 따르면, "학습은 이해력 또는 능력의 증대로 정의될 수 있다"(Finlayet al., 2007: 5). 사람들은 온갖 종류의 상이한 사회적 환경 속에서 자신들이 경험하는 것으로부터 학습하며, 일상생활로부터의 학습은 개인들에게 통찰, 기술, 상식을 제공한다. 그러나 경험을 통한 학습이 개인의 발달에 필수적이기는 하지만, 그것이 교육은 아니다. 교육은 사회가 가장 본질적인 것으로 여기는 유형의 지식과 문화적 유산을 청소년들에게 제공하는 목적의식적 프로젝트이다. 교육은 사람들의 삶과 연관되어 있으며, "아이가 경험을 체계화하고 구조화하는 것"을 돕는 중요한 역할을 한다(Simon, 1981: 139). 그러나 교육의 목적은 아이들에게 경험을 통해 직접 획득할 수 없는 지식을 제공하는 것이다. 교육은 잠재적 보편성을 지니며 인류의 과거 경험에 의거한 지식을 제공한다. 따라서 교육은 아이의 경험 바깥에 존재하는 지식을 교실로 가져온다. 학습이 21세기 교육학의 주축 개념이 된 것은 바로 이러한 교육관이 시대에 뒤떨어진 것으로 간주되기 때문이다. 학습을 교육의 임무로 규정하는 최근 경향을 뒷받침하고 있는 것이 바로 지식이 학교 교과과정에서 차지하는 상대적 중요성을 최소화하고자 하는 강력한 충동이다. 지식 중심 교과과정의 가치저하보다 교육에 대한 믿음 상실을 더 확실하게 보여주는 것은 없다.

'학습자' 또는 '학습'이라는 용어의 본래 의미가 무엇이든 간에, 이 용어들은 현재 고전적 또는 자유주의적 인본주의의 교육 이념과 상반되는 가정들을 전달하기 위해 사용된다. 교과과정 공학자들이 "우리는 모두 학습자이다"라고 외칠 때, 그들은 그저 또 다른 진부한 생각을 토로하는 데 그치는 것이 아니라, 권위 있는 교사들의 지도하에 수행되던 목적의식적인 교육 관념을 암암리에 문제시하는 것이다. 우리 모두는 거리에서 행하는 생활을 통해 학습할 수도 있다. 그러나 생활을 통한 학습이 교실에서 진행되는 교육의 한 변종일 수는 없다. 그리고 학교 안에서 우리가 필요로 하는 것은 학습 중이 아닌 교육 중인 교사이다. 물론 만약 교사가 학습하고 싶어 한다면, 그는 또 다른 또는 보다 높은 수준의 교육과정에 참여함으로써 그 뜻을 추구할 수 있다.

학습의 장애물로서의 지식 중심 교육

교육은 여러 상이한 목적들에 기여할 수도 있다. 하지만 교과목에 기초한 지식의 습득에 중심적인 역할이 부여되지 않는다면, 그것은 실제로 교육이 아니다. 영(Young, 2008: 36)이 기술하듯이, "교과과정을 통해 습득된 지식이 사람들의 일상생활을 통해 습득된 지식보다 인지적으로 우월하다는 (또는 적어도 우월할 것이라는) 믿음이 지난 두 세기 간 정규 교육을 엄청나게 팽창시킨 주요한 근거였다". 애석하게도 21세기에는 학교가 이러한 감상을 뒷받침할 준비가 되어 있다고 항상 가정할 수 없다. 교과목에 기초한 지식 습득이 수행하는 중심적 역할을 옹호해야 하는 이유들 중 하나는 교과과정 개혁과 교육학 혁신이라는 이름으로 진행되는 너무도 많은 것이 그러한 역할을 의도적으로 훼손하려 하고 있기 때문이다.

대부분의 부모와 비전문가들은 많은 교육자가 아이들의 역사, 문학, 수학, 또는 과학 지식을 함양하는 데 전념하는 교과목 중심 교과과정을 매우 낮게 평가하고 있다는 것을 알게 되면 놀랄 것이다. 오늘날 전문 교육자들은 "교과목 중심 모형이 21세기는 말할 것도 없고 19세기에도 구식"이었다는 견해를 취하면서, 빈번히 이론적 교과과정을 부적절한 엘리트주의의 유산으로 폄하한다(Johnson et al., 2007: 8). 지적·과학적 발전이 서로 다른 이론적 교과목들을 통해 일어났고 또 계속해서 일어나고 있기 때문에, 문학, 수학, 역사, 지리, 과학, 언어에 기초한 교과과정이 왜 시대에 뒤떨어졌다는 것인지는 전혀 분명하지 않다. 아이들이 이들 교과목을 공부함으로써 얻는 지식은 100년 전이나 200년 전과 마찬가지로, 오늘날에도 구식이 아니다. 그러나 이론적 교과과정이 구식이라는 비난은 교과목의 내용을 진지하게 성찰한 결과 나온 것이 결코 아니다. 보통 그러한 비판은 정치공학이나 사회공학에 근거하여 정당화된다. 무엇보다도 교과목 중심 교과과정은 사회적 포함 어젠다의 목적에 부합하지 않는다고 인식된다. 교과목 중심 교과과정에 반대하는 어리석은 캠페인이 주로 교육적 어젠다가 아닌 정치적 어젠다에 의해 이끌리고 있다는 점을 지적할 필요가 있다. 그러한 논지를 강력하게 펼치는 사람이 바로 교과목 중심 교과과정의 주도적 비판자들 가운데 한 사람인 존 화이트 교수이다. 그는 교과목 중심 교과과정으로 인해 가난한 가정 출신의 아이들이 차별받는다고 주장한다. 왜냐하면 그러한 아이들은 "고도로 이론적인 학교 문화" 속에서 허우적거릴 가능성이 크기 때문이다.[3]

가난한 가정 출신의 아이들이 "고도로 이론적인 학교 문화"에 참여하는 데 어려움을 겪을 가능성이 크다는 화이트의 지적은 타당하다. 그러나 실제로는 (중간계급 출신을 포함하여) 대부분의 아이들이 이론적인 학교 문화를 부담스러워 할 가능성이 크다. 하지만 교육자의 역할은 아이들이 양질의 이론 교육을 받는 것을 방해하는 장애물들을 극복하는 데 도움이 되는 환경을 만드는 것이다. 그러한 교육의 가치를 공공연하게 비난하는 것은 어떻게 하면 사람들이 처한 사회적 상황에 상관없이 모든 사람에게 양질의 교육을 제공할 것인가라는 과제와 마주하기를 회피하는 것이다. 그것은 또한 인간의 학습능력을 심히 과소평가한다. 최근 유행하고 있는 제한의 교육학pedagogy of limits은 사회의 에너지를 “사람들이 자신들의 인간성과 능력을 보다 완전하게 실현하도록 돕는” 데 있어서 교육이 지닌 엄청난 잠재력을 실현하는 데 쏟던 것에서부터 다른 곳으로 돌리게 한다(Simon, 1981: 138을 보라).

급진적인 교육 개혁가들이 노동계급 사람들에게 높은 수준의 지적 내용을 갖춘 교과과정에 접근할 수 있는 기회를 제공하려고 애썼던 때가 있었다. 엔트위슬(Entwistle, 1979: 102)이 상기시키듯이, 그 개혁가들에게 문제는 “전통적으로 지배계급을 위한 것이던 유형의 교육이 주는 이득을 사회적·경제적으로 불우한 사람들에게 가져다줄 방법을 발견하는 것”이었다. 이 접근방식을 강력하게 주장한 사람이 그람시Gramsci였는데, 그는 엘리트 계급이 독점하는 유형의 교육이 갖는 문제는 사회의 나머지 부분은 그러한 교육에 접근하지 못한다는 것이라고 생각했다(Entwistle, 1979: 31을 보라). 그람시가 “유럽 문화의 위대한 유산들”을 높이 평가한 것과 대조적으로, 오늘날의 개혁가들은 그러한 교육이 엘리트주의적이며 따라서 국가 교과과정에는 적합하지 않다고 생각한다. 지식 중심의 학교 교육에 적대적인 한 보고서는 “교육이 특권계급의 소유물이던 시대에 지적인 교과목이 교과과정에 포함될 만한 가치를 지닌 것으로 여겨졌다는 것은 전혀 놀랄 만한 일이 아니다”라고 진술한다. 그러나 그 보고서의 저자들은 그런 유형의 교육이 모든 사람에게 이용 가능해야 한다고 제안하기는커녕, 이론 교육이 대부분의 학생들에게는 적합하지 않다는 오래된 편견을 잠자코 받아들인다. 그들은

"협소한 범위의 지적 지식과 기술을 중심으로 하는 고전적·엘리트적 모델은 보편 교육의 시대에는 부적절하다"라고 주장한다(Johnson et al., 2007: 25, 41). 정신과 상상력을 확장하는 독특한 능력을 지닌 지적 지식이 협소한 것으로 희화화되지만, 역설적이게도 고전 모델에 대한 이 저자들의 논박은 자신들이 비판하는 엘리트들의 가정과 놀랄 정도로 유사한 가정들에 기초한다. 오늘날의 교과목 반대 운동가들은 한 가지 중요한 점에서 전통적인 특권적 교육자들과 암묵적으로 의견을 같이한다. 다시 말해 그들 역시 지적으로 인도되는 교과과정은 엘리트에만 적합하지 대중 교육에는 어울리지 않는다고 본다.

'지식 교육 모델'에 대한 비판에는 자주 그 모델이 역사적으로 특권계급과 연관되어 있기 때문에 불평등의 유지와 연루되어 있었다는 생각이 담겨 있다. 그러한 실리적 비평가들은 이론적 교과목들을 통한 지식 전달이 이른바 "특권계급의 가치와 연관되어 있다"는 이유로 그것을 매우 비난한다. 그들은 이론적 교과목이 특권과 연관되어 있기 때문에 '계급 구분'에 의거한 사회적 차별을 영속화할 가능성이 크다고 주장한다(Johnson et al., 2007: 32). 사회적 포함 어젠다를 옹호하는 사람들은 이론적으로 특화된 교과과정이 힘 있는 사람들에게 이득이 되고, 정의상 가난한 사람들을 배제한다는 견해를 취한다. 하지만 이론적 교과과정이 불평등의 영속화에 기여한다는 주장은 논리적 엄밀성을 결여하고 있다. 무어와 영(Moore and Young, 2001: 457)이 진술하듯이, "두 가지 유형, 즉 교과과정 전문화와 불평등의 역사적 연관성이 인과적으로 설명된다는 주장에는 어떠한 근거도 존재하지 않는다". 교과과정 전문화는 불평등의 원인이 아니다. 따라서 그러한 교과과정을 폐지한다고 해서 불평등이 극복되지는 않을 것이다. 반대로 이론 교육 문화의 이득을 누릴 수 있는 기회를 모든 사람에게 제공하는 것이 불평등을 좁히는 한 가지 방식이다.

'지식 교육 모델'에 대한 비판은 지식의 권위를 드러내놓고 의문시하는 진술들에서 자주 표현된다. 지식 중심 교과과정에 이의를 제기하기 위해 반복적으로 이용되는 주장 중 하나가 그것이 끊임없이 변화하는 세계에서 빨리 구식이 된다는 것이다. "진리라고 알려진 것이 시간에 따라 변화하기" 때문에 "사실들의 기계적인 학습은 활용 가능한 핵심적 기술을 교육하는 것에 길을 내어줄 것이 틀림없다"라고 제시된다 (Bousted, 2007: 9). 일반적으로 '진리'가 일시적인 부수현상으로 여겨지고, 지식습득은 "사실들의 기계적 학습"으로 희화화된다. 이처럼 교육적 지식을 실리적으로 구성하는 것이 사회공학적 어젠다를 옹호하는 입장의 또 다른 측면이다. 진리와 지식을 불안정하고 일시적인 현상으로 제시하는 것은 이론 중심의 학교 교과과정을 반대하는 사람들에게 핵심적인 암묵적 가정의 하나가 되었다. 한 교사 노동조합이 발표한 입장문에 따르면, "21세기 교과과정이 지식 전달을 핵심으로 삼을 수 없는 이유는 단순하다. 그것은 바로 정보 풍요 시대에는 필요한 것을 선택하는 일 자체가 문제가 되어버렸기 때문이다".[4]

정보 풍요 시대에는 아이들에게 지식을 전달하는 것이 적실하지 않다는 주장은 지식과 정보의 차이를 이해하지 못하는 것이다. 사회의 지식은 사람들이 새로운 사실을 해석할 수 있게 해줌으로써, 그리고 사회가 새로운 사실들에 어떤 중요성을 부여해야 하는지를 파악할 수 있게 해줌으로써 새로운 정보에 의미를 부여한다. 지식 자체는 새로운 경험을 자기 것으로 만드는 과정을 통해 발전한다. 그리고 최신 지식은 그것에 선행하는 지식과 유기적으로 연계되어 있다. 지식이 갖는 권위에 대한 회의는 암묵적으로 교육 자체의 의미를 의문시하게 한다. 과거의 지식이 시대에 뒤진 것이라면, 교육은 대체 무엇을 의미할 수 있는가? 만약 "진리로 알려진 것이 시간에 따라 변한"다면, 대체 가르칠 것으로 무엇이 남아 있게 되는가? 지식 중심 교과과정에 대한 대안으로 제시되는 것이 바로 학생들에게 기술을 습득하게 하여 그들로 하여금 지속적으로 변화하는 환경에 적응할 수 있도록 하자는 어젠다이다. 이러한 관점에서 볼 때, 중요한 것은 새로운 환경에 적응하는 학생들의 능력이지 그들이 아는 내용이 아니다. 따라서 이론 교육에서 다른 종류의 교육으로의 전환이 아니라 훈련으로의 전환이 제안된다. 새로운 교육학은 학생들이 교과목을 학습하는 것보다는 "학습하는 법을 학습"하는 포괄적 기술을 습득하는 것에 더 관심이 있다. 벡과 영(Beck and Young, 2005: 190)이 지적하듯이, 학습하는 법의 학습은 "축적된 지식은 불가피하게 진부화된다"라는 가정에 기초하고 있으며, "다음에 필요한 것이 무엇이든 간에 그것을 습득하고 사용하는 데 필요한 기술과 유연성을 계발하는 것이 갖는 가치"를 더 우선시한다.

학습하는 법의 학습은 양질의 교육에서 비롯되는 당연하면서도 필연적인 부산물이다. 일단 아이들이 이론적 교과목의 튼튼한 기초를 습득하면, 그들은 자주 그 지식을 이용하여 새로운 문제들과 씨름할 수 있으며 자신들의 경험으로부터 중요한 통찰들을 얻을 수도 있다. 불행하게도 학습하는 법의 학습은 교과목 내용의 학습과 분리되어버렸다. 학습하는 법의 학습이 독자적인 포괄적 기술로 자신의 이미지를 변신했고, 그러한 기술이 학습의 내용보다 더 중요한 것으로 간주된다. 기능적 기술에 대한 현재의 집착이 학습하는 법의 학습을 일면적으로 강조하는 분위기를 만들어냈다. 그리고 이것이 교육학을 관리 훈련의 한

하위분과로 변질시키지 않을까 하는 우려마저 든다. 아이들이 학습하는 법을 학습하지 않은 경우에도, 교과과정 공학자들은 점점 더 학교교육을 아이들로 하여금 '생각하는 기술'을 학습하게 하여 '성찰적인 학습자', '독립적인 탐구자', '자아 관리자', '비판적 사색가'로 만드는 과정이라고 인식한다. 지식조차도 서로 다른 네 가지 기술 관련 활동유형으로, 즉 내용 알기, 이유 알기, 방법 알기, 사람 알기로 분해되었다. 이 정식화에 따르면, 교과목을 공부하는 것은 내용 알기 활동이며, 나머지 세 가지는 포괄적인 기술이다(Johnson et al., 1997: 35).

기술훈련에 대한 일차원적 강조는 두 가지 주요한 문제를 노정한다. 우선 그것이 학교가 아이들을 교육하고 그들의 지적 발달을 고무하는 일에서 다른 곳으로 관심을 돌리게 한다는 것이다. 이를테면 현재처럼 읽고 쓰는 기술만을 일면적으로 강조하는 상황은 아이들에게서 문학세계를 이해하고 문학 자체에 친숙할 수 있는 기회를 박탈한다. 이 접근방식이 낳는 한 가지 유감스러운 결과는 대학에 입학하는 많은 젊은이가 기능적으로는 읽고 쓸 수 있지만 문학세계와는 매우 소원하다는 것이다. 게다가 아이들에게 포괄적 기술을 훈련시키는 것은 훈련의 측면에서 보더라도 효과적이지 못하다. 아이들이 학습에 필요한, 그리고 일상생활에서 마주치는 의문과 과제에 대처하는 데 필요한 기술을 습득하는 것도 바로 이론적 교과목을 공부함으로써이다. 지식 중심 교과목 교육과 기술 교육을 분리하는 것은 아이들에게 학습하는 법을 학습하게 하기보다는 말만 번드르르하게 하는 데 도움을 줄 가능성이 큰 정형화된 기법들을 훈련시키자는 것이다.

교과목 중심 교과과정에 대한 평가절하

교육의 실패가 '교과목' 탓이라는 비난이 유행해왔다. 켄 로빈슨 경Sir Ken Robinson은 교육이 "너무나도 많은 아이의 개인적 재능과 능력을 질식시키고 학습동기를 떨어뜨리고 있으며", 따라서 "현행 교과목 체계를 폐지할" 필요가 있다고 생각한다. 그는 교과목들이 "창조성의 흐름을 방해한다"고 믿기 때문에, 교과목이라는 관념 자체에 대해 문제를 제기할 필요가 있다고까지 주장한다. 그 이유는 무엇인가? 그것은 그가 "개별 교과목들 간에 공통점이 전혀 없다는 점이 사고에 활력을 불러일으키지 못한다고 생각"했기 때문이다.[5] 로빈슨은 시대의 분위기를 반영하여, 교과목에 기초한 학교 교육이 창조성을 질식시킨다는 진부하고 오래된 주장을 재생한다. 이론에 기초한 교과과정에 반대하는 또 다른 논거는 그러한 교과과정이 사회공학자들이 학교에서 증진시키기를 바라는 문제, 즉 생활양식과 관련된 문제들을 다루지 못한다는 것이다. 또 다른 주장은 "청소년들이 약물남용, 비만, 십대 임신, 약자 괴롭히기, 집단폭력, 무관심, 국민의식 약화를 포함하여 다른 시급한 문제들에 대처할 수 있도록 돕는 교과과정이 필요하다"는 믿음에 기초하여 "현재의 교과목 중심 체계 또는 이론적 교육체계"를 변화시킬 것을 요구한다.[6]

학교 교과과정을 사회정책의 만능 수단으로 변화시키려는 프로젝트는 실패할 수밖에 없다. 교과과정에 대한 이러한 도구적 견해는 이론적 교과목 공부가 청소년들이 세상에서 자신의 길을 개척해나갈 수 있게 해주는 도덕적·지적 자원을 제공하는 데에도 도움을 준다는 점을 이해하지 못한다. 역사나 문학은 건강한 먹기에 대해 조언해주지는 않지만,

청소년들이 세상 속에서 자신들이 차지하는 위치에 대해, 그리고 동료 인간에 대한 자신들의 책임에 대해 생각하는 것을 돕는다. 아이들은 이론적 지식을 습득함으로써 책임 있는 결정을 내릴 수 있는 능력을 지니게 된다. 무엇보다 중요한 것은, 아이들이 진지하게 생각하는 법을 배울 때 자신에 대해서도 보다 진지하게 생각하기 시작하며, 그럼으로써 성숙하게 행동할 수 있는 잠재력을 발전시킨다는 것이다.

앞에서 지적했듯이, 세상이 끊임없이 변하고 있다는 생각은 이론적 교과목의 권위를 손상시키는 데 기여한다. 어떤 사람들은 디지털 기술의 등장으로 학생들이 교사보다 더 많은 것을 알게 되었다고 주장한다. 한 싱크탱크는 이렇게 논급한다. "학생들이 특정 주제와 관련하여 교사들보다 더 많이 아는 것이 더 이상 이상하지 않다. 왜냐하면 그들은 이메일과 웹을 이용하여 자신들의 관심을 끄는 무언가를 깊이 탐색해 왔기 때문이다"(Sellinger and Yapp, 2001). 교과목 중심 교과과정에 반대하는 또 다른 견해는 그러한 교과과정을 통해 획득된 지식이 청소년들이 미래에 자신의 길을 개척해나가는 데 거의 쓸모가 없다고 주장한다. 즉, "교실에서 학습한 내용들은 삶에서 거의 이용되지 않는다"는 것이다. 이러한 입장에 있는 사람들은 지식과 지식습득이 변화를 일으킬 수 있는 잠재적 힘을 가진다는 점을 전혀 믿지 않는다. 한 저자는 "특정 교과목에 기초하여 수업시간에 배우는 내용은 1년이나 2년, 또는 조금 더 긴 시간 동안만 학생들에게 도움을 줄 것"이며, 학생들에게 필요한 것은 "학습하는 법을 학습하는 것"이라고 주장한다. 왜냐하면 그 "학습 과정은 평생 동안 그들에게 기여하기" 때문이다.[7] 그러나 과거의 지식에는 유통기한이 없다. 지적 진보는 유사 이래 사상가들이 획득해온 인식을 정교화하는 것을 통해 이루어진다. 같은 방식으로 지식에 기초한 사회의 성과물들은 청소년들의 지적 발달을 자극하는 데 기여한다. 아이들이 배우는 내용이 1년이나 2년 후에 구식이 될 가능성이 크다는 실리적 사고는, 정보에는 어느 정도 적실할지 모르지만 지식에는 타당하지 않다. 지식과 사실의 이 같은 유감스러운 혼동이 학습하는 법의 학습이라는 도그마의 특징 중 하나이다. 학습하는 법의 학습이라는 관념을 옹호하는 사람들은 학교의 핵심 목적이 지식의 습득이 아니라 청소년들에게 동기를 부여하는 것이어야 한다고 생각한다. 벤틀리는 "동기부여 방식의 개발, 이해의 심화, 그리고 심층적 이해에 요구되는 개인적 규율이 아동기와 청소년기의 교육에서 반드시 가장 중요하게 우선시되어야 하는 사항이다"라고 진술한다(Bentley, 1998: 25). 학습하는 법의 학습을 후원하는 사람들이 전달하고자 하는 함의는 아이들은 지식중심 교과목이 아닌 기술습득을 통해 더 많은 동기를 부여받을 것 같다는 것이다.

흔히 교과목 중심 학교 교육에 반대하는 사람들은 이론적 교과목보다는 아이들의 경험이 학습에 보다 확실한 토대를 제공한다고 주장한다. 기껏해야 "교과목은 지식을 조직화하는 한 가지 방식이자 편의적인 범주"라는 것이다(Johnson et al., 1997: 27). 또 다른 사람들은 교과목 중심 교과과정이 교육을 조직화하는 서툰 방식의 하나라고 말하기도 한다. 한 교과과정 전문가는 "규율과 교과목을 통한 지식의 제도화는 교사와 학생이 누리는 자유 또는 자율성의 가능성을 제한하는 동시에 학교 교육 전반이 의미 있는 연관을 이룰 수 있는 가능성 또한 제한한다"라고 쓰고 있다(Macdonald, 2003: 144). 이러한 주장은 초등교육과 관련하여 자주 강조되며, 비판자들은 교과목 중심 수업이 아이들의 창조성을 질식시킨다고 주장한다. 그러한 비판의 주된 목적은 강조점을 교과과정 내용에서 아이에 대한 자극으로 전환시키는 것이다. 2008년 잉글랜드 초등학교 교과과정 평가Primary Curriculum Review를 위해 제공된 증거에 기초하여 작성된 한 보고서는 "교과목 영역의 수를 줄여야 한다는 요구가 일반적이었다"라고 지적한다. 그 보고서는 교과목을 융통성 없는 것으로 희화화하며, 교과목의 부족함을 유연성, 창조성, 혁신의 이상들로 보충할 것을 주장한다. 또한 그 보고서는 교과목 중심 교과과정 교육이 아이의 개인 발달 및 웰빙 증진과 정반대라고 암묵적으로 가정하고, "별개로 분리된 교과목에서 벗어나 유연성과 창조성으로 나아가자는 것이 공통적인 요구였으며" 그러한 변화가 "몇몇 혁신 학교들에서 이미 진행 중"이라고 진술한다.[8] 이 평가에 증거를 제공한 사람들은 교과과정 공학자의 수사를 내면화하고 있는 것처럼 보였다. 그 보고서는 "빈번하게 사용된 표현들 속에는 유연성, 창조성, 능력구축, 통합 교과과정 계획이 포함되어 있었으며, 지역의 발전, 개념과 기술, 지역적 적실성에 대한 관심도 드러났다"라고 언급한다. 사람들은 교육, 지식, 이론 학습이라는 표현은 매우 드물게 사용되었을 것이라는 점을 쉽게 추정할 수 있을 것이다. 응답자들이 의견을 같이한 것 중 하나가 이론적 교과목의 명백히 유해한 영향력으로부터 교과과정을 해방시킬 필요가 있다는 것이었다. 이 공식적인 증거 분석은 "거의 모든 응답자가 내용에 지배되는 교과과정을 핵심 개념과 과정(개인적인 학습과 사고 기술을 포함하여)에 의해 추동되는 교과과정 구조로 대체해야 한다는 확고한 믿음을 가지고 있었다"라고 결론짓는다.

초등학교 교과과정 평가가 보여주듯이, 교과목에 대한 반대는 교과과정의 내용이 수행하는 역할을 축소시키는 프로젝트와 긴밀하게 연관되어 있다. 교과목에 대한 적대감은 교과목의 지적 내용에 대한 회의

감을 보여주는 것이다. 이론적 지식과 학습에 대한 환멸감이 교과목에 등을 돌리게 하고 있다. 교과목 중심 교과과정을 폐지하자는 요구는 때로는 그러한 폐지가 통합 교과과정을 가르칠 수 있는 기회를 더 많이 제공할 것이라는 믿음에 근거하여 옹호되기도 한다. 교과목 중심 수업에 반대하는 사람들은 아이들을 광범한 테마와 프로젝트들에 참여시킴으로써 그들의 상상력을 자극할 수 있을 것이라는 생각에 자주 열광한다. 원론적으로는 쟁점과 테마를 가르치는 것은 아이들에게 지적 자극을 제공하고, 한 현상의 서로 다른 차원들이 서로 어떻게 상호작용하는지를 이해하는 능력을 키우게 할 수 있다. 하지만 교과목 비판자들이 제안하는 것은 이론 학습을 하나의 형태에서 다른 형태로 대체하자는 것이 아니다. 가볍게 만든 교과목 교과과정이 추구하는 목적은 생활양식 및 사회공학적 목적들과 관련되어 있다. 그리고 그러한 교과과정이 제안하는 테마는 교과목 중심의 훈련에 대해 심사숙고를 한 결과 도출된 질문들로부터 제시된 것이 아니라, 정치적으로 추동된 어젠다에 의해 교과과정에 부과된 것들이다. 가장 실리적인 학교 교과과정조차도 교과과정에서 교과목에 기초하여 지식을 제공하는 일을 완전히 그만둘 수는 없다. 하지만 교과목 중심 지식에 대해 냉담하고 회의적인 태도를 취할 때, 교과목의 권위는 훼손된다.

지적으로 인도되는 교과과정을 운영하는 데서 이론적 교과목들이 추가 선택사항이 아닌 데에는 매우 합당한 이유들이 있다. 밴톡은 이론적 교과목들이 "지금의 모습으로 발전한 이유는 순전히 그러한 교과목들이 우리를 둘러싸고 있는 자연세계와 사회세계에서 우리가 경험하는, 또는 감정적·정서적인 내적 삶에서 우리가 경험하는 수많은 미분화된 현상들을 다루는 가장 경제적이고 명료한 방식으로 판명 났기 때문"이라고 주장했다(Bantock, 1969: 115). 이론적 교과목의 역할에 대한 이러한 실용주의적 견해는 새로운 지식을 포착하고 전달하는 여타의 방식들에도 적용된다. 교육을 이론적 교과목들을 가르치는 일로 한정해야 할 이유는 전혀 없다. 더욱이 경험은 이론적 교과목들의 상대적 지위와 역할이 새로운 지식의 발전에 따라 변한다는 것을 보여준다. 아이들, 특히 초등학교 아이들은 어떤 이론적 교과목에 한정되지 않는 주제나 쟁점들을 공부함으로써 발달할 수도 있다. 교과목 중심 교과과정도 교육의 다른 측면처럼 계속적인 성찰을 필요로 한다. 그러나 이론적 교과목들은 학생들에게 그 과목이 기능하는 방식을 이해하고 자신들의 인식을 심화시킬 수 있는 지적 틀을 제공한다. 교과목 중심 학습은 창조성과 교과과정 전반의 혁신을 방해하는 장애물이 아니다. 반대로 핵심적인 이론적 교과목들의 기초를 튼튼하게 쌓을 경우, 아이들이 서로 다른 교과목의 통찰들 간에 존재하는 연관성을 포착할 가능성은 훨씬 더 커질 것이다.

정규 교육에 대한 평가절하

'지식 교육 모델'에 대한 적대감을 추동하는 것은 포함을 방해하는 모든 장애물을 제거하고자 하는 충동이다. 그간의 경험은 장애물을 제거하려는 프로젝트가 정책을 지배하는 순간 정규 교육의 모든 차원이 실제로 협상의 대상이 된다는 것을 보여준다. 왜 이론적 교과목을 계속해서 제거하는가?

교과목 중심 교육을 비판하는 사람들이 창조성, 유연성, 혁신을 고무하는 데 전념하는 교과과정과 교과목 중심 교과과정을 부정적으로 대비시킬 때 말하고자 하는 것이 바로 이론적 교과목이 너무나도 격식적 formal이어서 아이들에게 동기를 부여할 수 없다는 것이다. '격식적'이라는 용어는 부정적 함의를 지니게 되었으며, 일반적으로 그것은 질식시키는 수업, 기계적인 학습, 지루한 교실을 나타내는 하나의 표지로 간주된다. 교육에 대한 논의는 교육의 격식성으로 인해 학교 교육 자체가 문제가 되었다는 생각을 전달한다. 일부 개혁가들은 심지어 "만약 우리가 모든 청소년에게 주어지는 기회를 실제로 변화시키기를 원한다면 학교 **안에서** 일어나는 일들에만 주목해서는 안 된다"라고 주장하면서, 아이들의 동기부여에 대한 해결책을 학교 바깥에서 찾기까지 한다(Bentley, 1998: 74). 때때로 정규 학교 교육은 "너무나도 많은 사람들로 하여금 학습이라는 관념에 흥미를 잃게" 만든다고 비판받고 있으며, 사람들의 일상생활 경험을 정당하게 공인받을 수 있는 형태의 교육으로 이미지를 변신시키고자 하는 압력이 점점 더 증가하고 있다(Tight, 1998: 483).

교과과정 공학자들이 교육의 격식성을 나쁜 관행이라고 생각하는 데에는 많은 이유가 있다. 하지만 그들은 기본적으로 학교가 일상생활과 유사할수록 더 잘 작동할 것이라고 가정한다. 그들은 이러한 감상을 많은 방식으로 표현한다. 교사들은 학생들과 관련 있는 내용을 가르치라는 말을 자주 듣는다. 교육학자들은 청소년들의 이전 경험과 그들이 학교에서 배우는 내용 간에 밀접한 관계가 있어야 한다고 주장한다. 경제사회연구회Economic and Social Research Council: ESRC의 교수학습 연구프로젝트가 제안한, "증거에 의거하여 도출된 교육학 원리" 중 하나가 "이전의 경험과 학습이 갖는 중요성"을 인식할 필요가 있다는 것이다. 이 교육학적 학습 성명서에 따르면, "학교 밖이나 일터가 아닌 곳에서 이루어지는 학습과 같은 비정규적 학습도 최소한 정규 학습만큼의 중요성을 인정받아야 한다".[9] 이것은 정규 교육이 별것 아니라고 말하는 또 다른 방식이다.

아이들이 학교에 들어갈 때 가지고 가는 문화자본, 그리고 다양한 환경에서 경험을 통해 획득하는 통찰들이 그들의 지적·도덕적 발달에 중대한 영향을 미친다. 그리고 훌륭한 교사는 학생의 배경과 경험을 이해하려고 항상 노력할 것이다. 그러나 생활을 통한 학습과 학교에서의 교육을 혼동하지 않는 것이 중요하다. 실제로 때때로 적절한 교육을 위해 아이들에게 비정규적 상황에서 학습한 내용을 **잊을** 것을 요구하기도 한다. 그람시는 "교육은 민속적 지식과의 투쟁"이며, 일상생활의 상식과 자주 반목한다고 주장했다(Entwistle, 1979: 36에서 인용). 영이 주장하듯이, 학습의 상이한 형태들은 서로 구분되어야 한다.

> 정규 교육의 목적은 학생들이 지식을 습득할 수 있게 해주는 것이다. 그러한 지식은 (i) 대부분의 사람들이 자신들의 일상생활에서는 접근할 수 없는 것이다. 그리고 (ii) 그 지식을 습득한 사람들로 하여금 자신들의 경험을 넘어서서 자신들이 그 일부를 구성하는 사회적·자연적 세계를 얼마간 이해할 수 있게 해준다.(Young, 2008: 164~165)

교육은 그 격식성을 버리는 순간 민속적 학습의 한 변종에 불과해진다. 하지만 교육이 변화를 불러일으키는 잠재적 힘은 교육이 학생들로 하여금 그들의 경험을 넘어서도록 고무하는 능력을 가지고 있다는 데 있다. 리사 휠라한Leesa Wheelahan은 정규 교육과 비정규 교육 간의 질적 차이를 부식시키는 경향에 대해 다음과 같이 우려를 표명한다.

> 주로 교육을 통해 획득할 수 있는 추상적인 이론적 지식과 일터에서 획득할 수 있는 일상적 지식 간의 경계를 허물어 후자를 보다 '진정'하고 '적실'한 지식으로 만들려는 시도들은 상이한 종류의 지식들 간에 존재하는 경계를 인지하고 그 지식들 사이를 성공적으로 항해할 수 있는 능력을 학생으로부터 빼앗는다.(Wheelahan, 2008)

많은 전문가가 선의에서 학생의 교육 외적 경험과 배경에 가치를 부여함으로써 노동계급, 인종적 소수집단, 그리고 여타 비전통적 배경 출신의 학생들이 지위를 얻고 인정을 받을 수 있도록 돕고 있다. 하지만 길거리에서 얻는 지식에 교육적 가치를 부여하는 것은 그들이 사회적·경제적 불리함에 대처하는 데 거의 도움을 주지 못한다. 사람들은 생활을 통해서는 접하지 못하는 지식에 노출될 필요가 있으며, 그들이 이전에는 질문거리라고 생각해본 적 없는 문제들에 대한 답을 배울 때 교육을 받는다. 시몬(Simon, 1981: 143)이 주장하듯이, 그러한 지식이 없을 경우 "많은 학생들이 자신들의 개념을 일상적 경험에 의거하여 형성할 것이고, 그 결과 그들의 개념이 자주 현실을 왜곡하고 부정확하게 반영할 것이기 때문에, 그들은 보다 고차원적인 인지적 형태의 활동들이 발달하는 단계에는 결코 도달할 수 없을 것이다". 지식 중심의 교육에 접근하지 못할 경우, 많은 아이가 환경의 포로가 될 위험에 처한다.

정규 학습과 비정규 학습의 구분선을 부식시키는 경향은 교육학에서 도그마적 성격을 획득해왔다. 벤틀리는 "학습은 언제 어느 상황에서든 발생할 수 있고, 교육의 질을 개선하기 위해서는 학교에 기초한 교육과 교육 전체를 혼동하는 역사적 오류를 극복해야만 한다"라고 주장한다(Bentley, 1998: 6). 바버 또한 정규 학교 교육을 교육이 이루어지는 많은 장소 중의 하나로 간주하고, "우리는 정규 수업일수를 줄이고 학습일수를 늘리는 것을 목표로 삼아야 한다"라고 주장한다(Barber, 1998: 26). 비정규 학습일수가 제공하는 기회를 개발하는 데 있어 학교 수업일수가 하나의 장애물이라고 생각하는 것이 아니라면, 도대체 왜 수업일수를 줄이자고 하겠는가? 그렇다면 대체 왜 학교에 가는가?

학교 교육은 자주 서로 다른 많은 '학습활동'의 하나로 그려진다. 그 결과 많은 교육자가 비정규 학습활동 경험도 교육기관에 의해 '체험학습'의 한 형태로 인정되어야 한다고 주장한다. ESRC의 교수·학습 연구 프로젝트가 지지하는 원리 중 하나가 바로 비정규 학습이 "가치를 부여받아 정규 과정에서 적절히 활용"되어야 한다는 것이다.[10] 특히 비정규 학습은 성인교육 문제에 대한 하나의 해결책으로 옹호된다. 따라서 평생교육에 대한 한 보고서는 이 부문이 "자신들의 집에서, 공장에서, 가게와 사무실에서, 자녀들이 학습하는 학교에서, 그리고 많은 공동체 현장에서 새로운 학습자가 될 수 있는 성인들에게 접근할 수 있는 잠재력"을 지니고 있다고 주장한다(Kennedy, 1997: 25). 의심할 바 없이 성인과 아동은 다양한 환경을 통해 세상에 대한 중요한 통찰들을 얻는다. 그러나 이 경험들과 교육을 동일시하는 것은 필연적으로 교육의 중요성을 평가절하하게 한다. 경험으로부터의 학습은 개인들이 자신의 공동체의 관행과 관습을 익히는, 평생에 걸쳐 이루어지는 과정이다. 이 학습 형태는 자발적으로 일어나며 생활의 부산물이다. 반대로 교육은 일상 경험에서 나오지 않을 뿐만 아니라 때로는 일상의 경험과 모순되기까지 하는 지식을 습득하기 위해 의식적으로 그리고 목적의식을 가지고 참여할 것을 요구한다. 학생들이 인류가 이룩한 세상을 이해하기 위해서는 그들에게 지식을 체계적이고 포괄적인 방식으로 제시할 필요가 있는데, 정규 교육은 바로 그러한 필요 때문에 생긴 것이다.

평생학습의 옹호자들은 정규 학습보다는 학습하는 법의 학습에 관심이 더 많다. 그들의 관점에서 보면, 학교는 학습하는 법을 학습하기 위한 확실한 장소가 아니다. 따라서 "교육의 핵심 문제는 더 이상 어떤 내용을 어떻게 하면 가능한 한 성공적으로 가르칠 수 있는가 하는 것이 아니라, 어떤 학습 환경이 자기주도적 학습을 가장 잘 고무할 수 있는가, 즉 어떻게 하면 학습하기 자체를 '학습'할 수 있는가 하는 것이다"(Altheit and Dausien, 2002: 6). 이러한 강조는 교육자의 권위를 축소시킨다. 크로서(Crowther, 2004: 130)가 기술하듯이, "교과과정에 대한 교육자의 개입은 학습과정 촉진자의 개입으로 단순화된다".

정규 교육에서 학습과 경험으로의 전환은 필연적으로 교육의 지적 내용을 축소하게끔 한다. 체험학습을 개척한 가장 열렬한 운동가 가운데 한 사람인 칼 로저스는 "촉진자의 역할은 정태적 목표나 내용 중심적 목표를 강조하던 데서 탈피하도록" 돕고, "그럼으로써 과정, 즉 학습이 이루어지는 방식을 **경험**하도록 하는 데 초점을 맞추는 것"이라고 주장했다(Rogers, 1983: 137). 이처럼 학습 과정과 학습 내용 사이에 선명한 선을 긋는 경향은 현대 교육학의 특징 중 하나이다. 하지만 이 둘은 뗄 수 없게 연관되어 있으며, 서로와의 역동적 관계 속에 존재한다. 과정과 내용을 분극화하여 제시하는 것은 유감스럽게도 지적 내용보다 과정(즉, 학습하는 법의 학습)을 더 중시하는 것의 전조로서의 역할을 한다.

아이에 대한 믿음의 상실

현재의 교육학적 상상력은 교육 자체를 극복해야만 하는 장애물들의 원천으로 인식한다. 교과목 중심 교과과정, 지식에 대한 강조, 교육 자체의 격식성도 그러한 장애물들의 일부로 인식된다. 교육 내용에 대한 교육학의 무관심은 교육을 자의적이게 만든다. 이러한 자의성은 은연중에 **개별 맞춤 학습**으로의 전환을 정당화하고 또 그것을 통해 조장된다. 개별 맞춤 학습 개념은 명료함과 일관성을 결여하고 있지만, 강조점을 교과과정에서 개별 아동으로 이동시키는 주요한 성과를 거두었다. 훌륭한 교사들은 항상 자신들의 일에서 최상의 결과를 얻기 위해 학생들의 장점과 약점을 평가하고자 애쓴다. 그러나 개별 맞춤 학습이 교사들로 하여금 단지 개별 학생들에게 더 세심하게 반응하게 하는 시도인 것만은 아니다. 개별 맞춤 학습은 아이들의 차별화된 욕구들을 고려할 것을 요구하는 보다 특수화된 접근방식에 의거하여 암암리에 공통 교과과정의 중요성을 최소화하고자 한다. 이 관점에서 보면, 지식전달의 필요성보다는 오히려 아동의 적성이 교실에서 가르칠 내용을 틀 짓는다.

아동·학교·가족부DCSF는 "모든 아동은 적성과 열망이 다양할 뿐만 아니라 기초 지식과 기술역량도 상이한 상태에서 교실에 들어온다는 사실을 받아들이고 또 그 사실을 당연한 것으로 여기는 전문가의 에토스를 반영할" 것을 학교에 요구한다. DCSF는 교육과 학습의 초점이 "학생들의 적성과 관심"에 맞추어져야 한다고 진술한다.[11] 따라서 교사의 과제는 아이들을 지적으로 발달시키는 것이기보다는 그들의 서로 다른 적성과 관심에 부합하는 전략을 발전시키는 것이다. 이 개별 맞춤 학습 모델에서는 아동의 적성이 가르쳐야 하는 교과목의 내용보다 논리적으로 우선한다. 따라서 교육은 특정 교과목의 전문지식에는 훨씬 덜 관심을 가지게 된다. 아이들의 상이한 '기술역량'과 '적성'에 맞게 지식을 잘게 나누는 데에는 한계가 있기 때문에, 교육은 초점을 상실할 수 있다. 정부 지원 보고서가 "개별 맞춤 학습을 위한 기술들"이 "교사양성에서 근본적인 것"이 되어야 한다고 주장할 때, 그 보고서가 염두에 둔 것이 주로 정보기술훈련이라는 점을 지적할 필요가 있다(Teaching and Learning in 2020 Review Group, 2007: 46). 개별 맞춤 교수 프로그램이 요구하는 것은 이론적 교과목의 전문가인 교육자가 아니라 숙련된 기술자이다.

개별 맞춤 학습은 아동의 독특한 자질에 세심하게 반응하게 하고자 하는 진보적인 시도로 잘못 해석되기도 한다. 실제로 이 전략은 가르치기보다는 동기부여와 흥미유발을 목적으로 하는 행동관리 기법들에 의존한다. 개별 맞춤 학습 어젠다는 교사가 해결해줄 필요가 있는 모종의 결함을 아이들이 가지고 있다는 믿음을 밑바탕에 깔고 있다. 개별 맞춤 학습의 한 지지자는 "학교체계는 일부 아이들에게 '특수 교육'이 필요하다는 점을 이미 알고 있다"라고 기술한 후, 계속해서 "개별 맞춤 학습이 학교체계에 이미 포함되어 있는 이 원리를 모든 아이에게로 확대할 것"이라고 주장한다(Leadbeater, 2004: 69). 이 특수 교육이 모든 아이를 위한 모델이 되게 해야 한다는 제안은 개별 맞춤 교육에 깊이 새겨져 있는 전제를 분명하게 보여준다. 비록 개별 맞춤 교육의 옹호자들이 개인의 선택과 개인적 필요에 대해 그럴듯하게 말하지만, 그것의 주된 관심사는 특수 교육 체계를 성적 부진아로 간주되는 보다 광범위한 학생집단으로 확대하는 것이다. 그리고 지능 수준이 높은 우등생 – 재능 있고 총명하며 의욕적인 학생 – 역시 우수한 지능 때문에 '특수 교육'을 필요로 한다.

개별 맞춤 학습의 미덕을 설파하는 출판물들은 거의 전적으로 수사적이며, 현행 교육학적 사고방식의 낮은 기준에 따르더라도 대단히 무미건조하고, 개별 맞춤 학습이라는 개념 자체를 설명하려는 어떠한 시도도 하지 않는다(Teaching and Learning in 2020 Review Group, 2007). 개별 맞춤 학습을 선도하는 지지자들조차 그것이 의미를 탐색하는 중에 있는 개념이라는 점을 인정한다. 잉글랜드에서 개별 맞춤 학습을 이끌고 있는 전문가 중 한 사람인 데이비드 하그리브스 교수는 최근 개별 맞춤 학습에 대해 "하나의 정의를 내리려 애썼던 것이 완전히 시간 낭비"였다고 시인했다.[12] 그러나 불행하게도 개별 맞춤 학습의 의미가 명확하지 않다는 사실이 정치인들이 이 개념을 중심 테마로 삼는 것을 막지는 못했다. 그리고 개별 맞춤 학습이 교육학에 근거한 개념이 아님에도 불구하고, 그것은 중요한 이데올로기적 역할을 수행하고 있다. 개별 맞춤 학습과 관련한 진술들을 살펴보면, 그중 많은 것이 실제로 특수 교육 모델을 학습 부진아라는 보다 광범위한 학생집단들에까지 확대할 것을 요구한다. 이를테면 한 보고서는 "출신 배경이 불우하고 학업 성취 수준이 낮은 학생들 중 상당 비율"이 추가 조치의 혜택을 누리지 못하고 있다는 점에 근거하여 "개별 학습을 받을 자격을 정해야" 한다고 주장한다. 그 보고서 도처에서 저자들은 "기대되는 수준을 달성하고 있지 못한" 학생들에 대한 우려를 드러낸다(Teaching and Learning in 2020 Review Group, 2007: 39, 48). 개별 맞춤 학습은 최고 우등생들의 요구를 충족시키는 일에는 좀처럼 관심을 보이지 않는다. 한 정부지원 보고서가 결론짓듯이, 많은 학교가 엘리트주의적으로 보이지 않을까 하는 걱정 때문에 재능 있는 학생들을 찾아내기를 꺼려한다. "재능 있는 학생들을 찾아내는 방법과 그들이 이용할 수 있는 활동 [모두의] 측면에서 그들을 위한 조치는 거의 찾아볼 수 없었다."[13]

능력 있는 학생들에게 도전적인 학습 환경을 제공하지 못하는 문제를 그것 말고는 건전한 교육체계에서 드러나는 일시적인 결함으로 여겨서는 안 된다. 개별 맞춤 교육은 아이들이 건전한 이론 교육으로부터 이득을 얻을 수 없을 것이라고 비관적으로 생각하기 때문에, 필연적으로 그 에너지를 낮은 학업성취의 문제를 해결하는 데 쏟을 수밖에 없다. 개별 맞춤 학습의 많은 지지자뿐만 아니라 실제로는 비판자들도 이 접근방식 — 그리고 모든 사람의 서로 다른 학습 욕구를 충족시키라는 이 접근방식의 주장 — 이 평등주의 정신에 의해 유도되고 있다고 믿는다. 하지만 실제로는 현대 교육학의 이러한 반지성적 전환은 현대 교육학이 양질의 이론 교육을 받을 수 있는 아이들의 능력에 대해 확신하지 못하고 있다는 것을 보여준다. 이러한 비관적인 결론은 자주 실용주의적 언어로 표현된다. 교사·강사협회가 발간한 한 보고서는 "우리에게 필요한 것은 약간의 솔직함"이라고 말한 후, "대부분의 사람들은 지식인이 아니"라고 진술한다. 그 보고서는 계속해서 이는 그래도 다행스러운 일인데, 왜냐하면 "세상을 사고력만으로 살 수는 없기" 때문이라고 쓰고 있다(Johnson et al., 2007: 72). 실용적이고 현실적인 기술 중심 교과과정에 대한 그들의 요구는 반엘리트주의적 형태로 제시되지만, 그것은 생각하는 사람과 실행하는 사람이라는 19세기적 구분이 지닌 최악의 특징을 드러낸다. 설상가상으로 그러한 교과과정은 아주 소수만이 이론 교육을 통해 성공할 수 있고 나머지는 훈련을 통해서만 이득을 얻을 수 있다고 믿는 구시대적 편견을 재생산한다.

하나의 이데올로기로서의 개별 맞춤 학습은 아이들이 서로 다른 방식으로 발달한다는, 대부분의 교육자들이 이미 인지하고 있는 사실에 대한 우리의 인식에 직관적으로 호소한다. 개별 학습의 옹호자들은 자신들이 "모두에게 적용되는 하나의" 접근방식에 반대하는 운동에 참여하고 있다고 주장한다. 그러나 "한 가지 학습법만이 올바르고, 그렇기에 아이들은 그 방법을 학습하거나 아니면 애석하게도 학습하지 못하거나 둘 중 하나일 것"이라는 견해를 지지하는 교사는 거의 없다.[14] 특수 교육을 모든 아이의 교육을 위한 모델로 채택하자는 주장 속에는 학교가 공통 교과과정을 통해 아이들을 함께 교육할 수 있는 능력을 지니고 있는지에 대해 비관적으로 바라보는 견해가 담겨 있다. 발달심리학자인 헬렌 굴드버그Helene Guldberg가 진술하듯이, "아이들은 서로 다른 장점과 약점을 지니고 있으며, 교사들은 항상 아이들에게 맞게 교수법을 적용해"왔지만, 결정적인 문제는 "우리가 진정으로 원하는 것이 차이를 공고히 하고 강화하는 것인가?" 하는 것이다.[15]

아이들 간의 개인적 차이에 이러한 중요성을 부여하는 것은 아동발달의 공통적 특성을 모호하게 만들 위험이 있다는 점을 지적할 필요가 있다. 일단의 교육이론은 "일반적으로 인간의 학습과정은 하나의 전체로서의 인간 종 전반에 걸쳐 유사하다"라고 주장한다(Simon, 1981: 138). 어떠한 교육체계도 하나의 코호트로서의 아동 집단의 욕구를 충족시킬 수 있는 기본 원리들에 기초하지 않는다면 효과적으로 작동할 수 없다. 유효한 교육학이 되기 위해서는, 다시 말해 "교육의 일반원리를 확립하고 그 원리에 의거하여 개인의 특수한 욕구를 충족시키려면 교육관행을 어떻게 수정할 필요가 있는지를 결정하기 위해서는 아이들이 인간종의 성원으로서 공통적으로 가지고 있는 속성"에서 출발해야만 한다

(Simon, 1981: 140).

개별 맞춤 학습은 아이들의 차이가 공통점보다 더 중요하다는 가정에 토대하여 자리를 잡아왔다. 이전에는 차이에 대한 이러한 집착이 차이를 자연화하여 아이들의 지적 발달에서 나타나는 편차를 타고난 자질의 결과로 인식하게 했다. 1940년대까지만 해도 공식적인 보고서들은 아이들에게는 세 가지 유형 — "추상적 관념에 밝은 아이, 손재주가 있는 아이, 그저 착하기만 한 아이" — 이 있다고 주장했다(Pring, 2007: 504를 보라). 교육체계는 학문적 자질을 타고난 아이들과 육체노동 직업에 종사하도록 훈련되어야 하는 아이들을 분리하는 방식으로 조직되었다. 사람들이 처한 사회적 환경을 반영하여 수립된 위계적 교육기회는 아이들이 사회에서 서로 다른 역할에 적합하도록 태어났다는 것을 근거로 하여 정당화되었다. 이러한 주장을 뒷받침하기 위해 이용된 논거 중의 하나가 아이들은 IQ로 측정되는 서로 다른 능력을 타고나기 때문에 이론 학습은 오직 소수의 아동에게만 적합하다는 것이었다. 21세기에는 아이들의 성취도를 그들의 타고난 고정된 능력과 연관짓는 이러한 숙명론적 선입견은 거의 어떠한 지적 신뢰도 받지 못한다. 하지만 심리학적 연구와 진단도구의 활용을 통해 아이들을 그들의 '학습 스타일' 또는 '지능'에 따라 범주화하고 명명하는 새로운 '심리교육학'이 출현했다. 심리교육학 비판자 중 한 사람이 '라벨 붙이기의 질식효과'에 대해 우려하며 지적했듯이, 그러한 정형화는 "학습자의 잠재력과 기회를 제한"할 위험이 있다(Burton, 2007: 9).

심리교육학은 아이들의 '학습 스타일', '적성', '지능'을 진단하는 데 이용할 수 있는 검증 가능한 라벨 사전을 발명해왔다. 어떤 학생들은 학습 스타일이 시각적인 반면, 어떤 학생들은 청각적이며, 또 다른 학생들은 근감각적이다. 학습자는 혁신자, 적응자, 성찰적 학습자, 실용적 학습자 등으로 범주화된다. 정책 입안자들은 능력 있는 학생들을 범주화하기 위해 '천재'와 '영재' 같은 용어들을 만들어왔다. 그러한 용어들은 그러한 범주화가 과학적으로 엄밀하게 이루어졌음을 보여주기 위해 고안된다. 이를테면 영국 정부의 도시에서의 수월성 교육Excellence in Cities 프로그램(학년별로 우등생을 선발하여 과목별 심화학습을 시키는 것을 골자로 하는 영재교육 프로그램 _ 옮긴이)에 따르면, 영재 학생들은 "주요 교과과정 과목들에 대한 실제적 또는 잠재적 학업성취도" 평가에서 전체 학생 가운데 상위 5~10%에 해당하는 학생들이다. 유형화를 하나의 예술 형식으로 전환시킨 것은 교과과정 공학자들이 남겨놓은 유산의 하나이다. 유용하게도 그들은 '천재'와 '영재' 아이들을 묘사하는 데 이용할 수 있는 용어집도 마련해놓았다. 용어집에는 '능력 있는 학생', '보다 능력 있는 학생', '매우 능력 있는 학생', '특출하게 능력 있는 학생', '타고난 재능이 있는 학생', '재능 있는 학생', '특출한 재능이 있는 학생', '소질이 뛰어난 학생'과 같은 용어들이 포함되어 있다.[16] 유형화에 대한 이러한 집착을 그것 말고는 건전한 교육학체계의 드문 또는 부차적인 부산물로 인식해서는 안 된다. 개별 맞춤 학습 교육학은 진단을 조건으로 하고 있다. 아동에게 라벨을 붙이는 것만큼 아동을 개인화하는 것은 없다.

지식 중심 교과과정으로는 많은 아이에게 동기를 부여할 수 없을 것이라는 믿음은 서로 다른 지능 특성을 지닌 서로 다른 유형의 아이들이 존재한다고 주장하는 이론에 의해 정당화된다. 과거에는 아동발달에 대해 비관적 견해를 지닌 사람들이 아이의 미래가 타고난 지능에 의해 결정된다고 주장했다. 20세기 전반기에는 아이의 지능이 유전적으로 물려받은 고정된 것이라는 주장이 차별적인 학업성취도를 설명하는 데 기여했다. 이러한 관점이 상당한 비율의 아이들이 이론 교육으로부터 이득을 얻지 못할 것이라는 주장을 뒷받침했다. 보다 최근에는 아이들의 잠재력에 대한 이러한 숙명론적 견해가 불신받게 되었다. 하지만 애석하게도 새로운 아동발달이론 가운데 일부는 여전히 아이들이 이론 교육으로부터 이득을 얻을 수 있는 잠재능력과 관련하여 다소 숙명론적 입장을 드러내기도 한다. 하워드 가드너Howard Gardner의 다중지능Multiple Intelligences: MI이론은 과거의 비관적 견해에 대한 진보적 대안으로 널리 인식되며, 21세기 교과과정 공학자들에게 중요한 영향을 미치고 있다. 가드너는 "세상을 인지하는 데에는 적어도 일곱 가지의 상이한 방식"이 존재한다고 주장하면서, 그 방식들을 일곱 개의 인간 지능으로 지칭한다. 그의 주장에 따르면, 각각의 아이는 그러한 지능들을 서로 다르게 혼합하고 있으며, 따라서 서로 매우 다른 방식으로 학습한다(Gardner, 1993을 보라). 많은 교육학자가 다중지능이론을 받아들여, 학습에 대한 다차원적 접근방식을 주장해왔다. 학생들의 서로 다른 장점과 단점을 참작한 교수 방법을 채택하는 것은 당연히 이치에 맞는다. 하지만 불행하게도 다중지능이론의 권위는 그것이 지적 노력의 가치를 인정하는 교과과정이라는 것보다는 보다 '포함적인' 교과과정을 촉진한다는 것에 근거하여 행사되는 경향이 있다. 노동당의 한 유력 자문위원은 이 접근방식에 열광했는데, 그 이유는 그 접근방식이 이른바 "엘리트뿐만 아니라 모두에게 학습의 여지"를 열어둔다는 점 때문이었다(Barber, 1997: 172). 다중지능이론이 수용된 까닭은 그 이론이 이론적인 교과목 중심 교과과정에서 벗어나는 데 필요한 이데올로기적 논거를 제공해주기 때문이다.

가드너가 정책 입안자들에게 그처럼 인기를 얻었던 주된 이유는 그가 이론적 지식의 교육에 몰두하는 교과과정에 대해 반대하는 일관된 논거를 제공하기 때문이다. 가드너의 모델에 따르면, '논리-수학적' 지능은 결코 모든 아이가 아닌 일부 아이들의 학습 스타일을 틀지을 뿐이다. 그는 아이들의 학습 스타일에 영향을 미칠 수 있는 다른 많은 비非지적 지능을 상정한다. 이를테면 신체-근감각 지능(문제해결에 신체 전부 또는 신체의 일부를 이용하는 것)은 '근감각적 학습자'를 특징짓는다고 주장되는 학습 스타일로 전화되어왔다. 그러한 아이들은 신체활동을 통해, 즉 '생각하기'보다는 '실행하기'를 통해 가장 잘 학습한다. 다중지능이론은 아이들을 판에 박힌 방식으로 분류하는 데, 그리고 아이들이 생각하는 방식을 범주화하는 데 빈번히 이용된다. 많은 부모가 이 범주화 체계를 믿는다. 오늘날 우리는 "내 딸은 이론적 학습자가 아니라 감정적 학습자이다"라는 말을 흔히 듣는다.

결국 가장 중요한 것은 가드너의 접근방식이 그가 비판하는, 이제는 신뢰가 떨어진 IQ 이론가들의 숙명론적 가정들을 공유한다는 것이다. 굴드버그가 주장하듯이, "다중지능이론은 뇌 속에 미리 프로그램화된 모듈이 있고 그것이 우리로 하여금 특정 방식으로 학습하게 한다는 관념에 기초한다".[17] 다중지능이론은 교과과정 공학자들에 의해 놀라울 정도로 결정론적인 이론이 된다. 이를테면 벤틀리는 "우리는 각자 서로 다르게 혼합된 지능들을 가지고 있고" 그렇기에 우리는 "다른 종류의 지식과 인식보다 특정한 종류의 지식과 인식에 더 적합할 뿐만 아니라, 다른 종류의 학습보다 특정 종류의 **학습**에 더 적합하다"라고 역설한다(Bentley, 1998: 23). 우리 중 누군가가 특정 학습 스타일에는 '적합'하지만 다른 스타일에는 적합하지 않다고 생각하는 것은 그 진단에 따라 분류된 사람들에게 특정한 기회를 차단하는 유감스러운 결과를 초래한다. 이 숙명론적 관점은 대다수 아이들 사이에서 창조적이고 성찰적이며 상상력이 풍부한 사고방식이 출현할 수 있다는 점을 간과한다.

심리교육학은 19세기의 생물학적 결정론보다는 덜 숙명론적이다. 심리교육학은 아이가 지닌 학습능력의 한계들 중 일부는 학습자의 적성에 부합하는 적절한 학습과제를 제시함으로써 극복될 수 있다고 주장한다. 그러나 진단에 근거한 교수법은 스테레오타입들을 만들어내고 그것들에 하나의 고정된 성격을 부여함으로써 지적 발달의 기회를 차단할 수 있다. 그리고 그러한 교수법이 학습자가 혁신자인지 적응자인지, 또는 성찰적 학습자인지 실용적 학습자인지 등을 성공적으로 결정할 수 있는지는 고사하고, 그것이 교육적으로 얼마나 유익한지조차도 의심스럽다(Burton, 2007: 10).

기본적으로 심리교육학은 아이들이 높은 수준의 지적 능력을 획득할 수 있는 잠재력에 대해 19세기의 선천적 능력 이론들보다도 훨씬 더 비관적으로 분석한다. 종래의 엘리트이론들은 대중이 이론 교육으로부터 이득을 얻을 수 있다는 생각을 신뢰하지 않았지만, 이론 교육이 소수의 우수한 학생들에게는 이득이 된다는 생각은 지지했다. 현재의 교육학은 지식이 가장 능력 있는 아이들을 포함하여 모든 아이를 변화시킬 수 있는 잠재력을 지니고 있다는 사실을 부정하는 것처럼 보인다. 현재의 심리교육학이 선천적 능력에 대한 구시대적 편견과 다른 점은 그것이 각 유형 간의 위계를 인정하기를 망설인다는 점이다. 19세기의 선천적 능력 이론들이 우수한 지능을 가지고 있다고 생각되는 개인들을 드러내놓고 칭찬했다면, 오늘날의 학교는 엘리트주의라는 반도덕적 행동으로 비난받을 경우에 대비하여 재능 있는 아이들을 판별하기를 꺼려한다. 교과과정 공학자들은 어떤 형태의 지능을 다른 모든 지능보다 높이 평가해야 하는지와 관련하여 비록 자주 암묵적으로이기는 하지만 확고한 견해를 가지고 있다. 하지만 그 지능은 지적 능력과 거의 관련이 없다.

전문가들은 **감정지능**을 전문가들에 의해 교육된 아동이 지닌 가장 중요한 속성이라고 지속적으로 옹호한다. 한 전문가는 서로 다른 '지능의 혼합'에 대해 논의한 다음에 "개인의 생활기회를 결정하는 데서, 즉 일에서 성공하고 관계의 질과 개인적 웰빙을 높이는 데서 아마도 감정지능이 사회계급이나 원래의 IQ 같은 다른 어떤 요인들보다도 더 중요할 것"이라고 진술한다(Bentley, 1998: 24). 정책 입안자들 또한 감정지능의 장점에 열광한다. 학습의 감정적 측면이 지닌 중요성을 다룬 한 정부 보고서는, "'감정지능'에 대한 연구는 감정적·사회적 능력이 인지적 능력보다 개인적·직업적·학문적 성공에 더 많은 영향을 미치는 것으로 나타났으며", 따라서 "학교의 효과를 증대시키기 위해서는 그러한 능력들을 학교와 학습에서 중심에 위치시킬 필요가 있다"는 것을 시사한다고 주장한다(Ecclestone and Hayes, 2008: 16에서 인용). 감정지능의 의미가 여전히 명확하지 않은 상황에서 감정지능을 옹호한다는 것은 정책 입안자들이 이론 교육의 힘보다는 행동관리 기법의 효과를 더 신뢰한다는 것을 의미할 뿐이다.

결론: 교육을 얼마나 더 확장시키기를 원하는가?

지능의 다중화는 학습 장소들이 급격히 증가하는 것과 나란히 진행된다. 지능의 범위가 계속 확대되고 학습 스타일이 증가되면서 이론 교육의 중요성은 최소화되었다. 이론적 지능을 단지 복수의 지능들 가운데 하나라고 표현하는 것의 이면에서는 학습의 의미가 계속 확대되고 있다. 학교는 이론 학습뿐만 아니라 감정지능과 개인적 웰빙에 대한 수업 또한 제공해야 하는 임무를 부여받는다.

심리교육학의 팽창 야망은 너무나도 자주 진정한 교육의 장을 타락시킨다. 이 접근방식은 ESRC의 교수학습 연구프로젝트가 개관한 "증거에 의거하여 도출된 교육학 원리들"에 의해 의식적으로 뒷받침받고 있다. ESRC는 그 원리들을 설명하면서 "학습되어야 하는 것의 개념을 학교와 연관된 교과과정이나 교과목이라는 관념 너머로까지 확장"시키고자 한다고 진술한다. ESRC는 또한 "효과적인 교육학이라면 학습자들로 하여금 가장 넓은 의미에서의 삶을 준비하게 해야 한다"라고 주장하면서, "보람 있는 학습의 성과라는 폭넓은 개념"을 채택할 것을 요구한다.[18] '폭넓은'이라는 단어는 교과목에 기초한 교육이 지나치게 '협소'하다는 의미를 담고 있다. 이론 학습을 협소하다고 특징짓는 것은 교육학이 교육의 힘에 대해 가지고 있는 환멸을 보여주는 것으로 보아야만 한다. 교육의 의미를 확대하려는 지속적인 시도는 진정으로 혁신적이고 실험적인 프로젝트이기는커녕 이론적 학교 교육 그 자체가 문제라는 확신에 의해 추동되고 있다. 그러한 시도는 포함의 약속을 지키기 위해 너무나도 많은 것을 희생할 준비가 되어 있다.

교육의 의미를 확장하려는 경향은 학교가 에너지를 아이들의 삶의 사회적·감정적 측면들에 쏟는 쪽으로 방향을 바꾸게 해왔다. 아동의 웰빙이 학교의 임무가 되어버렸다. 일반적으로 학교체계가 아이들을 지적으로 발달시키기보다는 "교육을 통해" 아이들을 세상에 적응하게 하는 것에 더 많은 관심을 기울이는 것처럼 보인다. 수많은 정책문서에서 감정적·개인적·사회적 발달이 강조되는 반면, 지식 중심 교육은 상대적으로 사소한 역할만을 부여받는다. 사회가 교육의 힘에 대한 믿음을 상실할수록 사회는 미봉적인 치료요법적 해결책들을 더 많이 찾는 것으로 보인다. 이처럼 교육이 아이들의 감정적 삶을 관리하는 쪽으로 전환하는 것은 아동의 웰빙에 거의 보탬이 되지 않으며, 아동의 교육에는 더더욱 보탬이 되지 않는다.

제7장

행복으로의 불행한 전환

상상력이 없는 소수의 공무원들을 제외하면 대부분의 사람들은 아이들을 교육하는 방식에 뭔가 문제가 있다는 사실을 알고 있다. 보고서들은 학교를 개혁할 것 또는 교과과정을 개정할 것을 반복적으로 요구한다. 교과과정에 새로운 쟁점과 목적을 더하여 교과과정을 '확대'하자는 요구들이 수없이 제기되고 있다. 2009년 2월에 출간된 캠브리지 초등교육 평가보고서는 이 주제를 다룬 보다 신중한 문건의 하나로, 잉글랜드의 아이들이 지나치게 협소한 교육을 받고 있다고 주장한다.[1] 다른 압력단체들은 '전인적 아동' 교육을 제창하면서, 교과과정을 확대하여 감정지능, 행복, 또는 웰빙 수업을 포함시킬 것을 정부에 요구한다. 대서양 양편에서 정부는 이러한 요구들에 민감하게 반응해왔다. 미국에서 발의된 "아동 낙오 방지No Child Left Behind" 법안은 감정적·사회적 학습 프로그램을 뒷받침한다. 잉글랜드에서 60% 이상의 초등학교들이 도입하고 있는 "사회적·감정적 측면의 학습"Social and Emotional Aspects of Learning: SEAL 프로그램은 아이들에게 자신들의 감정을 이해하도록 훈련시키려는 야심찬 시도이다.

'전인적 아동'에 대한 관심, 그리고 아동의 '개인적·감정적 욕구'에 대한 관심은 아이들이 균형 잡힌 만족스러운 생활을 영위하기를 원하는 우리의 자연스러운 바람과 부합한다. 특히 어린아이들에게는 신체적 운동이 필요하고, 그들은 스포츠, 음악, 예술로부터 이득을 누려야 한다. 또한 학교가 아이들에게 퍼스낼리티의 서로 다른 측면들을 탐색하고 표현할 수 있는 기회를 제공하는 것은 당연히 이치에 맞는다. 우리의 본능은 우리에게 청소년들이 학교에서 더 많은 경험을 하게 하는 것이 더 바람직하므로 협소한 교과과정에 이의를 제기하라고 말한다. 하지만 불행하게도 '광범위한' 교육과 '협소한' 교육을 대치시키는 양극화된 주장들은 사태를 더 악화시킨다.

역사적으로 볼 때, 교과과정을 확대하자는 호소는 일반적으로 이론 교육에 중심적 지위를 부여하는 것에 대한 얼마간의 적대감에 의해 촉발되었다. 교과목 중심의 이론 수업을 제공하는 데 주력하는 학교는 메마른 교과과정을 제공한다는 이유에서 자주 비판받는다. 교사들이 "전인적인 아동 교육을 실시해야" 한다는 생각을 지지하는 한 미국인은 "확실히 우리는 사람들이 읽기와 수학에 능숙해지도록 교육하는 것 이상을 학교에 요구해야 한다"라고 주장한다. 이 미국인은 자신의 주장을 강화하기 위해 "너무나도 많은 매우 능숙한 사람들이 사기를 치고, 탐욕으로 얼룩진 성공을 추구하며, 자신의 행동이 타인의 삶에 어떤 영향을 미치는지에 대해 거의 신경 쓰지 않는다"라고 덧붙인다(Noddings, 2005). 나쁜 사람들 중 많은 사람이 공교롭게도 학교 교과목들에 능숙할 수도 있지만, 수학이나 읽기 교육을 하는 것과 반사회적 행동을 하는 능숙한 성인 간에 어떤 인과적 또는 논리적 관계가 존재하는 것은 아니다. 많은 학교가 아이들을 수학과 읽기에서 능숙해지도록 교육하는 데 실패하는 오늘날과 같은 시대에 그러한 기본 교과목 가르치기에 대해 비관적인 태도를 보이는 것은 초점이 빗나간 것이다. 학생들에게 기초를 가르치기 위해 고군분투 중인 학교가 교과과정을 확대함으로써 문제를 개선할 수 있을 것 같지는 않다.

초등학교 아이들은 균형 잡힌 교과과정을 접할 때 가장 잘 자란다. 만약 교과과정이 교과목 중심의 지적으로 도전적인 에토스에 기초할 경우, 다양한 방식으로 균형 잡힌 교육을 제공할 수 있다. 하지만 교과과정을 확대해달라는 간청은 대개 학교가 아이들에게 수학, 문학, 역사, 과학 및 여타 과목들을 공부하도록 동기를 부여할 수 있는 능력에 대해 환멸을 느끼는 분위기에 바탕하고 있다. 보다 광범위한 교육 내지 '전인적인' 교육을 하자는 일부 교육자들의 청원은 적어도 부분적으로는 이른바 전통적 교과목들이 아이들의 삶과 무관하다는 믿음에 의해 추동되고 있다. 많은 초등교육 전문가가 아동에 대한 지식이 교과목에 대한 지식보다 더 중요하다는 견해를 취한다. "나는 교과목을 가르치는 것이 아니라 아이들을 가르친다"는 격언에 담겨 있는 이러한 감상은 초등교육에 엄청난 수사적 영향력을 행사한다. 이처럼 아동 가르치기와 교과목 가르치기를 정반대로 보는 경향은 초등학교에서의 지식 추구를 평가절하하는 유감스러운 결과를 초래한다. 그것은 또한 초등학교 교사의 덕목은 "지적 능력보다는 감정, 직관, 동감, 공감"과 관련되어 있다는 관념을 조장해왔다. 마스덴(Marsden, 1997: 234~235)은 그 결과 "초등학교 학생들뿐만 아니라 초등학교 일반 교사들까지도 탈지성화되고 뒤떨어진 존재로 바라보는 견해"가 뿌리내리게 되었다고 믿는다.

과거에 학교 교육을 확대하자는 요청은 대체로 아이들에게 실용적인 기술을 훈련시켜야 한다는 주장을 완곡하게 표현한 것이었다. 21세기에 그러한 권고는 학교가 치료요법적인 임무를 수행하는 것을 옹호하는 경향이 있다. 교과과정에 대한 최근의 평가 보고서들은 일반적으로 감정지능, 웰빙, 또는 행복 수업을 학교의 핵심 임무라고 보는 입장을 지지한다.[2] 일부 감정 교육 옹호자들은 감정 교육의 제도화가 아이들의 학업성적을 향상시키기 위한 전제조건이라고 주장하기까지 한다.[3]

좋은 학교는 아동의 도덕적·정신적·감정적 욕구에 주의를 기울이기 위해 모든 노력을 다할 것이다. 그리고 훌륭한 교사는 지능계발이 아동의 성향과 행동을 교육하는 일과 뗄 수 없게 연결되어 있다는 것을 알고 있다. 밴톡은 다음과 같이 쓰고 있다.

> 결국 가장 중요한 것은 감정을 교육하는 것(치료요법을 적용하는 것과 대조되는 것으로서의)이 인간의 어떤 다른 측면을 교육하는 데 고유한 접근방식과 무언가 근본적으로 다른 접근방식을 필요로 하지는 않는다는 것이다. 과학적 연구의 관례와 전통을 접함으로써 과학적 인식이 발전하듯이, 감정의 공개적인 전달수단 — 즉, 예술 — 을 통해 내적 자각이 일어나면서 감정의 순화와 인식이 진전된다.(Bantock, 1986: 138~139)

밴톡은 감정에 대한 교육과 치료요법을 유익하게 구분한다. 감정에 대한 교육이 주로 이론 학습의 토대에 근거하여 서서히 발전한 반면, 치료요법은 심리학적 기법들에 의존하여 적용된다. 오늘날 '감정 교육 emotional education'이라 불리는 것은 밴톡의 감정 교육하기라는 관념과는 별 관계가 없다. 최근 제도화되고 있는 행복 수업과 감정지능 수업은 치료요법적 교육의 한 형태로 보아야 한다.

치료요법적 교육의 지지자들은 감정과 지능을 대비시키는 도그마적 입장을 암묵적으로 받아들인다. 감정 교육을 하나의 별개의 영역으로 구성하는 것은 자주 감정 교육이 교실 경험을 확장한다는 것에 근거하여 정당화된다. 하지만 지적인 것을 지향하는 교과과정의 목적과 효과에 대한 환멸이 치료요법적 학교로의 전환을 촉구하고 있다. 치료요법적 전환을 지지하는 사람들은 자주 반이론적 감성을 지닌다. 이러한 감상은 빈번히 지식습득을 감정기술의 내면화에 의식적으로 종속시키는 것을 통해 표출된다. 이를테면 스코틀랜드 교사들을 대상으로 하는 감정지능 회의를 알리는 한 광고는 감정지능을 "우리의 모든 능력에 심대한 영향을 미치는, 그리하여 궁극적으로 우리가 얼마나 잘 살아갈 수 있는지를 결정하는 주요한 자질"이라고 묘사한다. 건강증진학교국 Health Promoting Schools Unit의 최고 책임자도 이러한 논지를 되풀이하는데, 그는 감정적 어젠다가 "더 나은 성취와 달성에서 중요하다"라고 말한다.[4] 감정적 어젠다에 중심적 역할을 부여한다는 것은 단순히 교육이 '확장'되고 있음을 보여주는 것이 아니라 교육이 재정의되고 있음을 시사하는 것이다.

기술skill교육조차 새로운 치료요법적 어젠다에 종속되어왔다. 지난 10년 동안 기술이 중요한 기술적technical 능력을 요구한다는 전통적인 기술 관념은 일련의 포괄적인 '생활기술'을 강조하는 것에 길을 내주었다. 기술의 의미에 대한 이러한 '연성화'는 '퍼스낼리티 특질'을 치료요법적 개선의 대상으로 전환시켰고, 그 결과 "기술, 개인적 특징, 태도 간의 경계"가 "점차 모호해"졌다(Payne, 2000: 355~356).

치료요법적 전환을 지지하는 논의들은 빈번히 다중지능 관념에 의거한다. 교장이자 어린 학생들에게 행복을 가르칠 것을 주창한 인물로 유명한 앤서니 셀던Anthony Seldon은 "교육의 목적"이 "8개의 '지능'(논리적 지능, 언어적 지능, 스포츠적 지능, 예술적 지능, 개인적 지능, 사회적 지능, 구술적 지능, 정신적 지능)"을 기르는 것이라는 점에 근거하여 자신의 대의를 전개한다.[5] 몇몇 경우에는 그러한 지능들을 길러주고자 하는 충동이 아이들의 교육 경험을 확장하는 일에 진정으로 헌신하고자 하는 욕구에 의해 촉발되기도 한다. 그러나 앞에서 지적했듯이, 다중지능이론은 빈번히 인지적 지능과 교과목 중심 교과과정의 역할을 평가절하하는 데 이용된다. 여기서 무엇보다 쟁점이 되는 것은 학교 교육이 '협소'한가 '광범위'한가의 여부가 아니라 그것이 이론적 교과과정에 기초하고 있는가의 여부이다. 교과과정을 단순히 그것이 얼마나 광범위한지 아니면 협소한지의 측면에서 평가하는 논의들은 교육의 내용을 간과하게 만들 위험이 있다. 원칙적으로 아이들이 배우는 교과목의 수는 상대적으로 적을 수도 있고 또 상대적으로 많을 수도 있다. 하지만 중요한 것은 교육의 내용과 교육 방식이다.

역사적 관점에서 바라본 교육과정의 확대

아이들은 불가피하게 학교를 자신들의 통상적인 일상 경험과는 다른 인위적인 어떤 것으로 경험한다. 현대 교육학은 정규 학교 교육과 아이들의 비정규 과외 교육 경험 간에 존재할 수밖에 없는 차이를 둘 간의 구별을 부식시킴으로써 최소화하기 위해 애쓴다. 교육자들은 정규 교육이 청소년들을 다룰 수 있는 능력에 대해 염려하기 때문에, 비정규 교육을 선택하는 경향이 있다. 교육을 확대하자고 주장하는 까닭은 상당 정도 교육을 보다 학교생활 같지 않은 것으로 만들고 싶어 하기 때문이다.

20세기로의 전환기 이후 교육을 확대하자는 주장과 이론적 교과과정에 대한 비판은 서로 다른 두 부류의 후원자들로부터 지지를 받아왔다. 기업가와 재계 지도자들은 학교 교육 체계가 아이들에게 효율적인 경제운영에 필요한 유용한 기술들을 습득하도록 가르치지 않는다고 자주 비판해왔다. 그들은 학교 교육에 대해 실용주의적으로 접근할 것을 요구했다. 즉, 그들은 아이들이 노동세계에서 필요할 수 있는 기술들을 습득하는 데 학교가 도움을 주기를 바랐다. 진보적인 아동 중심 교육자들 또한 이론적 교과과정을 비판했다. 19세기 후반 이후 이 압력단체는 이론적 교과과정을 끌어내리는 데 몰두했다. 아동 중심 학교 교육을 뒷받침하는 주장은 듀이에 의해 체계적으로 정교화되었다. 그는 이론적 교과목 중심 교육에서 아이 자신의 사회적 활동으로 초점을 이동시킬 것을 요구했고, 또한 "학교 교과목들을 서로 연관시키는 진정한 축은 과학도, 문학도, 역사도, 지리도 아닌 아동 자신의 사회적 활동"이라고 주장했다(Dewey, 1897: 25). 미국에서 새로운 교육학은 교육 확대 프로젝트를 드러내놓고 추구하면서, 학교로 하여금 "전통적 공부를 실용적 공부로 대체"하고 교과목 주제가 아닌 아이들의 관심사에 기초하여 교육을 하게 하려고 했다(Ravitch, 2000: 53).

아동 중심 학교의 지지자들 중 많은 사람이 지적으로 엄격한 교과과정에 반대하지는 않는다. 하지만 아동의 경험을 강조하는 것은 이론 학습의 역할을 모호하게 만들고, 이론 학습을 생활과 관련된다고 여겨지는 것을 공부하는 것 아래에 자주 예속시킨다. 20세기 초반 미국에서는 이론적 교과목들이 아이들의 경험과 무관할 뿐만 아니라 아이들의 건강에도 몹시 해롭다고 공공연히 비난했던 교과과정 공학자와 심리학자들 사이에서 이론적 교과목에 대한 반감이 표출되었다. 심리학자이자 아동전문가인 스탠리 홀Stanley Hall은 "지식을 위한 지식이라는 이념"을 비판하고, "전통적인 학교 공부가 거의 항상 아이들의 건강과 웰빙을 위태롭게 만들었다"고 주장했다(Ravitch, 2000: 70에서 인용). 선도적인 진보적 교육자였던 캐럴라인 자크리Caroline Zachry 역시 비슷한 맥락에서 이론적 교과과정을 "어떠한 유용한 목적에도 더 이상 기여하지 못하는, 그러면서 학생들의 개인적 발달을 해치는 과거의 유물"로 일축했다(Ravitch, 2000: 274~275에서 인용).

이론 학습이 아이들의 웰빙과 정신건강에 악영향을 미칠 수 있다는 주장은 새롭지 않으며, 그러한 주장은 아이들이 학교에서 하는 일의 많은 부분이 부자연스럽고 따라서 아이들의 개인적 발달을 망쳐놓는다는 믿음에 기초하고 있다. 교육의 격식성 자체가 자주 아이들의 자연적 성향을 억제하고 정신적 고통을 유발한다고 비난받는다. 이러한 우려는 숙제가 아이들에게 초래할 수도 있다고 추정되는 위험과 관련하여 반복적으로 제기되어왔다. 이미 1900년에 ≪여성 가정 저널The Ladies' Home Journal≫의 편집자인 에드워드 복Edward Bok은 숙제로 인해 "미국 아이들의 정신건강이 파괴되고 있다"고 주장하며, 숙제에 반대하는 캠페인을 시작했다(Ravitch, 2000: 90). 다른 사람들은 규율, 기계적인 학습, 유연하지 못한 교과과정을 표적으로 삼기도 했다. 듀이는 읽고 쓰기에 지나치게 초점을 맞춘 결과 "극심한 신경과민"이 초래되었다는 견해를 취했고, "애석하게도 신경체계와 근육상태의 손상, 왜곡이 보고되고 있다"고 경고했다. 1898년에 듀이는 6~7세 아이들에게 읽기를 가르치려는 시도들을 비난했는데, 그 이유는 그것이 "이후의 지적 발달을 촉진하기보다는 저해한다"고 보았기 때문이다(Ravitch, 2000: 357에서 인용).

최근 수십 년 사이에 학교 경험의 질병화가 훨씬 더 진전되었다. 초등교육에 관한 일련의 보고서들은 아이들이 "스트레스를 받고" 있으며 아이들을 불안하게 만든 책임이 국가고사에 있다고 주장해왔다.[6] 실제로 아이들을 압박하거나 또는 불편하게 만드는 모든 학교활동이 이제는 정신건강 문제를 일으킬 수 있는 잠재적 원인으로 진단된다. 2008년에는 스트라우드Stroud 인근의 잉글랜드 화이트미니스터 기부 교회 Whitminster Endowed Church 부설 초등학교에서 교장이 "철자쓰기 활동이 많은 아이를 불필요할 정도로 고통스럽게 한다"고 생각해서 더 이상 아이들에게 철자쓰기 목록을 숙제로 내지 않는다고 보도되기도 했다.[7] 좋은 학교는 아이들이 정규 학습 기간 동안 불가피하게 경험하는 고통과 불안을 최소화할 수 있는 모든 방안을 강구할 것이다. 하지만 교실에서 불안감을 없앨 수 있다거나 또는 없애야 한다는 주장은 비현실적이다. 그것은 아주 단순한 이유에서이다. 즉, 정규 교육과 학습은 학생들을 압박할 수밖에 없기 때문이다. 밴후세와 사바흐(Vanhuysse and Sabbagh, 2005: 399)의 지적처럼, "만약 교사가 학생들에게 그들의 **즉각적 선호에서 벗어나 있는** 수학과 언어적 기술 같은 것들을 공부할 것을 강요하지 않는다면, 아마도 많은 학생이 자신들의 미래에 필요한 것들을 충족시킬 수 있는 능력을 기르지 못한 채 학교를 졸업하게 될 것이다".

학교 경험을 질병화하는 것이 이처럼 엄청난 힘을 얻으면서 학생들에게 어떤 것을 하라고 '강요하려는' 발상은 자주 감정적 학대의 한 형태로 범주화된다. 그 결과 지적으로 도전적이고 청소년들을 긴장시킬 것 같은 교과목과 주제는 피하라는 강한 압력이 학교에 가해진다. 존 화이트(John White, 2006: 13)는 중등교육 "핵심 3단계에서 치르는 셰익스피어 희곡 시험이 기피 대상의 대표적 사례"일 것이라고 말한다. 왜냐하면 만약 "우리가 모든 학생이 계속해서 학습하기를 원한다면, 학생들을 소외시키고 자신감을 해치고 불안하게 만들거나, 또는 그들이 재미없다고 느끼는 학습체계를 선택해서는 안 되기 때문이다". 이 관점에서 볼 때, 아이들을 기분 좋게 만들라는 정명과 지적으로 도전적인 교과과정의 요구는 서로 모순되는 것으로 보인다. 따라서 이 터무니없을 정도로 다층적 구조를 지닌 셰익스피어의 희곡은 자신감을 끌어 올리는 신체활동들에 길을 내주어야만 한다. 아이러니하게도 우리가 아이들에게 가지는 지적 기대를 협소화하는 것이 자주 교육의 확대로 묘사된다. 노딩스(Noddings, 2003: 200)는 아이들의 웰빙에 중심적인 지위를 부여해야 한다고 주장하면서 "대체 왜 학생들에게 수학과 과학을 강요하는가?"라고 묻는다.

아동 중심 교과과정 전문가들은 일찍이 1900년부터 이론적 학교 교육에 대한 신화를 정교화해왔고, 그것이 오늘날까지 지속되고 있다. 이 신화에 따르면, 이론적 교과과정은 정의상 협소할 뿐만 아니라, 아이들의 창의성을 무력화시키고, 그들이 자신들의 경험을 이용하여 삶을 탐색하거나 삶으로부터 학습하는 것도 가로막는다. 이러한 교과과정은 지나치게 격식적이고, 시대에 뒤진 부적절한 과목들을 가르치며, 아이들에게 기계적으로 학습하도록 강요한다는 이유로 혹평을 받았다. 또한 이론적 교과과정은 아이들의 감정생활을 왜곡하고 독립성을 훼손하며 무수한 건강상의 문제와 병리들을 유발한다는 이유로 비난을 받기도 했다. 1930년대쯤에는 이러한 비판과 많은 교육자의 견해가 서로 일치했다. 진보적 교육을 비판한 윌리엄 배글리William Bagley는 1934년에 다음과 같이 썼다.

> 만약 당신이 어떤 교육 대회에서 박수를 받고 싶다면 아동의 신성한 권리들, 그중에서도 특히 자유를 통해 얻는 행복할 권리를 표현하는 감상적인 상투어들을 큰 소리로 외치면 된다. 만약 당신이 시험과 숙제의 잔인함에 대해 말하면서 조금 울먹인다면 더 많은 박수를 받을 것이다. 게다가 당신이 감명적인 비난을 쏟아내며 라틴어, 수학(특히 기하학), 문법, 전통적 교과과정, 구획화, 암기해야 하는 '교과 주제의 허점', 규율, 공식적 처벌 등과 같은, 당신 마음에 드는 학대 스테레오타입의 하나를 문장마다 능숙하게 끼워 넣는다면, 아마도 확실히 엄청난 박수갈채를 받을 것이다.(Ravitch, 2000: 288)

배글리가 1930년대에 확인한 '감상적 상투어들'은 21세기에는 훨씬 더 큰 반향을 불러일으킨다. 1930년대와는 대조적으로 '시험의 잔인함'은 공중의 논쟁에서 늘 등장하는 주제이다. 교과목 중심 교육을 비판하는 사람들이 과거보다 훨씬 더 많아졌으며, '공식적 처벌'과 '암기'는 나쁜 관행으로 정의되는 경향이 있다.

이론적 교과목에 대한 반감과 반지성주의는 학습 내용에 대한 실용적, 심지어는 자의적인 접근방식으로 귀착되었다. 그 결과 교과과정은 경쟁하는 목적과 목표들의 전쟁터가 되곤 한다. 래비치의 지적에 따르면, 미국에서는 "교육 자체가 누구나에 의해 정의될 수 있는 것, 즉 교육 전문가, 대중 감상, 또는 고용주가 진전시킨 그 어떤 관념, 유행, 또는 운동에 의해서도 정의될 수 있는 것이 되었다"(Ravitch, 2000: 89). 교육을 확대하자는 주장은 교육이 생활 — 즉, 아이들의 경험, 아이들의 공동체 생활, 또는 노동세계 — 과 맞물려야 한다는 것을 근거로 하여 정당화된다. 이론 학습에 반대하는 사람들은 정치적 성향과 지지기반이 서로 다르지만, 그럼에도 불구하고 교육이 적실성을 지녀야 한다는 기본 가정을 공유하고 있다. 칼 로저스는 "적실성이 없는 무언가를 배우기 위해 애쓰는 사람은 아무도 없을 것이다"라고 언급하며 이 점을 분명히 한다(Rogers, 1983: 137). 근대 시기 내내 지식을 적실성이라는 명령에 예속시켜온 것은 실리주의의 특징이었다. 19세기 독일의 유명한 문호 괴테Goethe는 "실리주의자들은 자신의 생활조건과는 다른 모든 생활조건을 무시할 뿐만 아니라 다른 사람들이 자신의 존재양식을 따라야 한다고 요구한다"라고 논급했다.

아마도 교육적 실리주의를 추동하는 가장 중요한 단일 힘은 교육을 점점 더 적실성 있게 만들고자 하는 강박 충동일 것이다. 적실성이라는 명목하에 문법 수업은 거리 언어를 칭찬하는 것에 길을 내어주고, 이론적 지식보다는 기능적 기술이 선호된다. 적실성은 지성의 추구와 이데올로기적으로 대립된다. 로저스는 학생들에게 "어떠한 개인적 의미"도 지니지 않는 교육에 대해 비난하는데, 그 이유는 그가 "그러한 학습은 오직 정신만을 필요로 하고" 따라서 "전인적 인간에게는 어떠한 적실성도 지니지 않는다"고 보았기 때문이다(Rogers, 1983: 20). "오직 정신만"이라는 수사적 구성물은 인지의 중요성을 평가절하하기 위해 사용되고 있다.

그렇다면 아동의 사회생활을 중심으로 구성된 교과과정이 이론 학습에 헌신하는 교과과정보다 더 광범위한가? 적실성에 호소하는 것은 매력적이다. 어쨌든 아이들에게 부적절한 교육을 제공하고 싶은 사람은 아무도 없을 것이다. 그리고 이론적 지식은 자주 분명하게 구획되고 분류된 정규 교과목을 통해 전달된다. 그러나 그러한 지식이 협소한 것은 아니다. 그것은 "적어도 보편화될 수 있는 잠재력을 지닌 지식"이며, 아이들로 하여금 자신들의 직접 경험을 넘어 다른 문화공동체들의 삶으로부터 학습할 수 있게 해주는 지식이다(Young and Muller, 2007: 175). 잠재적으로 이론 교육은 적실성에 몰두하는 교육보다 더 개방적이고, 아이들에게 다양한 원천에서 얻은 지식과 경험을 숙지할 수 있는 기회를 더 많이 제공한다.

시대에 뒤떨어지고 부적절한 19세기 교과과정의 유산이라고 빈번히 묘사되는 역사 과목을 예로 들어보자. 겉으로 보기에 역사 과목 공부는 전적으로 부자연스럽고 아이들의 경험과 무관하다. 고대 그리스 또는 중세 유럽에 대한 공부가 지구화된 하이테크 세계의 도전들에 맞서야 하는 21세기 아이들에게 얼마나 적실성을 지니겠는가? 하지만 적절히 이해되기만 한다면, 아마도 역사는 상상력을 확장하는 데 가장 크게 기여할 수 있는 과목일 것이다. 역사 공부의 목적 중 하나는 아이들이 자신의 직접 경험을 넘어 인류가 스스로에 대한 인식을 전개하고 변화시키고 발전시켜온 방식을 이해하도록 돕는 것이다. 아이들을 변화에 적응하도록 훈련시키는 일에 집착하는 바로 이 시대에 정책 입안자들이 실제로 변화에 대한 이론 학습을 평가절하하고 있다는 것은 아이러니하다. 오늘날 올바른 개인적·관계적 기술들을 내면화하도록 아이들을 프로그램화해야 한다고 강조하는 것보다 더 협소한 것은 없을 것이다. 인류의 시간여행을 공부하는 것은 아이들로 하여금 사람들을 움직이는 복잡한 동기를 이해하고 우리를 현재의 우리로 만든 영향력들을 통찰할 수 있게 해준다. 로마의 사상가 키케로Cicero가 "과거에 일어난 일을 알지 못한다면 항상 아이로 남을 수밖에 없다"라고 말했을 때, 그는 우리의 교과과정 공학자들보다 교육과 개인발달 간의 관계에 대해 훨씬 더 잘 이해하고 있었다. 교과과정을 보다 광범위하고 보다 적실하게 만들고자 하는 현재의 사고방식은 아이들의 개인적 발달에 도움을 주려는 목적을 달성하기보다는 아이들을 유아화한다.

지금까지의 경험은 교과과정을 확대하려는 프로젝트가 실제로는 아이들의 지적 발달 잠재력을 축소할 수 있음을 보여준다. 전통적인 이론 교육과 연관된 거의 모든 과실(기계적인 학습, 정형화되고 상상력 없는 수업방식, 실험기회의 부재)은 교과목에 반대하는 반지성적 교과과정들 속에 훨씬 더 산재한다는 점을 깨달을 필요가 있다.

전통적인 자유주의적 교과과정은 기계적인 학습을 강요함으로써 아이들의 자연적 호기심을 둔화시킨다는 이유로 자주 공공연히 비난받는다. 한 비판자는 "사실에 대한 기계적 학습"이 "다음 세대가 정보시대를 항해하는 데 활용할 수 있는 핵심적 기술을 교육하는 것"에 길을 내어주는 날을 고대하기도 한다(Bousted, 2007: 9). 하지만 유연성의 계발과 개인 발달이라는 수사에도 불구하고, 정형화된 수업과 기계적 학습은 이른바 '전인적' 또는 '전인적 아동' 치료요법적 접근방법에도 깊이 뿌리내리고 있다. 또한 치료요법적 교육이 사용하는 기법이나 용어(훈련, 지도, 감정관리)와 비교하면, 오히려 전통적인 기계적 학습이 단연 진보적인 것처럼 보인다. 감정 교육이나 행복 교육을 수행하는 교사들이 활용할 수 있는 교육 보조장치들을 살펴보면, 어느 누구라도 그 교육들이 지닌 규범적이고 교훈적인 성격에 놀랄 것이다. 행복 수업을 주창한 한 영향력 있는 인물은 "많은 연습과 반복"을 통해 "행복의 비밀"을 학습할 수 있다고 기술한다. 내친 김에 그는 전통적인 종교, "특히 불교"의 반복을 통한 수행을 찬양한다(Layard, 2007a: 20을 보라). '행복 프로그램'을 전수하는 교사들을 돕기 위해 작성된 한 안내서는 "우리는 훈련을 통해 더 행복해질 수 있다"라고 주장하고, "긍정적이 되는 훈련을 하는 것은 적절한 사람이 되는 훈련을 하는 것과 얼마간 비슷하다"라고 설명한다. 아이들은 좋은 느낌을 기억하고 부정적인 느낌을 버리는 법에 대한 일련의 지침들을 제공받는다. 그들은 "우리에게 일어나는 좋은 일에 대해 생각하고 글을 쓰는 것은 우리 각자가 우리 자신의 개별적 행복 창고를 짓는 일을 도와준다"는 말을 듣는다. 교사는 아이들이 행복해지는 훈련을 하기 위해 해야만 하는 것과 관련한 다음과 같은 명확한 지침들을 제시받는다. "학생들에게 그들의 행복 일기장을 펼쳐 오늘 일어난 일 세 가지(이를테면 행복하다고 느끼게 만든 일과 떠올리면 웃음 짓게 만드는 일)를 쓸 것을 요구하라." 그 지침들은 매우 엄격하다. 따라서 아이들은 일어난 일을 세 가지, 즉 하나도 둘도 아닌 세 가지를 써야만 한다.[8]

다른 안내서 역시 아이들에게 "세 가지 일을 쓰라"라고 역설한다. 왜냐하면 "언뜻 보기에 단순한 이 훈련이 효력을 발휘하기 위해서는 우리가 삶에서 좋은 것을 발견하는 데 우리의 주의력을 집중하도록 재교육해야 하기 때문이다".[9] "우리의 주의력을 재교육한다"는 말은 그 훈련이 재교육을 시키는 사람이 지지하는 가치들을 아이들에게 주입하는 것에 의지하는 활동이라는 것을 의미한다. 프로그램 전체가 아이들이 행동 각본을 내면화하고 그 각본을 공개적으로 실연하는 것에 의존한다. 아이들은 자신들의 트레이너가 제시하는 지침을 암기해야만 하는 것은 아니지만, 재교육된 아이에게 기대되는 감상들을 소리 내어 말해야만 한다. 아동 중심 관행들에 수사적으로 몰입하는 전문가들은 청소년들의 감정을 관리하고 재교육하는 데 아무런 거리낌이 없다는 점을 지적할 필요가 있다. 그들은 엉큼하게도 아이들이 성찰적이 되도록 가르침을 받는다고 주장하지만, 그들이 제공하는 정형화된 형태의 성찰은 "바람직한 속성, 태도, 성향에 대한 매우 규범적인 견해를 숨기고 있다"(Ecclestone and Hayes, 2008: 43). 그러한 각본화된 형태의 감정관리는 기계적 학습이 지닌 최악의 특징들을 재생산한다. 더욱이 그들은 성찰성과 개방성이라는 언어를 차용함으로써 자신들이 아이들의 내적 삶을 세세하게 관리하는 일에 몰두한다는 사실을 은폐한다. 그것은 아이들을 가르치는 것이 아니라 프로그래밍하는 것이다.

반지식적이고 기술지향적인 전인적 아동 접근방식을 추동하는 교육학의 일급비밀 중 하나가 그 교육학이 매우 지시적인 기법들에 의존한다는 것이다. 최근에 개정된 잉글랜드 학교 교과과정이 6~8세 아이들에게 부여하는 다음과 같은 학습 목적에 대해 대체 누가 반대할 수 있겠는가? "감정을 긍정적인 방식으로 인식하고 명명하고 대하게 한다." 그렇다면 감정을 다루는 긍정적인 방식이 무엇인지를 결정하는 사람은 누구인가? 아동인가? 교사인가? 아니면 심리학자인가? 아동에게 감정 각본을 강요하는 것은 적어도 종교적 주입을 연상시키는 관행들만큼이나 지시적이다. 아이들에게 자신들의 감정을 명명하고 다루는 법을 가르치는 것의 목적은 실제로는 그들에게 감정적 순응주의를 요구하기 위한 것이다.

이러한 형태의 훈련이 지닌 반자유주의적이고 권위적인 충동을 좀처럼 알아차리지 못하는 이유 중 하나는 그러한 훈련이 그러한 충동을 조장하기 위해 그 충동을 신비화하는 언어를 사용하기 때문이다. '성찰적 학습', '학습하는 법의 학습', '전인적 아동 만들기' 같은 용어들은 그러한 훈련이 학교 교육을 관대하고 개방적인 관점에서 바라보고 있다는 신호를 의식적으로 보낸다. 이러한 신비화의 한 가지 확실한 예가 새로운 교육학이 사용하는 기본 개념 가운데 하나인 비판적 사고 기술critical thinking skill이다. 이 개념은 자주 지식습득에 의존하는 구시대적 방식을 대체할 수 있는 하나의 긍정적 대안으로 옹호된다. 하지만 '비판적 사고 기술'은 결코 비판적이지 않다는 점을 지적해야만 한다. 그 기술들은 6세 아동들에게 구구단을 암기하도록 가르치는 것만큼이나 지시적이고 정형화된 기법을 통해 가르쳐진다. 비판적인 사고 기술은 학생들이 '독자적인 학습자'가 되도록 성장시키는 수단으로 옹호되지만, 아이들은 사고하는 방법을 학습하는 것이 아니라 이른바 사고의 기술들을 배운다. 그리고 사고하는 방법을 아는 일은 하나의 기술로 축소될 수 없다. 사고와 추론은 인식대상과 창조적 긴장관계에 있다. 우리의 사고능력은 우리가 아는 대상과 분리되지 않으며, 우리의 느낌을 통해 조정된다. 사람들은 자신의 사고능력을 경험이나 학습과 별개로 발전시킬 수 없다. 하지만 사고 기술을 지도함으로써 달성하고자 하는 것이 바로 사고능력이다. 이러한 기술적 접근방식의 한 옹호자는 "사고 기술이 내용 영역에 적용되기에 앞서 사고 기술을 직접 가르칠 필요가 있다"라고 진술한다(Burkard, 2007: 189).

사고를 대상 없이도 가르칠 수 있다는 생각은 사고하기를 하나의 협소한 기술적 공식으로 축소시킨다. 학생들에게 전수되는 것은 심지어 기술도 아닌, 기술의 서툰 모방품이다. 과학교육 전문가인 데이비드 퍼크스David Perks가 주장했듯이,

> 학생들에게 사고하는 법을 훈련시키려는 시도는 인간을 하나의 생물학적 기계로 보는 인지 모델에 기초하고 있다. 사고 기술을 가르치려는 시도에는 사고가 마치 묘기를 학습하는 개처럼 하나의 학습된 행동이라는 의미가 함축되어 있다. 묘기는 일단 학습되면 분명 자동적으로 실행되며, 정의상 더 이상의 사고를 필요로 하지 않는다. 사고 기술을 증진시키고자 하는 것은 지적 삶에 대한 공격이자 사고 자체에 대한 공격이다.[10]

사고를 기술 습득의 한 형태로 축소시킴으로써 지식과 사고를 분리하는 것은 기계적인 학습이 지닌 최악의 특징을 그대로 드러낸다. 학생들이 교과목 내용으로부터 스스로 지식을 흡수하는 것을 가로막는 것은 실제로는 학생들이 스스로 사고하는 법을 학습하는 데 장애물로 작용한다.

교육의 치료요법적 전환

반지식적 교육학과 연관된 많은 관념(아동 중심 학습, 전인적 아동 교육, 격식성이 청소년들을 질식시킨다는 믿음, 교과과정을 확대해서 보다 적실성 있게 만들자는 요구, 기술에 대한 강조)은 오랜 시간 동안 이러저러한 형태로 우리 주변에 존재해왔다. 그러한 관념들은 교육 전문가들에게 상당한 영향력을 행사했다. 하지만 교실에서 교사들이 실제로 직면하는 현실로 인해 그러한 관념들의 영향은 20세기 대부분 동안 제한적이었다. 하지만 그러한 감상은 1980년대에 탄력을 얻어 영향력을 행사하기 시작했고, 오늘날에는 교육에서 정책결정 문화를 지배하고 있다. 이 같은 사태의 진전을 가장 분명하게 보여주는 현상 중의 하나가 일반적으로 지식 습득이 아동의 웰빙과 행복이라는 목표에 확실히 예속되어버렸다는 것이다.

아동의 웰빙은 항상 계몽된 교육자들의 관심사였지만, 최근에는 웰빙 자체가 치료요법적 개입을 요구하는 하나의 문제로 인식되고 있다. 그리하여 아이들의 문제가 의료화되어 심리학적 용어들로 진단되고 있다. 그리고 이 접근방식이 제도화되어, "감정적 웰빙, 감정교양, 감정능력"이 "교육체계가 낳은 가장 중요한 결과들 중 일부"로 인식될 정도가 되었다(Ecclestone and Hayes, 2008: ix~x).

앞에서 지적했듯이, 감정에 대한 교육은 바람직한 자유주의 교육의 필수적 구성 부분의 하나이다. 하지만 **감정에 대한 교육**the education of the emotions과 현재 유행하는 **감정 교육**emotional education 간에는 중요한 차이가 존재한다. 르네상스 시대 이래로 인본주의적 전통은 인지와 감정 사이에 창조적 긴장관계가 존재한다는 것을 알고 있었으며, 따라서 감정에 대한 교육을 중시했다. 인본주의자들이 교육을 강조했던 이유는 교육이 그 자체로 중요할 뿐만 아니라 감정을 계발하는 힘을 지니고 있다고 믿었기 때문이다.[11] 이와 대조적으로 21세기의 감정 교육은 감정적인 것을 강조하면서, 감정 교육을 독자적인 치료요법적 프로젝트의 하나라고 인식한다. 그 프로젝트는 교육과는 전혀 별개일 뿐만 아니라 나아가 교육을 대체하고자 하는 치료요법 기법들에 의존한다.

교육의 치료요법적 전환은 감정결정론적 감성에 의해 뒷받침된다. 우리의 감정상태가 우리가 직면한 사회적·개인적 문제들 대부분의 원인이라는 믿음은 이제 서구 문화를 구성하는 본질적 부분의 하나가 되었다. 실제로 우리가 우리 자신에 대해 느끼는 방식(우리의 자존감)이 세상을 이해하는 하나의 중요한 설명 수단이 되었다.[12] 정책 입안자와 전문가들은 낮은 교육적 성취와 심리적·감정적 결핍을 연관짓는 설명들에 자주 현혹된다. 감정관리가 교육이 성공에 이르는 열쇠로 인식될 정도로 감정은 문화적 숭배의 대상이 되었다. 정책 입안자들은 아이들의 사회경제적·문화적 배경이 학업 성취도에 영향을 미친다는 주장을 여전히 받아들이고 있다. 하지만 학교가 해결해야만 하는 문제는 상당 부분 모종의 심리적 결함에서 기인한다는 견해가 점점 더 많은 학교 정책과 학교 관행들을 특징짓고 있다.

교육의 치료요법적 전환은 아이들의 감정관리에 주의를 기울이는 것이 그들을 교육하는 것보다 논리적으로 우선한다는 전제에 기초한다. 켄트Kent에 소재한 한 초등학교가 새로운 학기가 시작하는 첫날에 부모들에게 나누어준 다음과 같은 리플릿을 예로 들어보자. 그 리플릿은 부모들에게 "[우리 학교는] 당신의 자녀들 모두가 대단히 중요하다고 생각하며, 우리는 아이들이 학습할 수 있기 위해서는 행복하고 자신감 있고 자기 자신을 이해할 뿐만 아니라 서로 잘 지내고 친구가 되는 방법 또한 이해할 필요가 있다고 믿는다"라고 전한다. 이와 거의 동일한 잘못된 어법적 표현들(주13을 참고할 것 _옮긴이)이 잉글랜드 전역에서 학교가 배포한 무수한 리플릿에서도 사용되고 있다.[13] 독자들은 이 통신문이 바람직한 목표를 그대로 전달하는 수사적 제스처일 뿐이라고 일축할 수도 있다. 그러나 아이들이 행복하지 않고 자신감이 없고 자기 자신을 알지 못하고 사회적 기술을 가지고 있지 않으면 학습할 수 없다는 생각은 "심리상태가 먼저이고 교육은 그다음"이라는 치료요법적 교육 에토스를 명시적으로 진술하고 있는 것이다.

치료요법이 학교에 개입하는 것은 그것이 성공적인 교육에 필수적인 자원들을 제공한다는 것에 근거하여 자주 정당화된다. 따라서 이 접근방식의 일부 옹호자들은 아이들이 감정 교육에 참여했을 때 SAT 점수가 향상된다고 주장한다. 가치 교육에 관한 문헌들을 개관한 한 논문은 "교육 성취도를 끌어올리겠다는 정부 나름의 목표는 아이들이 자존감을 기를 수 있는 기회가 존재할 때, 그리고 아이들이 자신들의 감정과 관계에 대해 이야기할 수 있는 공간이 주어질 때 달성될 가능성이 더 크다"라고 결론짓는 연구를 인용한다(Jelfs, 2001: 12). 때때로 감정 교육은 학생들의 성취도를 크게 향상시킬 수 있는 마법적 특성을 부여받는다. 노퍽Norfolk주 카브룩Carbrooke에 있는 성 베드로 성 바울 초등학교St Peter and St Paul Primary School는 정부가 입안한 사회적·감정적 학습 계획을 도입한 지 18개월도 되지 않아 SAT 쓰기 점수가 두 배 올랐다고 보고했다.[14] 두 명의 미국 심리학자는 평균적인 학생이 사회적·감정적 측면의 학습 프로그램에 등록할 경우 그들의 점수가 그 프로그램에 참여하지 않은 학생들보다 "성취도 평가에서 적어도 10% 더 높게" 나온다고 주장한다.[15]

이 같은 강력한 주장들이 이데올로기적·일화적 성격을 띤다는 것은 의심할 바 없다. 왜냐하면 치료요법적 개입이 실제로 교육수준을 끌어올리는 방향으로 작동한다는 확고한 증거는 전혀 존재하지 않기 때문이다. 감정 교육 옹호자들이 자신들의 대의를 홍보하는 이데올로기적 논조는 자주 유사 종교적 성격을 띤다. 아마도 행복운동과 연관된 가장 영향력 있는 인물일 리처드 레이어드Richard Layard는 "우리에게 필요한 것은 청소년들이 행복한 삶과 행복한 사회의 비밀을 학습하는 것을 돕는 일이 학교의 중심적인 목적이 되게 하는 교육혁명이다"라고 진술한다. 레이어드는 이 목표를 실현하기 위해 "그 운동으로 개종한 사람들과 그 운동의 고위 성직자 역할을 하는 특수 교사"들로 이루어진 '요원들'을 동원하기를 바란다(Layard, 2007b를 보라). 분명 그 고위 성직자들이 그 비밀들을 밝히는 과정은 과학의 자원들에 의존할 것이다. 레이어드는 이렇게 쓰고 있다. "우리는 과학의 시대에 살고 있다. 근본주의적 집단들이 여전히 존재하기는 하지만, 오직 **과학**만이 청소년들에게 행복한 사회에 도달하는 길에 대해 납득시킬 수 있고 또 납득시킬 것이다"(Layard, 2007a: 22). 고위 성직자들이 행복 과학의 미덕을 믿지 못하는 사람들을 개종시킬 것을 요구받을 때, 그들은 연구보다는 도그마에 호소할 가능성이 더 크다.

동기부여의 위기

정책 입안자와 교육자들이 치료요법 기법을 받아들인 것은 무엇보다 이론적인 지식 중심 학습이 학생들에게 영감을 주는 능력을 그들이 믿지 않는다는 것을 보여준다. 이러한 믿음 상실은 아이들에게 진정으로 이론적인 교과목들을 학습하게끔 동기를 부여하는 과제에서 특히 현저하게 드러난다. 이러한 반응은 부분적으로는 이론적 교과목의 권위에 대한 회의에서 나온다. 지식의 권위가 문화적으로 강력하게 긍정되지 않는다는 사실은 엄격한 교과목 교육과 학생들에게 동기를 부여해야 할 필요성을 조화시키려는 시도에 교육학이 거의 관심을 기울이지 않는다는 것을 의미한다. 그 대신에 대체로 교실에서 활용할 수 있는 동기부여 기법들 — 일반적으로 심리학, 치료요법, 관리연구로부터 도출된 — 을 선택하려는 경향을 보인다. 이를테면 미국 교육과학연구소American

Institute of Education Sciences는 "감정조절(특히 화 관리), 자기통제, 사회문제 해결, 갈등해소 기술을 촉진시키는 것을 목표로 하는 교사 주도 수업을 통해 공격적/파괴적인 행동과 수업태만 행동을 줄이는 방안을 모색하는" 연구를 위탁한다.[16] 이처럼 아이들의 감정을 조절하는 방향으로 교육이 전환되고 있다는 것은 교육문제를 기술적으로 해결하려는 경향이 점차 증가하고 있음을 보여준다.

정책 입안자들이 가드너의 다중지능이론을 신속하게 받아들인 것은 그들이 교사들에게 동기부여 자원들을 제공할 수 있는 기법과 계획들을 항상 찾고 있다는 것을 보여준다. 마이클 바버는 이렇게 말한다. "만약 우리가 모든 청소년에게 성공에 대한 동기를 부여하고 또 모든 청소년이 성공할 수 있게 하는 교과과정을 설계하고자 한다면, 가드너의 일곱 가지 지능 모두의 가치를 충분히 인정할 필요가 있다." 그는 그러한 지능들이 "엄청난 동기부여 잠재력"을 지니고 있다고 믿기 때문에 가드너의 접근방식과 일치하는 교과과정을 제안한다(Barber, 1997: 172, 191). 최근에는 교육에서 일고 있는 동기부여 열풍과 함께 긍정심리학과 이른바 행복 과학이 출현했다. 긍정심리학과 행복 과학에 열광하는 사람들은 긍정심리학 전문가들과 신경과학의 통찰들이 동기부여 문제를 해결하는 데 일조할 수 있다고 주장한다. 그러한 카운슬러들은 분명 "교사들이 감정과 동기의 연관성을 더 잘 이해하여 학생들의 내재적 동기를 더 잘 자극하도록 교사들을 지원할 수" 있다.[17] 학교에서 행복을 가르치자는 아주 초기의 요구들 중 하나는 행복이 아이들의 부정적인 교육 경험을 무효화하고 학습동기를 강화할 수 있다는 믿음에 기초하고 있었다(Noddings, 2003). 교과과정 확대와 관련된 거의 모든 조치(개별맞춤 학습, 학교 교육을 보다 적실성 있게 만들기, 학습하는 법의 학습)가 아이들의 학습동기를 고취시키는 데 집착한다. 그러나 그러한 조치들은 실패할 수밖에 없다는 것을 지적할 필요가 있다. 그것은 아이들이 추상적인 것들을 통해 동기화될 것 같지는 않다는 아주 단순한 이유 때문이다. 자신들이 동기화되었다고 느끼도록 아이들을 프로그래밍하는 것은 그들이 노력과 성취의 관계를 이해하지 못하게 만든다.

감정 교육의 역할이 증대된 것은 보다 광범한 사회적·문화적 추세와 밀접하게 관련되어 있다. 학교는 사회제도이자 문화제도이다. 따라서 광범위하게 퍼져 있는 쟁점과 관심사는 학교가 작동하는 방식에 영향을 미친다. 교육문제로 성격이 규정되는 많은 문제가 실제로는 사회 자체에, 그리고 사회가 명확한 의미체계를 전달하기 위해 벌이는 투쟁에 뿌리를 두고 있다. 위르겐 하버마스는 사회가 스스로에 대해 설명하는 데서 겪는 어려움이 자신이 '동기부여의 위기'라고 부르는 것으로 귀착된다고 주장한다. 아이들에게 어떤 가치들을 가르쳐야 하는지, 청소년들을 어떻게 사회화해야 하는지, 공동체를 한데 묶는 것이 무엇인지에 대한 논쟁들은 사회가 공중을 공유된 의미체계에 부합하는 행동을 하도록 동기화하는 데서 겪는 어려움을 반영하는 것으로 해석될 수 있다. 하버마스는 "문화체계가 정치, 교육체계 및 직업체계에 맞는 적절한 동기를 생산하지 못할수록 점점 더 많은 의미가 소모적 가치들로 대체될 것"이라고 지적한다(Habermas, 1976: 93). 서구 문화가 의미를 대체하기 위해 탐색해온 방법들 중의 하나가 치료요법 기법을 통해 동기를 부여하고자 하는 시도이다.

공유된 의미체계를 통해 사람들에게 동기를 부여하는 방식과 관련한 혼란은 치료요법적 세계관이 영향력을 행사할 수 있는 커다란 기회를 제공한다. 그 결과 오늘날의 문화 엘리트는 사람들에게 무엇을 믿으라고 이야기해야 하는지에 대해서는 확신하지 못할 수도 있지만, 사람들에게 무엇을 어떻게 느껴야 하는지를 가르치는 일에 대해서는 전혀 불편함을 느끼지 않는다.

행복 교육 프로젝트가 누리는 지배력은 치료요법적 가치들이 도덕적 의미를 대체하고 있음을 보여주는 가장 생생한 사례들 중 하나이다. 레이어드는 "세속적 도덕을 발전시키지 못하는 것"이 초래할 파국에 대해 두려워한다. 그리고 "사람들이 도덕적 쟁점에 대해 이야기하기를 어려워하기" 때문에 "많은 아이가 도덕적 어휘를 결여하고 있다". 그는 이렇게 상기한다. "나는 종교적 요소가 포함된 교육을 받았다. 비록 내가 그때 이후 불가지론자가 되었지만, 나는 종교적 신념을 가진 사람들이 더 행복해하는 경향이 있다는 점은 인정한다."[18] 레이어드는 종교적 신념이 약화된 상황에서 긍정심리학이 도덕적 어휘를 회복하는 데 기여할 수 있기를 희망한다. 노딩스 역시 행복 수업이 학생들을 더 나은 사람으로 만들 수 있는 도덕 교육의 한 형태라고 생각한다(Noddings, 2003). 그녀도 대부분의 행복 프로젝트 지지자들처럼 행복하면 선해진다는 극히 단순한 공식을 신봉한다.

레이어드와 노딩스는 행복 수업을 도덕 교육의 한 형태로 인식한다. 하지만 행복 교육은 심리학을 매개로 도덕적 의미를 회복하려는 시도로 보는 것이 훨씬 더 정확하다. 그동안 많은 교육자와 정책 입안자들은 교실에서 도덕적 가치들을 가르치는 일이 가능한지에 대해 회의적이었다. 그리고 이 문제에 대한 한 가지 응답이 어처구니없게도 도덕을 개인적 형태의 하나로 재조명하는 것이었다. 아이들이 "자신들에 대해 좋은 느낌을 가져야" 한다는 관념이 이제는 학교에서 근본적으로 중요한 하나의 도덕적 원리가 되어왔다. 행복운동의 지지자들은 행복한 아이들이 '선할' 가능성이 크고 그러므로 타인에 대해 보다 도덕적으로 행동할 것이라고 주장한다. 그러나 감정이 곧 도덕적 속성인 것은 아니다. 자신감, 동기, 자존감, 행복을 증진시키는 다양한 형태의 치료요법적 교육은 "자아를 신념이나 가치에 대한 근본적 헌신과 분리되어 있는 것으로 바라본다"는 단순한 이유에서 실제로 몰도덕적이다(Wylie, 2005: 16). 이처럼 심리학과 도덕을 혼동하는 것은 학교가 공유된 의미체계를 학생들에게 제대로 전달할 수 없게 만들 뿐이다.

학교에서 그리고 보다 광범한 사회에서 발생하는 동기부여 문제는 권위 있는 행동이 줄어든 것과 뗄 수 없게 연관되어 있다. 이 점에서 치료요법적 교육은 권위 있는 행동을 감정관리로 대체함으로써 이 문제를 회피하려고 하는 시도의 하나라고 볼 수 있다. 거의 반세기 전에 프레드 커링거Fred Keringer는 교실에서 권위적인 행동을 공개적으로 드러내놓고 하는 것이 경멸의 대상이 되고 있다고 지적하면서, "대장노릇을 하고 싶은 교사는 이제 그런 행동을 보다 은밀하고 교묘하게 해야만 한다"고 말했다. 그는 교육에 자신이 '관대함'이라고 부른 것을 도입하면 "학생들을 솜씨 있게 다룰 수 있게 된다"라고 생각했다. 또한 그는 한 발 더 나아가 감정 교육이 감정에 몰입하게 만드는 경향이 있기 때문에 아이들이 안정적이고 객관적인 환경의 토대를 상실하고 그리하여 조작적 기법들의 손쉬운 먹이가 된다고 주장하기까지 했다. 커링거는 "감정, 특히 다른 사람에 대한 감정을 집중적으로 강조할 경우 객관성, 독립성, 자율성을 학습하고 달성하기가 어려워진다"라고 주장했다(Kerlinger, 1960: 125).

학교의 치료요법적 전환은 학교가 학문적 임무로부터뿐만 아니라 교육적 권위의 행사로부터도 소원해진다는 것을 의미한다. 감정훈련과 행복 교실은 심리 전문가, 치료요법사, 또는 과학자의 권위에 기대어 정당화된다. 교육의 치료요법적 전환은 교육의 권위를 이른바 외부 전문가와 과학자들에게 위탁한다는 것을 의미한다. 그리하여 영국 정부는 학교 규율 문제의 해결을 이른바 행동 전문가들에게 요청하고 있다.[19] 치료요법의 권위는 치료요법이 성과를 달성하는 기법들을 제공한다는 주장에 근거한다. 치료요법을 홍보하는 데 열중하는 한 웹사이트는 "감정지능은 매우 다양한 영역에 이용될 수 있으며 당신은 동기를 부여하기 위해 감정지능을 사용하고 있는 중일 수도 있다"라고 주장한다.[20] 치료요법적 교육은 교사들에게 행동 관리자라는 전문가의 권위에 따를 것을 요구한다. 그러한 전문가들은 교사들을 지도하고, 아이들의 교실 경험에 간접적으로 영향을 미친다. 온라인 교원 교육자료 제공업체 비헤이버UKBehaviour UK의 데이비드 앨러웨이David Allaway는 "우리는 자신들이 처음으로 교사 자격증을 땄을 때 받았던 행동관리 훈련에 실망했다고 말하는 교사들로부터 자주 전화를 받는다"라고 지적한다. 그는 또한 "우리는 그들에게 영국 전역에서 다양한 훈련 제공자들이 운영하는 행동훈련 과정이나 회의를 안내해준다"라고 덧붙인다.[21] 치료요법사의 권위는 행복 교육을 전수하는 데서도 중요한 역할을 한다. 이 경우 인지행동 치료요법사들이 행복운동에 등록한 학교들에 초빙되어 학교를 '지원'한다.

감정 교육은 권위를 어떤 식으로든 공개적으로 표출하는 것을 의식적으로 삼간다. 널리 시행되고 있는 기법인 서클 타임circle time(이야기 나누기 시간)을 예로 들어보자. 이 기법은 아이들을 한데 모아 원형으로 앉혀놓고 그들의 감정과 문제를 공유하기 위해 사용된다. 서클 타임은 아이들이 민감하고 어려운 쟁점들에 대한 자신들의 느낌을 성찰하고 토의하도록 동기를 부여하는 데 효과적인 방법이라고 선전된다. 서클 타임의 옹호자들은 서클 타임이 아이들의 행동뿐 아니라 의사소통 능력을 개선하는 데에도 도움을 준다고 주장한다(Revell, 2004: 56). 서클 타임은 아이들로 하여금 자신의 느낌을 공개적으로 밝히도록 하기 위해 사용된다. 서클 타임 운영자는 아이들의 참여가 자발적이라고, 그리고 참가자들은 자신들의 선택에 따라 언제든 자유롭게 침묵할 수 있다고 자주 말한다. 하지만 한 비판가가 진술하듯이, "대부분의 서클 타임 매뉴얼은 아이들에게 왜 말하고 싶지 않은지를 설명할 것을 요구하라고 권한다"(Revell, 2004: 56). 어린 초등학교 아이들이 교사에게 도전하거나 자신의 감정을 드러내라는 압력에 맞설 수 있을 것 같지는 않다.

서클 타임 운영자들은 감정관리가 명백히 권위주의적인 기획일 수 있다는 사실에 대해서는 좀처럼 숙고하지 않는다. 하지만 아이들에게 그들의 감정을 공개적으로 공유할 것을 요구하고 그러한 행동에 대해 보상하는 것은 교사의 요구에 순응해야 한다는 메시지를 아이들에게 전달하는 것일 수밖에 없다. 아무리 아이들을 관대하게 대한다고 하더라도, 교사가 전달한 감정 각본에 따라 행동하지 않는 아이들은 교실에서 소극적인 자세를 취할 가능성이 크다. 특정 감정양식을 조장하는 것은 그 외의 다른 감정반응들은 열등하고 심지어는 위법적이라는 것을 함축한다. 과거에 교육자들은 아이들에게 제대로 행동하는 법을 가르치는 일을 떠맡았다. 바람직한 행실은 예의바름, 정직한 행동, 이타심과 같은 명확하게 정의된 공개적 행동들과 연계되어 있었다. 치료요법적 교육체제는 행실을 대상으로 하는 행동관리의 한 형태이자 느낌과 감정 또한 틀짓고자 하는 시도와 결합되어 있다. 아동에게 어떻게 느껴야 하는지를 훈련하는 것은 학생에게 어떻게 행동해야 하는지를 교육하는 것보다 훨씬 더 강압적이고 강제적인 프로젝트이다. 한 교육심리학자가 진술하듯이, 아이들을 "감정적으로 교양 있게" 훈련시키는 것은 "우리가 우리 자신을 바라보는 방식을 재프레임짓는 것"에 관한 일이다(Furedi, 2004: 198에서 인용).

이처럼 치료요법 기법에 의지하는 것은 상당 정도 교사의 권위 부식을 상쇄하고자 하는 시도의 하나이다. 감정 교육의 지지자들은 자신들의 접근방식이 교실행동을 개선하는 데 기여할 수 있다고 확신한다. 잉글랜드의 SEAL 프로그램은 골먼Goleman의 감정지능 모델에서 개관된 감정기술들(자기인식, 감정관리, 동기부여, 감정이입, 사회적 기술)을 아이들에게 가르침으로써 학생의 행동과 동기를 개선하기 위해 설계되었다. 그 프로그램의 평가를 위임받은 연구가 그 프로그램이 학생들의 행동에 영향을 미치지 못했다고 지적함에도 불구하고, SEAL의 지지자들은 그 프로그램이 교실 붕괴를 억제할 수 있는 잠재력을 가지고 있다고 주장한다.[22]

그간의 경험은 감정관리 기법을 통해 동기부여 위기를 해결하려는 시도들이 교사의 권위를 강화하기보다는 약화시키는 경향이 있음을 보여준다. 런던의 자치구 해크니Hackney 출신의 한 교사는 행동개선 프로그램의 도입이 규율 집행을 외부에 위탁하는 결과를 낳았다고 상기한다. 그에 따르면, 수업을 방해하는 큰 사건이 발생하거나 싸움이 일어나면, 교사들은 뒤로 물러서서 행동교육 팀이 도착하기를 기다렸다.[23] 교사들이 교실을 관리하는 책임에서 벗어날수록 그들의 권위는 더 많이 훼손된다. 한 임시 교사는 다음과 같이 진술했다.

아이들의 행동은 현재 대부분의 학교에서 매우 난폭하다. 나는 임시 교사

> 이다. 따라서 매우 많은 학교를 접하는데, 아이들의 행동을 제재하는 학교는 전혀 없다. 학교에는 화를 관리하거나 그와 비슷한 일을 하는 사람들이 너무나도 많다. 그리고 그들은 아이들에게 화가 나는 문제가 있어 수업시간에 뛰쳐나가는 것은 그들의 권리라는 관념을 심어준다.[24]

많은 논평자가 학생들의 행동이 최근 수십 년 사이에 악화되었다고 말하고 있다. 아마도 그럴 것이다. 그러나 가장 큰 문제는 아이들의 행동이 아니라 많은 교사가 권위를 행사하는 데서 겪는 어려움이다. 행동 관리 기법의 채택은 권위를 공개적으로 숨김없이 행사하는 것을 어렵게 만들었다. 많은 교사가 자신들이 상대적으로 사소한 도전들에도 대처할 수 없다는 것을 솔직하게 인정한다. 2009년에는 많은 교사가 교실에서 '조직적으로 헛기침하기'나 다른 저강도의 방해 행동 형태들에 대처하는 데 어려움을 느낀다고 보고되었다. NASUWT 집행부의 일원인 팀 콕스Tim Cox에 따르면, 집행부 "구성원들은 자신들을 진 빠지게 하는 것이 다름 아닌 저강도로 지속되는 방해 행동이라고 자주 말한다". 그는 다음과 같이 덧붙였다.

> 대처하기 가장 어려운 문제들은 바로 무례함과 무시이다. 수업을 방해하는 것은 다름 아닌 펜으로 책상을 톡톡 두드리기, 조직적으로 헛기침하기, 의자를 앞뒤로 흔들기, 가장 단순한 요청에도 따르기를 거부하기, 외투·모자 달린 옷·선글라스 착용하기, 문자메시지 보내기, 전화 걸기이다.[25]

일부 교사들은 자신들이 교실에서 벌어지는 못된 장난들에 대처할 준비가 되어 있지 않은 까닭은 자신들이 받은 훈련과정으로는 그 장난들에 대비할 수 없기 때문이라고 믿는다. 하지만 아이들은 정규 교육이 도입된 이래 처음부터 계속해서 교사의 인내력을 시험해왔다. 변한 것은 교실에서 권위를 행사하는 것이 확실하게 긍정되지 않는 상황에서 많은 교사가 언제 그리고 어떻게 못된 행동들을 저지해야 할지에 대해 확신하지 못한다는 것이다. 지금까지의 경험을 통해 볼 때, 동기부여 기법들은 동기부여의 위기가 가져온 결과들을 극복하는 데 거의 도움이 되지 않는다. 아이들이 스스로에 대해 좋은 감정을 느끼게 하고 아이들의 자존감을 높이고 아이들을 행복하게 만드는 것을 목적으로 하는 프로젝트들은 좀처럼 행동을 일관되게 개선하지 못한다. 교사의 권위 행사를 대신할 치료요법적 대안이란 결코 존재하지 않는다.

우회하기를 넘어서

감정 교육이 점점 인기를 끌게 된 이유는 그것이 존재의 문제들을 심리학 관용구를 통해 해석하는, 현재 유행하고 있는 문화적 규범들과 공명하기 때문이다. 정규 교육을 아이들의 웰빙에 잠재적으로 해로운 것으로 간주하는 교육학적 전통은 오래 지속되어왔지만, 최근 수십 년 사이에 그러한 감상은 훨씬 더 만연해졌다. 오늘날 아이들은 압박감이나 실질적인 지적 도전에 대처할 것으로 기대할 수 없는, 취약하고 감정적으로 상처받기 쉬운 존재로 간주되곤 한다. 2007년 4월에 잉글랜드의 학교를 관할하는 부처의 장관이 교사들에게 학생들을 늘 칭찬하라고 지시한 것도 이러한 맥락에서였다. 그 지침에 따르면, 교사들은 아이들에게 수업 방해를 이유로 벌을 주는 횟수보다 다섯 배 더 많이 보상을 해주어야 한다.[26] 칭찬과 벌의 관계에 대한 이 아주 단순한 공식이 교육기관에 의해 유포되고 있다는 사실 자체가 교육 영역이 메마른 지적·도덕적 분위기에 지배되고 있다는 증거이다. 하지만 아이들에 대한 칭찬을 제도화하라는 권고가 청소년들의 자아를 치켜세우려는 유일한 시도인 것은 아니다. "아이들이 자신에 대해 좋은 감정을 느끼게 만들기"라는 치료요법의 목표가 점차 학교 교육의 일차적 목표로 인식되고 있다.

아이들을 유아화하는 이러한 경향은 엄청나게 파괴적인 결과를 초래해왔다. 아이들이 자신에 대해 좋은 감정을 느끼게 만드는 것은 지난 30여 년 동안 미국 학교들의 주요한 목표들 중 하나였다. 미국의 아이들은 일곱 살이나 여덟 살쯤 되면 유행하는 심리요법의 특수 용어들을 내면화하여, 부정적인 감정을 피하고 높은 자존감을 지니는 것이 중요하다고 주장할 수 있게 된다. 하지만 이것이 그들의 학업성취에 인지할 만한 영향을 미치지는 못했다. 영국에서도 아이들에게 수학, 읽기, 과학을 가르치기보다는 좋은 감정을 느끼도록 돕는 것이 더 용이하다고 결론내린 교육자들은 감정 교육의 대의를 받아들였다. 그들은 또한 지난 수십 년 동안 아이들이 긴장을 푸는 것을 도와줌으로써 교실행동을 개선하는 다양한 장치들을 채택해왔다. 집중력과 학습을 개선하기 위해 일부 학교들은 요가를 선택하기도 했고, 다른 학교들에서는 향기요법이나 긴장을 풀어주는 음악을 활용하기도 했다.

행복 교육은 자주 자신을 희화화하기도 한다. 2008년 10월에 개최된 제2차 '유럽인의 행복과 그 원인European Happiness and Its Causes' 연례회의에 관한 보도에 따르면, 그 회의의 한 세션에서 서리주에 소재한 래치미어 스쿨Latchmere School의 교감인 케빈 호그스턴Kevin Hogston은 학생의 웰빙을 증진하기 위해 설계된 '감정 계량기', 교실에서 친구 안마하기와 명상하기, 그리고 여타 '혁신들'에 관해 이야기했다. 또한 "행복심리학을 선도하는 전문가들"이 학교를 보다 행복하게 만드는 방법에 대해 논하는 동안, 다른 사람들은 '전인적 영성'에 관한 의견을 개진했다.[27] 그 대회의 팸플릿은 미국의 자기계발적인 심리요법 특수 용어들이 지닌 최악의 특징과 최신 유행의 서구식 불교 생활양식을 성공적으로 종합해냈다.

자기계발 장치들은 기껏해야 시간낭비일 뿐이다. 그것들은 분명 교육수준을 끌어올리는 데 도움이 되지 않을 것이다. 하지만 그 장치들이 교실에 반드시 부정적인 영향을 끼치는 것도 아니다. 그러나 아이들에게 행복해지는 법을 가르치기 위해 설계된, 보다 개입적인 일부 방안은 그렇지 않다. 행복을 교과목으로 끌어올리는 것은 초점을 세상에 대해 학습하는 것에서 학생들의 내적 삶을 숙고하는 쪽으로 더욱 이동시킬 것이다. 이것은 현행 교육정책의 당혹스러운 기준에 의거하더라도 매우 어리석은 생각이다. 행복은 가르쳐질 수 없다. 사람들은 항상 행복을 추구해왔다. 그러나 최근까지도 행복은 그 자체로 하나의 목적으로도, 그리고 그 자체로 증진될 수 있는 어떤 것으로도 인식되지 않았다. 교사들은 학생들이 자신들의 경험에 만족하기를 바랐지만, 학생들에게 그러한 감정 상태에 도달하는 법을 가르치려 들지는 않았다. 얄궂게도 우리가 아이들이 자신에 대해 좋은 감정을 느끼게 만들려고 노력할수록, 우리는 아이들이 자신에게 성취감을 줄 수도 있는 경험에 참여하는 것을 더욱 더 막게 된다. 학교가 아이들의 감정적 삶을 관리하는 데 더 많은 자원을 쏟을 경우, 아이들은 보다 내성적으로 되는 동시에 자신들이 직면하는 과제를 극복하는 데 더 무능력해질 가능성이 크다. 또한 교실에서 나르시시즘을 조장하는 것은 아이들로 하여금 자신들이 정신건강 문제를 가지고 있다고 느끼게 할 가능성이 크다.

이러한 치료요법적 프로젝트를 감정 교육으로 명명하는 것은 이 새로운 형태의 행동관리가 교육적 가치를 지닌다는 것을 전달하려는 의도를 담고 있다. 하지만 그러한 형태의 행동관리는 교육적 가치를 지니지 않는다. 현재 치료요법적 교과과정은 아이들의 교육적 필요에 의해서가 아니라, 성인들의 도덕적 혼란에 의해 틀지어진다. 아마도 행복운동을 추동시키는 가장 중요한 힘은 서구 사회에 만연해 있는, 도덕적 방향감각 상실이라는 강력한 분위기일 것이다. 서구 문화는 좋은 것과 나쁜 것, 또는 옳은 것과 그른 것을 명시하는 언어를 사용하여 일상 경험에 의미를 부여하는 데 어려움을 겪고 있다. 이러한 방향감각 상실의 분위기는 의미에 대한 지속적인 수요를 창출한다. 행복운동의 주창자들은 이 점을 잘 알고 있으며, 이것이 바로 그들이 자신들의 운동 목표가 도덕적 개혁이라고 자주 주장하는 이유이다. 하지만 행복운동은 도덕 프로젝트라기보다는 도덕화 프로젝트이다. 그 프로젝트의 성공은 도덕적 확신이 증가하는 것이 아니라 행동관리 기법을 성공적으로 적용하는 것에 달려 있을 것이다. 정책 입안자들은 우리를 행복하게 만들기 위해 우리가 직면하는 도덕적 도전들을 명료화하기보다는 인지 행동 치료요법을 제도화하는 것에 의존한다.

행복운동의 목표는 지금까지는 드물고 순간적인 경험이었던 것, 즉 행복한 상태를 정상화하는 것이다. 하지만 행복이란 우리의 삶에 대한 특별한 성취감이나 의미를 우리에게 부여하는 경험들을 통해 생겨나는 마음의 상태이다. 그 누구도 우리가 행복하도록 도와줄 수는 없다. 그리고 이것이 바로 치료요법사들의 활동에 의존하는 정책들이 우리로 하여금 공식적으로 승인된 형태의 감정적 행동에 순응하도록 할 가능성이 훨씬 더 큰 이유이다. 아이들에게 (또는 이 문제에 관한 한 어른들에게도) 행복을 가르치는 일은 도덕적으로도 수상쩍다. 당신의 자녀에게 무엇을 해야 하고 무엇을 하지 말아야 하는지를 가르치는 것은 우리가 전적으로 받아들일 수도 있는 일이다. 하지만 당신의 자녀에게 무엇을 **느껴**야 하는지를 지시하는 것이 진정으로 교사의 일인가? 아이들의 내적 삶을 관리하고자 하는 시도는 고도로 개입적인 기획이자 잠재적으로 권위주의적 함의를 지닌다. 우리가 우리의 감정을 느끼고 그 감정에 대처하는 방식이 어찌할 바를 몰라 하는 공무원들을 대신하여 이른바 전문가들이 실행하는 정책의 대상이 되어서는 안 된다.

임마누엘 칸트Immanuel Kant는 인간을 행복하게 만드는 것과 인간을 훌륭하게 만드는 것은 전혀 별개라고 지적했다. 역사의 경험은 우리에게 훌륭한 삶이 항상 행복한 삶은 아니라는 사실을 보여준다. 사람들이 자주 자신의 상황과 환경에 대해 불행해하는 것은 당연하다. 불만과 야망은 인류로 하여금 인류가 직면해온 도전들에 맞서고 그것을 극복하게 해왔다. 이것이 바로 『멋진 신세계Brave New World』에 등장하는 감시관이, 사람들이 '촉감 영화'와 '향기 오르간'을 영양분으로 하여 살기를 바라는 이유이다. 이는 우리가 행복운동 — 우리의 내적 삶을 식민화하는 것에 우리의 성공이 달려 있는 — 을 왜 의심해야 하는지를 잘 보여주는 은유이다.

행복 수업의 제도화가 근본적으로 반교육적 과정이라는 점을 깨닫는 것이 중요하다. 다른 형태의 치료요법적 수업과 마찬가지로 행복 수업에서 느낌과 감정을 강조하는 것은 아이들이 지식 및 관념과 비판적으로 대결할 수 있는 기반을 약화시킨다. 커링거는 "수업에서 감정을 강조할 경우 아이들은 객관적인 사고방식을 학습하기가 어렵다"라고 쓰고 있다. 하지만 아이들이 이 세계에서 자신의 길을 개척하는 데 필요한 지적 독립심을 얻고자 한다면, 그러한 객관적 사고형태를 습득할 필요가 있다. 더 큰 문제는 감정 교육이 자아에 일면적으로 초점을 맞추게 함으로써 아이들이 서로와 맺는 관계에 당혹스러운 결과를 초래한다는 것이다. 커링거는 그 이유에 대해 이렇게 결론짓는다. "사람들이 자기 자신의 감정과 타인의 감정에 몰두하는 것은 문제와 쟁점들을 객관적·비판적으로 판단하는 법을 학습하기 위한 토대를 구축하는 기반으로서는 불안정하고 불안하다. 왜냐하면 개인 간 감정이 우리의 사고 전체를 물들이고 때로는 왜곡하기 때문이다"(Kerlinger, 1960: 125).

아이들의 감정이 아이들의 가족환경, 타인과의 관계, 지배적인 가치체계 등 너무나도 많은 것에 의해 영향을 받기 때문에, 학교는 아이들이 자신에 대해 좋게 느끼게 만드는 것을 돕는 데서 그리 크지 않은 역할만을 수행할 수 있을 뿐이다. 그러나 학교는 아이들이 **삶**에 대해 좋은 느낌을 가지도록 만들 수 있다. 교육은 상상력을 발휘시키는 능력을 가지고 있어서, 아이들이 지식과 관념의 중요성에 눈을 뜨게 할 수 있다. 교육은 청소년들에게 풍부한 인류 문화를 소개하고, 그들에게 삶이 진정으로 이해 가능한 어떤 것이라는 믿음을 가지게 한다. 인류가 가진 풍부한 지식은 우리가 청소년들로 하여금 자기 자신을 개인인 동시에 보다 광범위한 공동체의 성원으로 이해할 수 있게 하는 데서 가장 중요한 자원이다. 그리고 아이들이 매우 감정적인 인간 경험의 복잡성을 통찰할 수 있게 되는 것도 바로 역사, 문학, 과학을 공부함으로써이다. 밴톡은 "예술은 감정을 세련화하고 의식하고 명료하게 표현하고 규정할 수 있게 해주는 수단이다"라고 쓰고 있다. 이 점에서는 과학 역시 결코 덜 중요하지 않다. 왜냐하면 "어떤 것에 감정적으로 몰입하게 만든 초기의 충동을 행동의 규율을 통해 극복할 수 있게 해주는 방법을 마련해 주는" 것이 바로 과학이기 때문이다(Bantock, 1986: 137). 아동의 심리상태는 적극적이고 창조적인 경향이 있다. 그러한 심리상태를 치료요법을 통해 무력하게 만들지 아니면 지식을 통해 북돋울지는 교육자들에게 달려 있다.

결론

교육에서 교육 구하기

교육에 관한 논쟁은 자주 좌파와 우파의 근본적으로 다른 전망들에 의해 지배되고 있는 것으로 해석된다. 경쟁하는 정치적 이해관계들 사이에는 분명 일정한 강조점의 차이가 존재하지만, 최근 정부들의 정치적 전망은 수사적 표현을 제외하고는 교육의 작동방식에 거의 어떠한 차이도 만들어내지 못했다. 1970년대 이래로 교육에 대한 논쟁들은 학업수준을 끌어올릴 필요성에 초점을 맞추어왔지만, 정부들은 연이어 이 전선에서 의미 있는 진전을 이루는 데 실패해왔다. 영국의 대처 정권과 블레어 정권, 그리고 미국의 레이건 정부와 클린턴 정부 모두는 교육수준을 끌어올리는 데 전념했다. 그러나 서로 다른 정책을 쓰고 서로 다른 점을 강조했음에도 불구하고, 그들 모두는 그 문제와 맞서 싸우는 데서 무력했다. 각 시대마다 우파 정부나 좌파 정부, 기업 관계자나 교직자들이 교육개혁의 실패를 이유로 하여 비난받아왔다. 교육에 대한 정치적 차이는 주로 교육을 조직하는 방식과 교육의 이득을 배분하는 방식 같은 쟁점들을 축으로 하여 발생한다. 거기에는 많은 이유가 있지만, 가장 중요한 것은 어른의 권위 부식이 제기하는 문제들을 인정하고 싶어 하지 않는 것, 그리고 교육의 목적과 관련된 쟁점에 초점을 맞추지 않는 것과 관련되어 있다.

수십 년이 경과하면서 교과과정 공학자들의 반지성적·반전통주의적 감상이 기업과 사회공학적 정책 입안자들의 도구주의적·관리주의적 에토스와 수렴되었다. 교육 내에서는 진보적인 아동 중심 전문가들, 노동인력의 기술을 향상시키는 데 관심을 기울이는 정책 입안자들, 학교를 이용하여 사회문제를 해결하는 일에 몰두하는 사회공학자들, 훈련과 평생학습의 옹호자들 사이에 하나의 강력한 합의가 존재한다. 이들 모두는 교과목 지식에 기초한 교육에 무관심하며, 교육이 외부의 어떤 중요한 목표를 실현하기 위한 도구라는 생각을 신봉한다. 그리고 좌파 정당과 우파 정당 모두는 교육이 새로운 생활 영역들로 지속적으로 확대되는 것에 행복해했다.

하지만 교육제도의 확장은 항상 빈약한 결과를 낳는다. 도구주의적 정책들의 무력함은 놀랄 일이 아니다. 왜냐하면 교육은 단지 현금을 투입하거나 새로운 기법을 도입함으로써 개선되거나 개혁될 수 있는 독립적인 제도가 아니기 때문이다. 자원은 책, 컴퓨터, 교실 장비, 심지어는 새로운 교사까지 제공할 수 있다. 하지만 교실에서 일어나는 일은 그 밖의 많은 변수로부터 영향을 받는다. 교실은 지식과 관념에 대한 문화적 태도에 의해서도 틀지어진다. 교육은 세대 간 관계의 질과 연계되어 있고 또 그 관계에 의해 영향을 받는다. 그리고 당연히 교육은 교사의 지위, 권위, 수준에도 의존한다. 현재의 정책들은 좀처럼 근본적인 문제들을 다루지 않고 있으며, 그러한 문제들을 회피함으로써 발생하는 피해를 제한하는 데 자주 자원을 낭비한다. 그 결과 교육에 고용된 사람들의 상당 비율이 교육하는 일을 거의 하지 않는다. 학교에서 일하는 성인들 모두가 교육의 최전선에 있는 교사라는 것은 더 이상 사실이 아니다. 점점 더 교사들은 자신들의 권위를 증가하고 있는 관리자·전문가 집단과 공유할 것을 요구받고 있다. 영국의 한 정부간행물은 아동행동관리 모델로 묘사되는 다음과 같은 학교 '모범 운영사례'를 인용한다.

> 학습 멘토 5명 외에도 학교의 전체 서비스팀은 아동청소년 정신건강 서비스CAHMS 프로그램 역시 함께 관리하는 학교 보건위생 담당관, 협력 초등학교들에서도 일하는 학교 사회복지사와 보조 사회복지사, 출석 조사관, 학년 주임 5명, 교장보 2명, 특수교육 코디네이터, 행정회계 담당의 상급 관리자로 구성된다.(Steer, 2009: 51에서 인용)

이 모범 운영사례에 대한 묘사에서 교사의 역할은 교육자에서 행동관리자 또는 사회복지사로 은연중에 재규정된다.

앞 장들에서 개관한 가장 걱정스러운 경향들 중 하나가 학교 교육과 교육 제공이 점점 더 분리되고 있다는 것이었다. 학교 역할의 이 같은 방향전환은 당연히 교사의 지위와 권위에 중대한 함의를 지닌다. 교사들은 자신을 다양한 아동서비스 제공자 가운데 한 사람으로 생각하라는 강력한 제도적 압력을 받는다. 교직을 대변하는 단체들조차 이러한 직업정체성의 변화를 묵인해왔다. 잉글랜드 전체교육위원회General Teaching Council for England: GTC는 교사들에게 "다른 전문가들과의 생산적인 업무관계를 분명히 하고 확립하라"라고 조언한다. 이 단체의 『행동실천규약Code of Conduct and Practice』은 교사들에게 자신의 한계를 인식하고 "항상 자신의 능력과 책임 한도 내에서 행동하라"라고 경고한다. 이것은 "전문가들의 의견을 따르고, 자신의 역할을 제한하고, 상황 전부를 책임지려 하지 말라"라는 말을 다르게 표현한 것이다. GTC는 "아마도 교사가 가질 수 있는 가장 유해한 최악의 태도는 자신이 '모두 알고 있다'는 태도, 따라서 다른 전문가들의 도움이 필요할 때조차 그 도움을 구하려고 하지 않는 태도이다"라고 말하는 한 학교 운영위원의 말을 찬성조로 인용한다.[1]

'모두 알고 있다'는 태도를 가진 교사에게 가해지는 비판은 권위를 제한하고자 하는 간접적 시도에 해당한다. 진지한 교육자는 아동 교육의 모든 차원을 책임지려고 할 것이다. 교사들은 자신이 학급과 맺고 있는 관계를 통해 통찰을 얻기 때문에 보통 그 통찰을 활용하여 구체적인 문제들에 대해 어떻게 대응해야 하는지를 가장 잘 판단할 수 있는 위치에 있다. 그리고 유능한 교육자이기 위해서는 교사들은 자유롭게 전문적인 판단을 내릴 수 있어야 한다. 학교 운영에 수많은 전문가를 포함시키고 그들과 이른바 협력관계들을 맺어야 한다고 주장함으로써, GTC는 교사들이 문제를 간파하고 책임지는 것을 가로막는 잘못된 결과를 초래했다. 교사들이 "다른 전문가들의 도움을 구할 것으로" 기대될수록, 그들은 교육자로서는 점점 덜 유능해질 것이다.

교사들이 다른 전문가나 직업인들과 책임을 나누어야 한다는 요구는 교육자의 권위를 약화시킬 수밖에 없다. 교실 통제를 돕는 행동관리자 또는 '중요 문제 대행 감독관'의 지원에 의지하는 교사들이 자신의 전문직 권위에 대한 존경을 얻기란 쉽지 않을 것이다. 많은 경우 교사의 권위와 행동관리 책임을 외부에 위탁하게 되면서, 상당수의 학교들이 지역사회 센터가 되었고, 학교에서 하는 실제 교육은 시간제 활동이 되어버렸다. 학교활동의 이러한 분산은 실제 교육에 이용할 수 있는 자원뿐만 아니라 시간 또한 낭비한다.

교사가 무엇을 의미하는지를 놓고 사회가 성숙한 대화를 나누어야 할 때이다. GTC의 『행동실천규약』이 개관한 교직의 핵심 가치 8가지 가운데 교육자의 역할과 관계된 것은 아무것도 없다는 점을 지적할 필요가 있다. 이 33쪽짜리 문서는 보모, 관리자, 치료요법사로서의 교사의 역할에 초점을 맞추고 있다. 사회는 현실을 점검하여, 자신이 교직으로부터 무엇을 원하는지를 결정할 필요가 있다. 주지하듯이, 교직은 마땅히 받아야 할 존경을 누리고 있지 못하다. 이 유감스러운 추세에는 많은 이유가 있는데, 그중 가장 중요한 것은 교사를 교육자라기보다는 아동 전문가로 인식하는 경향이다. 유치원생이나 초등학교 저학년 상황에서는 이 같은 강조가 받아들여지는 것이 매우 타당하지만, 일정 시점에 이르면 교사들은 자신을 다른 무엇보다도 교육자로 생각할 필요가 있다. 교육자의 지위와 권위를 회복하기 위해서는 교직이 스스로를 보다 진지하게 받아들여야 하며 다른 사람에게도 그렇게 받아들여져야 한다. 그러기 위해서는 교사양성의 의미를 근본적으로 재고할 필요가 있다. 교사양성을 맡고 있는 기관들은 기존의 편협한 교과과정을 지적으로 보다 도전적인 교과과정으로 대체할 필요가 있다. 우리에게는 이론적 교과목을 충분히 이해하고 있는 교사, 따라서 특정 교과목에서 학생들을 교육할 수 있는 능력으로부터 권위를 이끌어낼 수 있는 교사가 필요하다. 비록 이 책의 주제는 아니지만, 학교의 미래가 교사양성의 질과 긴밀하게 연관되어 있다는 것은 누구나 인정하는 자명한 사실일 것이다.

“임금님은 벌거숭이이다”

사회가 교육과 균형적이고 창조적인 관계를 확립하려면, 그에 앞서 교육이 무엇을 의미하는지를 분명히 할 필요가 있다. 이를 위해서는 길을 잃은 교육제도에 대해 근본적으로 재고할 것이 요구된다. 교육이 사회의 거대한 희망이 되어왔기 때문에, 교육을 위해 제기되는 아주 많은 주장이 희망사항의 성격을 지닌다는 것을 인정하기란 쉽지 않다. 우선 전문가와 교육자들이 학교에 관해 이야기할 때 사용하는 언어 자체가 신비화되고 있으며 혼란스럽다. 현대사회들은 거의 또는 전혀 내용이 없으면서도 기술적으로 허풍을 떠는 모호한 언어들에 의해 위압당해 왔다. 전문가들이 학습 결과, 학습하는 법의 학습, 개별 맞춤 학습, 다양한 방식의 깨달음 또는 체험학습에 대해 장황하게 늘어놓을 때, 공중이 그러한 것들에 관심을 기울이지 않는 것은 놀랄 일이 아니다.

학교 관련 쟁점들을 다루는 많은 정책문서와 교육학적 진술들은 공허해 보인다. 그 저자들이 사람들을 현혹하려는 것인지 아니면 그저 어쩔 수 없는 수다쟁이들인지를 분간하기도 어렵다. 『21세기의 학교21st Century Schools』라는 제목의 한 공식 보고서에 나오는 다음과 같은 구절은 신비화된 언어가 어떻게 작동하는지를 분명히 보여준다.

> 발전하기 시작한 이 21세기 학교체계는 지금까지 우리에게 익숙했던 체계와는 매우 다르게 보이고 다르게 느껴질 것이다. 이 학교체계에서 일류 교육과 일류 학습이라는 핵심 임무를 달성하기 위해 노력하는 학교는 전통적 경계를 넘어선 것처럼 보일 것이며, 훨씬 더 외부 지향적일 것이고, 아이들, 청소년들, 부모들과 보다 긴밀한 파트너십 속에서 작동할 것이

다. 또한 다른 학교, 전문대학, 학습 제공자, 대학과도, 여타 아동 서비스 기관들과 제3섹터, 사적 부문, 고용주들과도, 그리고 지역당국, 아동신탁 Children's Trust 파트너들과도 긴밀한 관계를 맺을 것이다.(DCSF, 2008)

이 구절이 실제로 의미하는 바는 학교에서 현재 하고 있는 일이 앞으로는 아이들의 교육에서 오늘날보다 덜 중요해질 것이라는 것이다. '외부 지향적', '파트너십' 같은 용어들은 실제로는 방향성 없는 프로젝트에 일관성과 비슷한 어떤 것을 부여하기 위해 사용된 것이다. 이 보고서의 저자들은, '일류 교육이라는 임무'가 어떻게 이 당황스러운 목록 속 지지자들과의 파트너십을 통해 실현될 수 있는지는 사람들의 상상력에 맡겨두고 있다.

잉글랜드 국가 교과과정의 목적을 기술하는 데 사용된 언어를 고찰한 한 언론인은 "그 언어들에는 거의 아무런 의미도 없다"라고 결론 내렸다. 필립 헨셔Philip Hensher는 "오늘날의 학교 교육이 그럴듯하지만 특별할 것 없는 것들로 가득하다는 인상을 일반 공중이 받는다고 해서 정부가 그것에 대해 실제로 불평할 수 있는가?"라고 물으면서, 다음과 같이 덧붙였다. "자신의 자녀들이 무엇을 배우기로 되어 있는지, 또는 이 바보 같은 목표들을 어떻게 달성하려는 것인지를 이해하는 사람은 아무도 없다."[2] 교육이 자신의 임무를 표현할 수 있는 일관된 언어를 가지고 있지 못하다는 사실은 교육이 스스로에게 의미를 부여하기 위해 고군분투하고 있는 제도라는 것을 말해준다.

'학습사회'라는 용어를 예로 들어보자. 외견상 널리 칭송을 받는 이 은유는 사회가 지식을 학습하고 습득하는 일에 아주 전념하고 있다는 생각을 전달한다. 하지만 이것은 정확성과 의미 모두를 결여하고 있는 용어이다. 이 용어에 대한 한 논평에 따르면, "학습사회는 정치인과 정책 입안자들에게 심오한 것처럼 보일 수 있는 어떤 것을 제공하는 대단히 탄력적인 용어이지만, 면밀히 조사해보면 아주 공허하다"(Smith, 2000). 물론 정책 입안자들은 자주 상투어와 공허한 수사에 기대어 문제를 회피하려 한다. 그러나 때로는 그러한 단어들 또한 신비화와 기만을 자행하는 어휘의 일부이다. '학습사회'라는 개념은 학습이 모든 곳에서 일어난다는 생각을 전달함으로써 정규 교육의 역할을 평가절하하는 데 성공한다. 모든 경험이 학습활동으로 해석될 때, 순수한 정규 교육의 지위는 협상 가능한 것이 되고, 궁극적으로는 그 지위가 하락한다. 이 용어가 들을 수 있는 최고의 찬사는 학습사회라는 용어가 학습하고자 하는 열망과 공명한다는 것이다. 하지만 신비화의 언어를 통해 전달되는 열망은 교육의 의미에 대해 냉소주의를 불러일으킬 뿐이다.

이따금 우리는 전문가들조차 때때로 임금님이 벌거숭이라는 사실을 알고 있다는 것을 발견한다. 2008년에 영국의 공중은 하원 아동위원회 House of Commons Children's Committee가 '개별 맞춤 학습'의 의미를 찾기 위해 노력해왔다는 사실을 알게 되었다. 개별 맞춤 학습이 현 정부정책의 주요한 항목 중 하나이기 때문에, 수년에 걸친 숙고 후에도 정책 입안자들이 그것의 의미를 여전히 분명하게 알지 못한다는 것은 약간 의외였다. 전문가들 — 개별 맞춤 학습을 주도한 인물을 포함하여 — 은 놀랄 정도로 솔직했고, "정의를 발견하려는 시도가 전적으로 시간 낭비였다"라고 지적했다. 데이비드 하그리브스 교수는 새 정부의 학교 지침에서 사용된 모호한 정의가 "선의로 얼버무린 말"이었다고 덧붙였다.[3] 이는 전문가와 정치인들이 자신들이 말하고 있는 바가 무엇인지를 전혀 알지 못하고 있다는 것을 관대하게 표현하는 방식이다. 하지만 교육에 관한 수사는 그저 선의로 얼버무린 말에 그치지 않는다. 왜냐하면 때때로 그러한 수사는 공중을 기만하려는 노골적인 목적으로 가득 차 있기 때문이다.

11~14살 아동을 대상으로 하는 핵심 3단계 교과과정의 QCA 책임자였던 믹 워터스Mick Waters는 다음과 같이 진술했다. 우리는 이를 어떻게 이해해야 하는가?

> 아이들이 아주 심도 있게 열심히 학습하게 만들기 위해 학교는 분리해서 가르칠 필요가 있는 요소들, 매일 몇 분 동안 조금씩 가르칠 필요가 있는 요소들, 함께 가르칠 수 있는 요소들을 식별하는 과제를 부여받았다.[4]

어떤 의미에서 이 구절은 구절 자체를 솜씨 있게 그리고 심오하게 표현하고 싶어 하는 진부한 시도의 한 사례로 해석될 수도 있다. 그러나 몇 분 동안 이른바 조금씩 가르치는 방법으로 진행되는 수업의 장점이 "아주 심도 있게" 학습하는 방법을 연습하는 것이라고 유포시키기 위해서 필요한 것이 바로 이러한 종류의 신비화된 언어이다.

때로는 어린 소년들이 "임금님은 벌거숭이이다"라고 외치기도 한다. 2009년 2월에 나는 한 무리의 12살짜리 소년들과 학교생활에 대한 이야기를 나눴다. 그중 한 아이가 나를 당혹스러운 표정으로 바라보며 "왜 선생님들은 미련한 애들한테 재능 있는 아이라고 하는 거예요?"라고 물었다. 무리 전체가 다 알고 있다는 듯이 나를 쳐다봤는데, 그것은 그 아이들이 교사가 자주 진실을 의식적으로 은폐하는 단어들을 사용한다는 것을 알 정도로 충분히 세상 물정에 익숙하다는 것을 말해준다. 전문가들이 아이들을 묘사하는 데 이해할 수 없는 언어를 사용하는 세상에서는 청소년들은 자신들이 마땅히 알아야 할 것을 충분히 명확하게 알지 못한다. 교육에서 이루어지는 생색내기식의 대화는 어떤 불편한 현실과 마주하는 것을 회피하게 할 뿐만 아니라, 세대 간에 진정으로 열린 대화를 할 수 있는 잠재력 또한 훼손한다.

교육적 수사의 이 같은 과장 경향은 그 수사적 표현들이 묘사하는 관행과 기법들에서도 매한가지로 나타난다. 그렇지만 교육정책과 교수기법들은 자주 과학적 성찰의 산물이자 증거에 입각한 것으로 제시된다. 그러나 현재의 교수 방법들과 연관된 상이한 관행들을 뒷받침하기 위해 만들어진 과학적 주장들은 좀처럼 엄밀한 조사에 의해 입증되지 않는다. 특정 정책이 효과적이라는 근거로 인용되는 대부분의 조사는 특정 시기에 특정 학교에서 일어난 일을 알리는 것에 지나지 않는다. 교육에 관한 조사는 교실에서 진행되고 있는 일을 설명하는 것을 과제로 할 때 가장 잘 이루어진다. 그리고 그러한 과제를 훌륭하게 수행할 때, 그러한 조사는 사고를 인도하고 경험을 해명할 수 있다. 교육에 관한 조사는 정책 입안자들에게 "무엇이 효과적인지"에 대해 말해줄 수 있는 정책결정 수단으로서는 그리 효과를 지니지 못한다. 정책이 효과적이기 위해서는 우리가 살고 있는 세상에 대한 근본적인 문화적·도덕적·철학적 질문들을 심사숙고할 것이 요구된다. 그간의 경험은 특정 환경에서 효과적인 것을 다른 환경에서 그대로 복제할 수 없다는 것을 보여준다. 데이비드 올슨David Olson이 주장하듯이, "교육 조사의 평판은 결과를 그대로 복제할 수 없다는 것에 의해 손상되기보다는 교육 분야의 문헌을 구성하는 무수한 실험들이 왜 그렇게도 밝혀내는 것이 없는 것처럼 보이는지를 설명할 수 있는 보다 심오한 이론이 없다는 것에 의해 더 크게 손상된다"(Olson, 2003: 2).

정책 입안자들이 조사로부터 얻은 통찰들을 활용하는 것은 전적으로 합당한 일이다. 하지만 정책이 조사에 영향을 미치고 조사를 추동하는 것은 전적으로 부당한 일이다. 그렇게도 많은 교육 조사가 그렇게도 적은 통찰을 산출해온 한 가지 이유는 그 조사들이 이해관계를 벗어나지 못한 조사들이었기 때문이다. "무엇이 효과적인지"에 조사의 초점을 맞춘다는 것은 무엇이 바람직한 결과인지를 암묵적으로 가정하는 것이며, 또한 그 조사의 역할은 정책 입안자들이 요구하는 증거를 제공하는 것이다. 미래에 어떤 방법이 가장 좋을지를 이미 확신하고 있는 전문가들은 자주 조사를 하나의 추가 사항 정도로 여긴다. 이를테면 스코틀랜드 정부를 위해 작성된 2004년 보고서『문화·예술·스포츠 정책의 자료 수집을 위한 문헌조사A Literature Review of the Evidence Base for Culture, the Arts and Sport Policy』는 "문화·예술·스포츠 활동의 참여와 문제 행동의 감소 간의 **인과**관계를 입증한 조사가 전혀 없음에도 불구하고 전국적·국제적 조사와 평가는 둘 간의 관련성을 증명해왔다"라고 지적한다(Ruiz, 2004: 1). 그것은 인과관계를 입증해주는 증거가 없음을 말하는 다른 방식일 뿐이다. 또 다른 예로 자존감을 들어보자. 아이들의 자존감 끌어올리기는 교육 전문가들의 핵심 목표 중 하나이다. 하지만 이 개념과 관련하여 영국 정부의 지원을 받아 수행된 한 연구는 자존감의 의미조차 의견의 일치를 보지 못하고 있다는 점을 인정할 수밖에 없었다. 그 연구는 "자존감이 어떤 다른 개념보다도 대처와 적응의 바로미터로서 더 주목받아왔다"고 지적한 후, 그렇지만 어떤 조사도 "도출되고 있는 확고한 결론들을 정당화하기에 충분할 만큼 탄탄하지는 않다"라고 진술한다(Furedi, 2004: 157에서 인용). 그럼에도 불구하고 전문가들은 아주 강력한 결론들을 도출해왔다. 자존감의 의미가 명확하지 않다는 사실이 자존감을 어린 학생들이 갖추어야 할 핵심 가치로 도그마적으로 격상시키는 것을 막지는 못했다. 교과과정 공학자들은 빈번히 자존감 — 그것이 무엇을 의미하든지 간에! — 을 '핵심 기술core skill'로 특성화한다.

공무원들은 조사를 조작함으로써 정책 실패의 결과들을 회피하려고 하거나 학교가 직면한 문제의 심각성을 인식시키고자 한다. 이를테면 영국 정부의 행동전문가인 앨런 스티어 경Sir Alan Steer도 다음과 같이 기술한다. "사회가 (이전 세대들에서 그러했듯이) 청소년들의 행동 수준을 우려하는 것은 합당한 일이지만, 학교가 달성한 전반적인 행동 수준은 양호하고 최근 몇 년 사이에 향상되어왔다는 강력한 증거가 다양한 출처를 통해 제기되고 있다"(Steer, 2009: 2). 그러나 '강력한 증거'는 그렇게 강력하지 않은 것으로 밝혀지고, 앨런 경의 보고서에 담겨 있는 다른 전거들에 의해 반박 당한다. 문제의 규모를 최소화하기 위해 연구를 이용했지만, 실제로는 그 보고서 자체가 은연중에 문제를 인정하고 있는 셈이다.

가장 세간의 이목을 끌었던 몇몇 교육 논쟁에 참여했던 사람들은 문제가 되고 있는 것이 다름 아닌 개인 간 의견의 충돌이라는 것을 좀처럼 인정하지 않는다. 이를테면 교육에 관여하는 모든 사람이 아이들을 테스트하는 것이 긍정적 결과를 가져오는지 아니면 부정적 결과를 가져오는지에 대해 확고한 견해들을 지니고 있는 것처럼 보인다. 때때로 한쪽 또는 다른 쪽의 주장들이 연구의 권위를 빌려 주장하기도 하지만, 실제로 그들이 제시하는 것은 의견이다. 대체로 그러한 견해들은 상식, 편견, 그리고 연구에서 얻은 통찰의 조합에 기초하고 있으며, 도덕적·정치적 가치들의 프리즘을 통해 해석된 것이다. 비록 많은 전문가가 인식하지 못하고 있지만, 그들이 증거에 기초한 권고라면서 내놓는 것들은 연구를 가장한 편견에 지나지 않는다. 미국 사회학자 조엘 베스트(Joel Best, 2006: 129)는 서로 다른 시기에 경합을 벌이던 읽기 기법들이 "아이들의 읽기 학습법에 관한 연구문헌에 대한 철저한 검토"에 기초한다는 점을 근거로 하여 어떻게 그 효력을 정당화하는지에 관해 기술한다. 그는 자신의 큰아들이 캘리포니아에서 학교에 다니기 시작했을 때의 이야기를 들려준다. 당시에 교장은 부모들에게 총체적 언어 교육whole language instruction(듣기, 말하기, 읽기, 쓰기의 언어의 4가지 영역을 동시에 지도하는 방법 _ 옮긴이)이 읽기를 위한 '가장 효과적인 교수법'이라는 사실이 연구를 통해 입증되었다고 알려주었다. 10년 후 베스트의 더 어린 자녀가 학교에 다니기 시작했을 때에는 읽기 기법으로 파닉스phonics(발음 중심 어학 교수법)가 선호되었다. 두 기법 모두 조사에 의거하여 자신을 정당화할 수 있었다. 이것이 바로 특정 기법 — 파닉스처럼 효과적으로 보이는 것조차 — 에 대해 마법적인 속성을 가지고 있다고 가정하기보다는 교실의 구체적인 필요에 따라 신중하게 접근하여 특정 교수법을 채택하는 것이 최선의 방법인 이유이다.

교육을 사회의 다목적 구세주로 전환하려는 도그마적 프로젝트는 사회에서 교육과 관련된 유행들이 넘쳐나게 만든다. 그러한 정책들은 자신의 목적을 실현하는 데 빈번히 실패하며, 자원과 노력을 심히 낭비한 것으로 판명난다. 이를테면 더럼대학교University of Durham의 한 연구에 따르면, 잉글랜드에서 유치원 아이들의 성취도를 향상시키기 위해 설계된 30억 파운드 규모의 프로그램은 초등학교에 입학하는 아이들의 발달 수준에 식별 가능한 어떠한 영향도 미치지 못했다.[5] 실제로 아이들의 성취도를 향상시키고자 하는 정책이 실패하는 것은 놀랄 일이 아니다. 왜냐하면 성취 수준은 교실에 더 많은 현금을 투입한다고 해서 자동적으로 향상될 수 있는 성질의 것이 아니기 때문이다. 정책들을 적절히 조합해서 실행하면 성취 수준이 전반적으로 높아질 수 있다는 믿음은 교육의 작동방식에 대한 극히 단순하고 기술주의적인 생각에 기초한다. 교육은 기본적으로 청소년들이 몸담고 있는 하나의 문화적 제도이고, 청소년들은 가족, 또래, 공동체의 영향을 받는다. 이처럼 복합적인 환경에서 정책의 효과는 간접적인 경향이 있으며, 상당한 시간이 경과한 후에나 식별할 수 있을 것이다.

교육의 수준과 질을 둘러싼 공적 논쟁들은 시험결과, 조사, 여타의 공식적인 통계정보가 교육 상황을 정확히 표현해준다는 생각에 의해 지배되는 경향이 있다. 그러한 정보들 중 일부는 교육에서 작동하는 광범위한 경향에 대해 얼마간 유용한 통찰을 제공하기도 한다. 하지만 특정 시험을 치른 아이들의 성취도가 2% 높아졌다거나 또는 1% 낮아졌다는 결과를 성취 수준이 향상되고 있다거나 또는 하락하고 있다는 증거로 해석해서는 안 된다. 측정되고 있는 것이 무엇인지가 결코 명확하지 않기 때문이다. 아이들은 교육을 받지 않고도 시험을 통과하기 위한 수험지도를 받을 수 있다. 그리고 성취도에서의 백분율 하락이 반드시 성취 수준의 하락을 의미하지도 않는다. 정규 교육의 성취도는 기껏해야 아이들에게 전달되는 지식과 문화적·도덕적 전망의 질에 대한 간접적 증거를 제공할 뿐이라는 점을 이해하는 것이 중요하다. 모두가 알고 있듯이, 정규 교육의 규모는 최근 수십 년 동안 극적으로 확대되어왔다. 하지만 서류상 자격증명서가 극적으로 증가한 것이 사회의 지적·문화적·도덕적 삶에 어떻게 기여했는지는 전혀 분명하지 않다. 앞의 장들이 보여주듯이, 교육뿐 아니라 교육 외부의 정명에 의해 추동된 계획들 또한 팽창했다.

물론 초점을 분명하게 맞추어 집중적으로 가르치는 전략을 통해 아이들로 하여금 학습에 대해 더욱 흥미를 가지고 더 많은 기대를 하게 만듦으로써 개별 아동의 성취도를 끌어올리는 것도 가능하다. 이러한 접근방식을 특정 학교에 적용하는 것 또한 가능하다. 그리고 표적을 신중하게 설정하여 지역적으로 실시하는 실험들이 (적어도 일정 기간 동안은) 효과를 낼 수 있다는 증거도 많이 존재한다. 이와 대조적으로 고도로 중앙 집중적인 하향식의 교육개혁 시도들은 그 목표를 실현하는 데 항상 실패한다. 그러한 실패를 거듭하게 된 가장 중요한 이유는 교육학적 해결책으로 문화적·사회적 문제들을 해결하고자 했기 때문이다. 수십 년 동안 정부가 발의한 교육개혁들이 실패한 까닭은, 학교 문제는 기술적 해결책을 통해서는 극복할 수는 없다는 아주 단순한 이유 때문이었다. 정부가 하부구조나 산업에 더 많은 투자를 할 경우, 그것은 자주 긍정적인 결과를 낳을 수 있다. 하지만 교육의 경우, 그러한 투자는 **내포적** 성장이 아닌 **외연적** 성장으로 이어지는 경향이 있다.

교육의 외연적 성장은 보통 사람들이 공식적인 제도적 환경 속에서 보내는 시간이 양적으로 증가하는 것을 통해 표현된다. 서류상의 자격증명서, 고등교육, 공식적인 성취 등의 확대는 교육의 외연적 성장을 보여주는 징후들이다. 교육의 외연적 성장은 일반적으로 훈련수단을 통해 실현된다. 교육의 내포적 성장은 통계적으로 측정될 수 없는, 태도에서의 질적인 문화적 변화를 수반한다. 문화적 변화는 학습과 사상에 대한, 그리고 교육이 그 자체로 중요하다는 믿음에 대한 가치평가가 증대하는 것을 통해 관찰될 수 있다. 이러한 변화는 보다 광범위한 공동체를 지배하는 태도나 기대와 항상 연관되어 있고, 그러므로 지역의 영향을 받는다. 이것이 바로 교육의 내포적 발전에 헌신하는 정책들이 지역의 발의나 영향력 행사에 상당한 자유를 부여해야 하는 이유이다.

교육은 인간관계와 문화를 포함하는 것이고, 따라서 중앙정부의 계획에 즉각적으로 반응할 수 없다. 이 주제를 다룬 한 분석은 "정책적으로 교육의 양을 더 늘린다고 해서 정부가 추구하는 결과가 자동적으로 나오지는 않는다"라고 지적한다(Stedward, 2003: 146). 정부가 할 수 있는 가장 중요한 기여는 건실한 리더십과 효과적인 정책을 적절히 혼합하여 청소년들에게 높은 기대를 거는 분위기를 창출하도록 돕는 것이다.

많은 정책 입안자가 신속한 결과와 극적으로 향상된 성과를 요구하기 때문에, 교육체계는 단기적인 해결책에 지나치게 집중해왔다. 많은 경우 학교에게 성공이라는 것은 정부의 목표를 달성했고 학생들의 성취도가 백분율 점수로 크게 올라갔다는 것을 증명할 수 있음을 의미한다. 이는 학교가 아이들의 독서 취미를 계발하는 일을 거의 하지 않으면서도 읽고 쓰기라는 목표를 달성할 수 있다는 것을 의미한다. 그다음으로 감독관들은 교육체계를 치켜세우는 방식으로 결과들을 포장함으로써 이를 거든다. 정부는 시험의 수준을 낮추는 것과 같은 의심스러운 관행에 대해 모르는 척한다.[6] 목표 설정과 성취도 측정이라는 에토스는 교육제도 전반에 자기기만의 문화를 조장한다. 초등교육에서부터 고등교육까지 교사들은 양식을 작성하고 문항을 체크하는 데 너무나도 많은 시간을 소모한다. 이것은 단지 시간낭비에 그치는 것이 아니다. 왜냐하면 그것은 어떤 경우에는 거의 조직화된 기만에 가까운 제도적 냉소주의를 낳기 때문이다. 때때로 교사들이 전국 시험에서 부정행위를 해온 사례들을 발견한다고 해서, 그것이 그렇게 놀랄 만한 일인가? 학교에서 외부로부터 부과된 목표들을 충족시키라는 압력을 받는 교사들은 학생들의 답안을 고쳐왔고, 그게 아니면 시험에 나올 것으로 알고

있는 문제에 답하게 하는 식으로 학생들에게 수험지도를 해왔다.[7]

목표에 집중하는 교육이 초래하는 잘못된 결과 중 하나는 그것이 교실 경험의 질을 떨어뜨린다는 것이다. 그러한 환경에서 교사들은 교과과정을 가르치면서 스스로 전문적인 판단을 내리거나 학생들의 필요에 반응할 수 있는 기회를 거의 가지지 못한다. 관료제적 정명이 지배할 경우, 교사들은 교실에 신경을 쓰는 동시에 외부에서 부과된 요구에도 대응하지 않을 수 없다. 이러한 상황에서는 학교에서의 지적 활동과 마찬가지로 교사와 학생 간의 상호작용의 질 역시 악화된다. 이것이 바로 현재 몰두하고 있는 교육개혁이 실패의 지름길을 가고 있는 이유이며, 그러한 실패가 또 다른 라운드의 정책결정의 초대장 역할을 하는 이유이다. 따라서 2009년 3월에 잉글랜드의 학교를 관할하는 장관인 에드 볼스는 영국에서 시행되고 있는 모든 공적 시험의 수준을 유지하기 위해 그 내용을 감시하는 새로운 권력기구를 모색했다. 이처럼 학교의 작은 부분까지 관리하고 싶은 충동은 교육의 정치화가 낳는 피할 수 없는 결과이다. 실패한 계획은 새로운 정책의 수요를 창출하고, 이 새로운 정책들은 다시 교육 본연의 모습을 더욱 부식시키며, 그리하여 그 정책은 실패할 수밖에 없게 된다. 교육개혁의 이러한 악순환은 자원, 교사의 에너지와 창의성, 학생들이 지식을 습득할 수 있는 기회를 엄청나게 낭비한다.

교육이 사회정책의 도구가 되어버리면, 교육이 어떤 모습을 해야 하는지를 잊기 쉽다. 교육이 세대 간 대화와 분리되면, 교육은 외적인 이유들에서 그 의미를 찾게 된다. 이 정치화된 형태 속에서 교육은 자신이 실제로 무엇인지를 망각한 채 끊임없이 팽창하는 제도가 되어버렸다. 어린 세대들의 잠재력을 실현하기 위해서는 교육을 교육 자신으로부터 구해낼 필요가 있다. 교육을 구하기 위해서는 교육을 탈정치화하여 교육이 스스로 미래 향방을 발견할 수 있도록 교육에 더 많은 독립성을 부여할 필요가 있다.

부모들에게 한 마디

교육제도에 그처럼 많은 희망을 걸어왔다는 점을 감안할 때, 교육이 개인들에게도 실제로 중요하다는 것은 놀라운 일이 아니다. 사람들이 교육자격증과 학위를 자신의 사회적·경제적 지위를 개선하는 데 가장 중요한 요소로 간주하는 것은 당연하다. 이 관점에서 볼 때, 교육자격증은 사회적 지위를 보여주는 표지 역할도 한다. 사람들은 고용주가 자격증을 활용하여 신입사원을 선발한다는 것을 알고 있다. 또한 점점 더 많은 사람이 더 높은 수준의 교육적 성취를 달성함에 따라 사람들은 더 두각을 드러내어 고용주의 주목을 받기 위해서는 훨씬 더 높은 자격증이 필요할 것이라고 믿는다. 그러나 이러한 경향이 초래한 결과 중의 하나가 바로 서류상 자격증명서들의 가치절하이다. 야심 있는 사람들에게는 훌륭한 중등학교 교육이 특별한 지위를 얻는 데 별 도움이 되지 않는다. 대학의 학위조차도 차별적 표지를 제공하지 못한다. 한 기민한 논평가가 지적하듯이, "대학 부문이 급격히 팽창함에 따라, 대학은 더 이상 구별 짓기의 표지 역할을 전혀 하지 못하게 되었다"(Wolf, 2002: 202). 결국 학력 인플레이션은 관련된 모든 사람에게 노력의 낭비를 의미한다. 무어가 지적하듯이, '학력주의화'는 "학력증명서에 대한 요구"는 증가시키지만, "그것의 노동시장 가치를 떨어뜨린다"(Moore, 2007:

123).

하지만 한때 존중받던 자격증의 지위가 하락되었다고 해서 그것이 더욱더 많은 교육증명서를 획득하고자 하는 공중의 욕망을 감소시키지는 않았다. 공식적인 자격증이 실제로 중요한 문을 열어주지는 않는다는 것을 많은 사람이 깨닫고 있음에도 불구하고, 그들은 여전히 계속해서 자격증을 획득하는 일에 희망을 걸고 자원을 투자한다. 그러한 반응은 전적으로 이해 가능하다. 왜냐하면 어떤 개인에게는 교육이 중요한 기회들을 기대할 수 있게 해주기 때문이다. 그리고 교육은 사람들의 서열화를 문화적으로 용인하는 방식의 하나로, 지위의 표지 역할을 계속적으로 수행한다.

고용주, 공공기관, 공동체 일반이 교육적 성취를 활용해서 사람들을 서열화한다는 바로 그 이유 때문에, 부모는 자녀의 학교 교육을 매우 진지하게 받아들이는 경향이 있다. 실제로 상당수의 부모에게 자녀의 교육은 항상 걱정거리와 중대한 관심사의 원천이다. 학교 교육은 부모들 사이에서 극심한 경쟁의 진원지가 되었다. 일부 부모들은 자녀가 '좋은' 학교에 다니게 하기 위해 상당한 자원을 쏟아 붓고도, 자주 자신의 자녀가 좋은 학교에 들어가지 못할 경우 어떻게 해야 할지 전전긍긍한다. 영국에서는 점점 많은 수의 부모가 자녀의 학군을 보장받기 위해 변호사의 힘을 빌리고 있다. 언론들은 이처럼 법적 개입에 의지하는 것은 상당수의 부모가 느끼는 '절망감의 표시'라고 지적한다.[8] 많은 부모가 원하는 학교의 학군에 살기 위해 집을 옮기기까지 한다. 다른 부모들은 자녀들이 교회가 운영하는 학교의 입학허가를 받는 데 도움을 받기 위해 종교적 신념을 가장하기도 하고, 예배에 정기적으로 참여하기도 한다. 부모가 자녀의 시험성적이 향상되는 것을 돕기 위해 개인 교사들에게 상당한 양의 돈을 지출하는 것은 이제는 흔한 일이다. 사교육을 받는 아이들의 수가 지난 십 년간 증가해왔다는 것은 놀랄 일이 아니다. 일단 자녀가 '좋은' 학교에 들어가면, 부모는 자녀의 숙제와 자습 과제를 돕는 데 적극적인 역할을 한다. QCA의 최근 보고서에 따르면, 부모들의 2/3가 자녀들의 중등교육자격검정시험GCSE 수업활동을 돕는다. 그리고 그들 중 많은 수가 '도움'을 훨씬 넘어서는 일들을 한다. 따라서 인터넷이나 도서관에서 정보를 찾느라고 바쁜 사람은 자주 학생이 아니라 부모이다.[9]

예상할 수 있다시피, 자녀가 공부를 잘하도록, 그래서 가능하면 최고 점수를 받도록 도와주고 싶어 하는 부모 중 많은 사람이 아이에게 도움이 되는 '격려'를 하는 것과 자신들이 자습 과제에 직접 달려드는 것을 구별하기가 쉽지 않음을 깨닫는다. 일부 부모들은 몇 마디 소견을 말하는 것에 그치지 못한다. 그들은 자녀들과 함께 자습 과제의 구조를 짜는 작업을 시작하지만, 오래지 않아 그 세부 내용을 채우느라 바쁘다. 그들은 곧 별 생각 없이 가족 검색엔진의 역할을 맡아 자녀들에게 적절한 자료를 가져다준다. 때때로 부모들은 결국 자습 과제를 거의 다 작성한다. 둘째 라운드는 자습 과제가 초안 단계에 도달하면 시작된다. 이제 부모들은 본격적으로 자신들의 역량을 발휘한다. 자신의 문학적 솜씨를 재발견하게 된 부모들은 문법과 철자를 고쳐 쓰고 수정하라고 지시한다. 그 결과 자주 최종 제출물의 아주 작은 부분만이 아이 자신의 작품이 된다.

교육체계는 '학교에 의한 교육의 외부 위탁'이라고 불러야 할 경향을 증대시키는 데서 공모하고 있다. 솔직히 말하면, 학교는 학업 수준이 향상되고 있음을 입증하려고 노력하는 과정에서 자녀에 대한 부모들의 걱정을 교묘히 이용하여 그들을 무급 교사로 끌어들인다. 초등학교 첫날부터 부모들은 자녀의 성취도가 가정에서 아이가 얼마나 많은 지원을 받느냐와 긴밀히 연관되어 있다는 말을 듣는다. '지원'의 공식적 의미는 몇 마디 격려의 말에 한정되지 않는다. 부모들은 자녀의 교육활동에서 적극적으로 교육적 역할을 수행할 것을 기대받는다. 심지어는 부모가 자녀의 숙제에 직접적으로 참여하도록 훈련하는 체계가 도입되어왔다.

나아가 교육대학들은 "자녀들의 읽기를 돕는 법", "자녀들의 GCSE 수학을 돕는 법", 또는 "자녀들의 GCSE 영어를 돕는 법"을 가르치는 야간강의를 개설하기도 한다. 자녀의 미래를 걱정하는 부모 중 많은 사람이 이제 숙제를 공동 작업으로 간주한다. 조사들은 부모들이 주당 평균 6~7시간을 숙제 임무에 쓰고 있다는 것을 보여준다. 정부의 후원을 받는 지침서들은 부모들에게 직접 숙제를 해주는 일을 자제하고 "너무 많은 일을 대신 해주지 말라"라고 조언하는 척한다. 그러나 일단 자녀의 성취도가 가정에서 받는 지원의 수준을 그대로 반영한다는 메시지를 부모들이 내면화하고 나면, '너무 많이' 관여하지 않기란 쉽지 않다. 숙제가 부모의 행동을 평가하는 비공식 수단이 되면서, 걱정 많은 부모들은 조력과 부정행위를 구분하기가 어려워진다.

교육에서 부모의 역할을 확대하는 것은 최근 정부들의 핵심 정책이 되어왔다. 그리고 이는 학교에서 발생하는 문제에 대해 학교가 대처할 수 있는 능력을 정부 각료들이 불신하고 있음을 분명하게 보여준다. 그러나 교육제도를 지탱하기 위해 자녀에 대한 부모들의 본능적인 사랑을 동원한다고 해서, 그것이 고질적인 문제들을 해결하지는 못한다. 그것은 부모들로 하여금 교사를 대할 때 자녀의 대변자가 되도록 조장하여, "좋든 나쁘든 내 아이"라는 태도를 광범위하게 취하게 할 뿐이다. 정책 입안자들이 정치적 이득을 위해 자주 부모의 불안을 교묘하게 이용하고 있다는 결론을 피하기는 어렵다.

부모들은 자녀에게 고무적인 환경을 제공함으로써 가치 있는 역할을 수행할 수 있다. 부모가 자녀 교육에 개입하는 가장 좋은 형태는 적극적인 격려이다. 그리고 때때로 그것에는 학교에서 제기된 쟁점과 문제들에 대해 함께 토론하는 것이 포함된다. 그러나 숙제와 수업활동은 아동의 독자적인 노력을 통해 이루어져야 한다.

부모의 에너지를 학교활동에 집중시키는 것은 세대 간에 설정되어야만 하는 명확한 구분선이 크게 약화되었음을 보여주는 것이다. 그러한 혼란상태가 항상 부모들이 교육의 가치를 높이 존중한 결과는 아니다. 부모들이 기회를 경쟁적으로 움켜쥐려 한다는 것은 그들이 아이들에게 지적 환경을 고무하기보다는 사회적 이득을 얻기 위해 분투한다는 것을 보여준다. 이는 세대 간 대화를 멀리하게 하는 교육 형태이다. 학교활동이 부모의 야망 중 하나의 대상이 된 것은 완전히 교육 외적인 이유 때문이다. 교육이 사회적 선별양식으로 기능한다는 사실이 바로 부모들로 하여금 교육에 집착하도록 만드는 주요한 추동력이 되고 있다.

부모들이 자녀의 미래에 대해 큰 야망을 품는 것은 전적으로 이해할 수 있는 일이지만, 현재의 경쟁적인 양육 분위기는 교육의 목적을 훼손하는 결과를 초래한다. 이러한 분위기는 학교생활에 나쁜 영향을 미치는 반지성적 분위기를 더욱 조장하고, 교육을 교육 외부의 목적을 달성하기 위한 수단으로 인식하는 경향을 강화한다. 사회이동의 수단 역할을 하는 교육능력에 거는 부모들의 희망은 교육을 이용해서 사회문제를 해결하려는 정책 입안자들의 바람과 나란히 진행되고 있다. 이 두 경향은 서로를 강화하여, 학교가 교육이라는 일을 수행하는 데 집중하지 못하게 한다.

부모와 아이들은 당연히 자신들의 사적인 관심사를 추구하기 위해 교육을 이용하고자 할 것이다. 원론적으로는 그러한 관심의 추구가 진정으로 교육을 존중하는 문화적 태도를 발전시키는 데 기여할 수도 있다. 그러나 교육이 단지 사적인 거래가 되어서는 교육은 결코 그 효과를 거둘 수 없다. 교육이 세대 간 대화의 일부일 때 가장 효과적으로 이루어지기 때문에, 이 프로젝트를 서로 지원하여 실현하기 위해서는 성인들이 일정 정도 그 일에 헌신할 것이 요구된다. 즉, 미래지향적이고 지적으로 도전적인 교육제도가 출현하기 위한 전제조건은 성인의 연대감과 권위의 행사가 문화적으로 긍정받게 하는 것이다. 교사들이 아이들을 효과적으로 교육하는 데 필요한 종류의 전문가적 권위를 획득할 수 있는 것도 바로 이러한 상황하에서이다.

어디로 가야 하는가?

어른의 권위 행사를 둘러싼 혼란이 초래하는 가장 유감스러운 결과들 중 하나가 교육의 실패를 아이들의 행동, 능력, 또는 태도라는 프리즘을 통해 해석하려는 경향이다. 이와 대조적으로 어른 권위의 가치절하가 교실에 초래하는 결과는 좀처럼 탐구되지 않는다. 교과과정 공학자들은 동기 부족과 못된 행동을 교사의 훈육이나 권위와 관련된 문제의 징후라기보다는 교육의 위기와 동의어로 간주한다. 이 위기의 징후와 원인을 혼동하는 경향은 아이들의 행동에 대한 논쟁과 관련하여 가장 현저하게 드러난다. 아이들의 행동이 개선되었는지 아니면 더 나빠졌는지를 둘러싼 논의들이 그것보다 논리적으로 앞선 쟁점, 즉 왜 어른과 교사들이 아이들의 행동을 관리하는 일을 그 무엇보다 어려워하는가라는 문제를 압도해버렸다. 성인 사회가 아이들의 행동을 저지하는 데 실패했다는 점은 간과된다. 그러한 문제들은 한결같이 세대관계라는 맥락에서 분리되고, 억제되지 못한 행동은 아이들의 성격 특질로 재조명된다. 그러한 행동들은 빈번히 특정한 질병의 이름으로 진단된다. 따라서 우리 곁에는 이제 "종잡을 수 없"거나 "마음을 움직이기 어려운" 아이들이 존재하게 된다. 많은 교육 전문가가 아이들은 집중할 수 있는 시간이 매우 짧기 때문에 상이한 형태의 디지털 테크놀로지를 통해 즐거움을 느끼고 지속적으로 자극을 받지 않는다면 흥미를 갖지 않게 될 것이라고 생각한다. 그 결과 짧은 수업이 가장 좋은 실천방안으로 지지된다. 아이들은 보다 복잡하고 생각을 해야 하는 수업에 집중할 수 없다는 믿음이 교과과정 전문가들의 사고를 지배하고 있다. 성인 세계는 아이들이 교육을 진지하게 받아들일 수 있는 능력을 가지고 있다는 것을 믿지 않기 때문에 어른들이 권위 있게 행동하기를 꺼려하는 것이 초래하는 결과에 맞설 필요를 느끼지 않는 것으로 보인다.

교과과정 공학에 영향을 미치고 있는 가장 파괴적인 편견 중 하나가 아이들이 현재 있는 그대로일 것이라는 숙명론적 믿음이다. 교실 기법들은 아이들이 가족적·사회적 환경에 의해 제약을 받고 있다는 믿음과 아이들이 도전적인 교육환경에 대처할 지적·도덕적 자원을 결여하고 있다는 확신에 지배받고 있다. 이러한 감상은 불우한 지역사회 출신 아동들의 발달에 특히 해롭다. 왜냐하면 그런 아이들은 자신의 생활과 직접 관련이 없는 교과목들을 공부할 동기를 결여하고 있는 것으로 간주되기 때문이다. 경제적으로 불우하거나 주변화된 가족 출신의 아이들은 상당한 문화적 자본을 소유한 부모를 둔 아이들이 누리는 이점을 누리지 못한다는 데에는 의심의 여지가 없다. 그러나 교육자들은 바로 이것 때문에 그들의 지능과 호기심을 자극하여 그들의 기대를 끌어올리기 위해 노력해야만 한다.

자유주의적인 인본주의 교육체계의 토대를 이루는 기본 전제는 아이의 태도, 행동, 동기가 결코 고정되어 있지 않다는 믿음이다. 보다 성숙한 개인으로 자라나는 과정에 있는 아이들은 교육에 반응함으로써 예기치 않은 특성들을 발전시킨다. 유전적 능력과 무관하게 아이들은 상당한 발달을 이룰 수 있으며, 거의 대다수의 아이들은 어떤 교과목의 지식도 습득할 수 있다. 아이들이 지식을 습득할 때, 그들은 다양한 교과목에서 독자적으로 사고할 수 있게 된다. 아이들이 이러한 잠재력을 실현하지 못한다면, 그것은 자주 아이들의 능력에 대해 사회가 낮은 기대를 하기 때문이다.

자유주의 교육은 아이들을 인간사회가 달성한 업적의 정당한 상속자로 간주한다. 교육은 이 유산을 청소년들에게 인도하는 책임을 맡고 있다. 교육은 또한 아이들이 미래세계에 대비하도록 준비시키는 일에도 관여한다. 지금 교육이 다루어야만 하는 주요한 질문은 이론적으로 보자면 교육받은 시민이 오늘날의 도전에 대처하기 위해 무엇을 알고 있어야 하는가 하는 것이다. 이 문제와 관련하여 우리가 무엇보다도 먼저 공적으로 심의해야만 하는 사항은 모든 아이들이 민주사회에서 책임 있는 역할을 수행하기 위해서는 어떤 사람이 되어야 하는가 하는 것이다. 그러한 논의를 위해서는 우리가 교육받은 시민과 연관시키는 가치와 이상들에 대해 심사숙고해야만 한다. 세대 간 대화는 그러한 이상을 실현하기 위한 노력을 개시하는 것이다. 그러므로 그러한 대화는 아이들 사이에 공통의 열망을 계발하는 것을 지향할 필요가 있다. 개별 맞춤 교육이라는 현재의 이상은 세대 간 대화의 취지와 정면으로 배치된다. 이것이 바로 학교 교육을 개별화할수록 청소년들을 그만큼 덜 교육하게 되는 이유이다.

교육은 기발한 기법과 정책들을 통해서는 변화될 수 없고 또 변화되어서도 안 된다. 무엇보다도 먼저 교육을 정당정치의 영역으로부터 빼내 와야 한다. 정부는 아무리 좋은 의도에서 시작한 정책이더라도 기껏해야 빈약한 결과만을 낳을 수도 있다는 점을 인정해야 한다. 정부정책들은 학교가 교육하는 일을 방해하고 교사의 생활을 불필요하게 복잡하게 만들 가능성이 아주 크다. 정부는 사회의 문제를 학교에 떠넘기고 싶은 유혹을 이겨내야 한다. 학교는 바람직한 지적·도덕적 속성들을 계발하고, 아이들에게 그들이 마주할 세상에 대처할 준비를 시킬 수 있다. 하지만 학교가 성인 사회에서 생긴 문제들에 대한 해결책을 제공할 수는 없다. 아이들이 교육을 통해 책임 있는 성인의 역할을 맡고 사회의 복리에 기여할 것으로 기대할 수도 있다. 그러나 아이들이 사회개혁을 위한 도구로 간주되어서는 안 된다. 사회개혁은 전적으로 성인 세계가 책임져야 하는 일이다. 서로 다른 세대의 역할들을 혼동하는 것은 성인들의 책임 회피만 강화할 뿐이다.

앞의 장들에서 줄곧 어른의 권위 부식이 초래한 유감스러운 결과들을 크게 강조했다. 이 문제를 인정하지 않는 것이 교육이 직면한 근본적인 문제이다. 왜냐하면 학교가 직면한 거의 모든 문제가 이 문제와 직간접적으로 연관되어 있기 때문이다. 불행하게도 이 문제는 공적 논의들에서 간과되고 있다. 설상가상으로 교과과정 공학자와 전문가들은 어른의 권위 부식을 묵인하고, 어떤 경우에는 그것을 찬양하기까지 한다. 어른의 권위 행사와 관련하여 통상적으로 나타나는 모호함은 권위 행사를 극히 부정적인 용어로 표현하는 문화적 각본 속으로 부호화되어왔다. '권위 있는 인물'이라는 용어는 점차 권력 보유와 권력 통제에 강조점이 두어지면서 '실세'라는 뜻으로, 즉 권력남용이라는 함의를 전달하는 방식으로 자주 사용된다. 이처럼 권위 있는 인물을 병리화하는 것에 도전하는 것이 교육을 교육에서 구하고 교사들에게 교실에서 권위 있는 방식으로 행동할 수 있게 해주는 문화적 자원을 제공하기 위한 전제조건이다.

정부와 사회는 교육이 무엇을 의미해야 하는지, 그리고 교육이 어떻게 작동해야 하는지에 대한 밑그림을 그릴 정당한 권리를 가지고 있다. 모든 사회는 교육의 의미에 대한 지적 논쟁으로부터 이득을 얻는다. 그러한 대화를 통해 출현하는 합의는 교육의 제도적 토대에 영향을 미칠 것임에 틀림없다. 그리고 그러한 합의는 국가 교과과정이나 여타의 지도체계를 통해 전달될 수 있다. 하지만 그러한 체계가 지나치게 규정적이어서는 안 된다는 점이 중요하다. 사회는 학교와 교사를 믿고 그들 스스로가 학생 교육이라는 과제를 어떻게 수행할지를 고심하게 할 필요가 있다. 우리는 교육이 정부가 행사하는 과도한 영향력과 통제에서 벗어나 지역의 계획과 지역의 방향에 맞게 나아가도록 교육을 근본적으로 재구성해야 한다.

학교가 무엇을 위해 존재하는지, 그리고 어떤 가치들이 교실에서 일어나는 일련의 일들에 영향을 미쳐야 하는지와 같은 근본적인 문제를 다루지 않고는 효과적인 교육정책들을 진척시키고 실행시키기란 매우 어렵다. 제4장과 제5장에서 우리는 이 쟁점을 사회화 문제와 관련하여 논의했다. 우리가 아이들을 사회화하는 방식은 우리가 지속적인 공적 심의 과정을 통해 명료화해야만 하는 보다 광범위한 문화적 문제의 일부이다. 하지만 가치의 문제는 교사의 일을 규정하고 학교의 에토스를 틀짓는 일과도 관련되어 있다. 현재 학교를 이끌도록 되어 있는 가치들은 피상적이고 수사적인 성격을 띠고 있다. GTC가 제안한 다음과 같은 '교직의 핵심가치' 목록을 살펴보자.

- 수월성과 지속적 발전
- 헌신과 공감
- 성찰과 자기통제
- 정직과 성실
- 존경, 평등, 다양성, 포함
- 개입과 역량강화
- 협력과 협동
- 변화에 대한 대응성

마치 공무원의 인적 자원 관리 교과서에서 가져온 것처럼 보이는 이 목록에는 교육 영역에만 해당하는 가치는 단 하나도 들어 있지 않다. 교직의 이 핵심 가치들이 치과의사, 회계사, 또는 군인의 핵심 가치들과 대체 어떻게 다른가? 이 목록은 교육의 가치란 무엇이고 교육자란 무엇인가라는 질문에 답하지 않는다. 교과목에 대한 전문지식, 그리고 교실에서의 권위와 판단의 책임 있는 행사가 교직의 핵심 가치가 되어야 한다.

하지만 우리가 교육의 가치를 올바로 이해할 때에만 교육 문제를 해결하기 시작할 수 있다. 교육을 그 자체로 중요한 어떤 것으로 가치평가하는 것이 교육을 번성시키기 위한 전제조건이다. 교육의 주요 특징들 중 하나는 교육은 교육 이외의 다른 목적에는 관심이 없다는 것이다. 이것은 교육이 아이와 사회에 영향을 미치는 사태의 진전들에는 관심이 없다는 것을 뜻하는 것이 아니라 인류의 문화적·지적 성과를 아이들에게 전달하는 것을 교육을 규정하는 임무로 간주한다는 뜻이다. 일단 사회가 교육체계를 긍정하고 교육 자체와 지식의 습득을 높이 평가해야만, 정책 입안자와 공중도 앞으로 나아가는 데 필요한 실제적인 조치들을 취하기 시작할 수 있다.

현재 학습과 교육을 혼동하는 것을 극복하는 일이 시급하다. 학습은 교육에만 독특한 활동이 아니다. 인간은 자신의 삶 내내 학습하지만, 인간이 학습하는 것이 반드시 지식인 것은 아니다. 역으로 인간이 학습할 필요가 있는 교훈과 통찰 – 관계를 맺고 문제를 소통하고 도전에 대처하는 법 – 중의 많은 것이 가르칠 수 없는 것들이다. 그러나 아이들을 교육하기 위해서는 학교가 아이들에게 그들이 필요로 하는 지식을 가르쳐야 한다. 학교는 가르칠 수 없는 것을 가르치려고 노력하는 데 귀중한 자원을 낭비하는 대신에, 아이들에게 교과목에 기초한 지식을 제공하는 과업을 수행하는 쪽으로 나아갈 필요가 있다.

교육을 교과과정 전문가들의 영향력으로부터 구해낼 필요가 있다. 교사들이 자신감을 회복해서 스스로를 학습자가 아닌 교육자로 생각하기 시작할 때까지는 오랜 시간이 걸릴 것이다. 너무나도 많은 기득권 세력들이 정답 체크하기, 교실 세세하게 관리하기, 사회공학적 체계 장려하기와 같은 게임에 참여하고 있다. 검사, 시험, 교과과정 수업과 같은 일반적 관행들 대부분이 학업 수준을 향상시키는 대신에 표준화과정을 촉진시킨다. 원론적으로는 아동의 성적을 공식적으로 평가하는 것이 아동의 성취와 수행 수준을 파악하는 데서 중요한 역할을 수행할 수 있다. 하지만 평가(특히 초등학교의 어린 학생들에 대한)를 위해서는 현재의 공식화된 형태의 시험과는 다른 종류의 감성과 섬세함이 요구된다. 설상가상으로 학교에 도입된 형식적 과정들은 학생들에게 자신들이 익힌 시험통과 기술에 의거하여 상상력 없는 시험답안을 작성하도록 부추긴다. 잘못은 아이들에게 시험을 치르게 하는 원리에 있는 것이 아니라, 연습문제지와 기술적 수법들을 자양분으로 하는 반교육적인 학교문화가 조장한 기계적 학습이라는 해충에 있다.

아마도 이 책의 많은 독자가 어떤 교과목을 가르치고 평가해야 하는지, 교과과정을 어떻게 구성해야 하는지, 아이들을 어떻게 사회화하고 훈육해야 하는지와 같은 주제에 대해 확고한 견해를 가지고 있을 것이다. 이 책이 학교를 위해 일단의 정책들을 정식화하고 싶은 유혹을 견뎌온 데에는 많은 이유가 있다. 비록 교실에서 아이들에게 잘못된 것들을 가르치는 데 많은 시간이 낭비되고는 있지만, 교사들이 보다 교육지향적인 교과과정을 가르치는 권한을 부여받는 것만으로는 상황이 나아지지 않을 것이다. 정말로 성패가 달린 중요한 문제는 단순히 아이가 역사를 공부해야 하는가 아니면 미디어학을 공부해야 하는가가 아니라, 학교가 직면한 가장 근본적인 과제, 즉 교육의 의미를 명확히 하는 문제와 정면으로 맞서는 것이다. 만약 학교가 그 자체로 중요한 어떤 것으로서의 교육을 추구하는 데 헌신한다면, 아마도 학생들의 구체적인 욕구들에 부합하는 효과적인 접근방식을 정식화할 수 있을 것이다. 보다 넓게는 교육에 탄탄한 문화적 토대를 제공하기 위해서는 교실 안팎에서 어른의 권위를 긍정하는 것이 매우 중요하다. 교육을 탈정치화하고 학교에 대한 사회공학자들의 영향력을 차단하는 것 또한 학교를 변화시키기 위한 전제조건의 하나이다.

원론적으로는 서로 다른 다양한 전략과 상이한 교과목들을 통해 아이들을 교육할 수 있다. 아이들을 가르치는 방식은 많다. 그리고 자신들의 교수 기법만을 써야 한다고 주장하는 사람들은 어떤 도그마에 집착하는 사람들일 것이다. 우리에게 필요한 것은 학교 교육에 대한 규정적 접근방식이 아니라 교육에 대한 관대하고 열려 있는 에토스이다. 교육을 교육에서 구하기 위해서는 학교에는 더 큰 독자성을 부여하고 교사들에게는 전문적 판단을 할 수 있게 하는 것이 필요하다. 교육이 고도로 중앙 집중적인 제도적·이데올로기적 모델에 의거하여 운영되는 한, 얼마나 많은 진전이 이루어질 수 있을지를 확신하기란 쉽지 않다. 아이들이 자신들의 정당한 지적 유산에 접근할 수 있게 해주는 기본 공통 교과과정의 밑그림을 그리는 것은 중앙정부의 정당한 역할이다. 하지만 이 교과과정을 어떻게, 어떤 과목을 통해 가르칠 것인지를 가장 잘 결정할 수 있는 것은 지역의 학교와 공동체들이다. 진정으로 다원적인 접근방식만이 교과과정 전문가와 사회공학자들의 영향력을 무력화할 수 있을 뿐만 아니라 무엇이 아이의 학교 교육에 가장 효과적인지를 발견할 수 있는 새로운 기회 또한 제공해줄 수 있을 것이다.

미주

머리말

1 NUS의 전국 의장 웨스 스털링(Wes Sterling)이 NUS Press Office에서 한 논평을 보라. www.nus.org.uk/News/Media-Centre/A-level-results-2008/

서론. 교육의 역설

1 세대 간의 단절 증대를 논의하고 있는 것으로는 Furedi and Bristow(2008)를 보라.

2 Sean Coughlan, "School is the 'last moral force'", *BBC News*, 9 March 2009.

3 Justin Parkinson, "Parents create feckless youths", *BBC News*, 31 March 2005.

4 "Parents to be hit with penalties if children misbehave at school", *The Daily Telegraph*, 15 April 2009; "Schools are 'employing bouncers'", *BBC News*, 12 April 2009.

5 Mary Bousted, "Don't blame teachers when it's parents who are failing", *The Observer*, 5 April 2009.

6 "Pupils playing up? Let them play bingo, says Sir Alan Steer", *The Times*, 16 April 2009에서 인용.

7 "We need pushy parents to improve failing schools, says education minister", thislondon.co.uk, 25 August 2008.

8 Robert Winnett, "Schools to be graded by parents and pupils", *The Daily Telegraph*, 11 March 2009.

9 "Parents to be hit with penalties if children misbehave at school", *The Daily Telegraph*, 15 April 2009; "Schools are 'employing bouncers'", *BBC News*, 12 April 2009를 보라.

10 이를테면 "Bright schoolchildren take back seat to 'social misfits', says head teacher", *The Daily Telegraph*, 12 March 2009를 보라.

11 Katherine Sellgren, "Expectations 'too high' say heads", *BBC News*, 13 March 2009.

12 Tanya Byron, "We see children as pestilent", *The Guardian*, 17 March 2009.

13 "Behaviour experts to help schools", *BBC News*, 16 April 2009를 보라.

14 "Books disappearing from schools, says Michael Rosen", *The Daily Telegraph*, 3 March 2009.

15 Polly Curtis, "Ofsted's new mission to get rid of boring teachers", *The Guardian*, 5 January 2009.

16 "Ofsted tells on school teachers", *BBC News*, 20 January 2006.

17 이를테면 Helen Rumbelow, "A master class in bribery; pay your school kids", *The Times*, 3 April 2009를 보라.

18 Polly Curtis, "Ofsted's new mission to get rid of boring teachers", *The Guardian*, 5 January 2009에서 인용.

19 이러한 논지를 개진하고 있는 것으로는 Furedi(2008)를 보라.

20 Katherine Sellgren, "Warning over narcissistic pupils", *BBC News*, 14 March 2009.

21 이를테면 Gary Eason, "'Toxic cycle' of family breakdown", *BBC News*, 18 March 2008을 보라.

22 Louise Tickle, "Tears for fears", *The Guardian*, 3 March 2009.

23 2005년 11월 8일에 행한 연설: www.number10.gov.uk/output/Page8547.asp.

24 Wolf(2002)는 교육과 경제성장 간의 연관성에 이의를 제기한다.

25 Katherine Sellgren, "Expectations 'too high' say heads", *BBC News*, 13 March 2009.

26 스코틀랜드에 관한 흥미로운 사례연구로 Iannelli and Paterson(2007)을 보라.

제1장. 일회용 교육학

1 2008년 5월 14일에 ASCL 사무총장 존 던포드 박사의 진술. www.ascl.org.uk//MainWebSite/SearchResultsd24452490f5d494.aspx?Map=0014830DE8403804BOE0833ED4F2E002&NewsItemID=143& NewsGroupID=.

2 www.demos.co.uklmedia/pressreleases/educationepidemic을 보라.

3 Tony Blair, "Speech on Education", 24 October 2005: http://www.number10.gov.uk/Page8363.

4 *2020 Vision: Report of the Teaching and Learning in 2020 Review Group*, London, 2006, p. 11.

5 Estelle Morris, "Change, but don't lose the constants", *The Guardian*, 23 September 2008.

6 Bill Law, "A new focus for the curriculum": www.nesta.org.uk/a-new-focus-for-the-curriculum/.

7 "Foreword" by David Blunkett, *The Learning Age: A Renaissance for a New Britain*: www.lifelonglearning.co.uk/greenpaper/summary.pdf.

8 *2020 Vision: Report of the Teaching and Learning in 2020 Review Group*, London, 2006, p. 8.

9 Sir Claus Moser, "Introductory Paper", given at the conference 'The Knowledge Society: Changing the shape for the 21st century', 8~16 September 2000.

10 Sir Claus Moser, "Introductory Paper".

11 이를테면 John White, "Towards an aims-led curriculum", QCA: www.qca.org.uk/futures/를 보라.

제2장. 교육의 의미

1 Anthony Seldon, "Schools must pay more attention to children's well-being", *The Daily Telegraph*, 30 November 2008.

2 이 주장에 대한 해설로는 Gordon(1999) p. 10을 보라.

3 크로슬랜드는 이 견해를 1974년에 피력했다. Finch and Scrimshaw(1982) p. 27에서 인용.

4 G. Paton, "Universities have a duty to promote 'social justice', says John Denham", *The Daily Telegraph*; 30 September 2008.

5 "Rose denounces impact of testing", *BBC Online*, 20 October 2008: http://news.bbc.co.uk/1/hi/education/7680895.stm.

제3장. 어른의 권위를 둘러싼 혼란

1 Jessica Shepherd, "What does Britain expect?", *The Guardian*, 17 July 2007.

2 Robert Pigott, "Call for 'post-9/11' RE teaching", *BBC News Education*, 17 June 2008.

3 Chris Hastings and Julie Henry, "National song-book project falls flat", *The Daily Telegraph*, 4 May 2008.

4 Habermas(1976) p. 70을 보라. 하버마스는 그곳에서 "의미를 행정적으로 생산할 수는 없다"고 쓰고 있다.

5 "Adults give young 'bad example'", *BBC News*, 11 July 2008.

6 "Teachers being bullied in schools": http://news.bbc.co.uklgo/pr/fr/-/cbbcnews/hi/newsid_7260000/newsid_7268300/7268342.stm, 28 February 2008.

7 Hannah Goff, "Spoilt children 'disrupt schools'", *BBC News*, 25 March 2008.

8 "Staff fears in toddler exclusion", *BBC News Education*, 7 November 2008을 보라.

9 "Teachers report widespread abuse", *BBC News*, 6 April 2009를 보라.

10 "Staff fears in toddler exclusion", *BBC News Education*, 7 November 2008.

11 G. Paton, "Hundreds of schoolchildren under five children are suspended in a year", *The Daily Telegraph*, 7 November 2008.

12 이러한 발전에 대한 사회학적 설명으로는 Nisbet(2000)을 보라.

13 부모의 자신감을 손상시키는 프로젝트에 대해서는 Furedi(2008)를 보라.

14 "동기부여에 대한 걱정스러운 관심"은 또한 "행동심리학으로 하여금 다시 한 번 가르치기와 학습하기에 대해 생각하게 했다". Lovlie and Standish(2002) pp. 327~328을 보라.

15 이 같은 진전에 영향을 준 치료요법적 문화 추세를 논의하는 것으로는 Furedi(2004)를 보라.

16 필립스(Phillips, 1997)는 이러한 논지를 일관되게 주장한다.

17 Julie Henry, "School pupils rate teachers in speed-dating style interviews", *The Daily Telegraph*, 25 October 2008.

18 같은 기사.

19 "Union denounces pupil interviews", *BBC News UK*, 20 June 2007.

제4장. 역사회화

1 Headliners, October 2007: www.headliners.org/storylibrary/stories/20071sat+group+climate+change.htm?id=585228914242090939б을 보라.

2 "Adults give young 'bad example'", *BBC News*, 11 July 2008에서 인용.

3 E. G. West, "Liberty and Education: John Stuart Mill's Dilemma", *Philosophy*, April 1965

를 보라.

4 The Hadow Report(1926) *The Education of the Adolescent*, London, HM Stationery Office.

5 "Children and their Primary Schools(1967), A Report of the Central Advisory Council for Education(England)", London: Her Majesty's Stationery Office, Vol. 1, chapter 15, paragraph 500: www.dg.dial.pipex.com/documents/plowden15.shtml.

6 Sean Coughlin, "School is 'the last moral force'", *BBC News Education*, 3 September 2008을 보라.

7 http://curriculum.qca.org.uk/key-stages-1-and-2/Values-aims-and-purposes/index.aspx.

8 "Call for skills lessons in school", *BBC News*, 24 September 2008을 보라.

9 같은 뉴스.

10 Graeme Paton, "Schools should teach skills not subjects", *The Daily Telegraph*, 3 June 2008을 보라.

11 이러한 경향을 보여주는 사례들로는 Furedi(2008) ch.7을 보라.

12 "Parents 'ignorant' on five-a-day", *BBC News*, 23 June 2008.

13 www.schoolcouncils.org/schools/School-Councils-UK/case_studies/school-council-teach-parents-a-lesson.

14 "Letter: Children, teach your parents well", *Taunton Gazette*, 8 April 2008: www.tauntongazette.com/archive/x1272965790/Letter-Children-teach-your-parents-well.

15 Home Office Press Release: "Children Remind Adults to Act Responsibly on our Streets", 4 April 2007: http://press.homeoffice.gov.uk/press-releases/children-remind-asbo-adults.

16 David Benady, "The plus side of pestering", 24 January 2008: www.mad.co.uk/Main/Search/MadSearchResults/Articles/baOfc996cf7e4195b876ba555bc3e2fc/The-plus-side-of-pestering.html을 보라.

17 Caroline Stacey, "Positive side of pester power", *The Times*, 3 November 2007.

18 Bibi van der Zee, "Pester power", *The Guardian*, 1 February 2007에서 인용.

19 Energy Saving Trust, "The role of education and schools in shaping energy-related consumer behaviour", October 2007: www.energysavingtrust.org.uk/uploads/documents/aboutest/Schools%20report.pdf.

20 Lisa Fedarado, "Pint-size eco-police, making parents proud and sometimes crazy", *New York Times*, 10 October 2008: www.nytimes.com/2008/10/10/nyregion/l0green.html.

21 하원 의원 맬컴 윅스가 2006년 6월에 행한 연설: www.dti.gov.uk/about/dti-ministerial-team/page31126.html.

22 David Miliband, February 2007: www.defra.gov.uk/news/20071070202b.htm.

23 Alan Johnson, "Children must think differently", *The Independent*, 2 February 2007: www.independent.co.uk/opinion/commentators/alan-johnson-children-must-think-differently-434686.html.

24 Energy Saving Trust, *The Role of Education and Schools in Shaping Energy-related Consumer Behaviour*, October 2007: www.energysavingtrust.org.uk/uploads/documents/aboutest/Schools%20report.pdf.

25 Bibi van der Zee, "Pester power", *The Guardian*, 1 February 2007에서 인용.

26 DTI, "Our energy challenge: power from the people — microgeneration strategy", March 2006: www.berr.gov.uk/whatwedo/energy/sources/sustainable/microgeneration/strategy/page27594.html.

27 www.number10.gov.uk/Page633을 보라.

28 "Parents must do better — Johnson", *BBC News*, 11 July 2006.

29 같은 뉴스.

30 같은 뉴스.

제5장. 사회공학

1 www.musicmanifesto.co.uk/key-aims를 보라.

2 *Diversity and Citizenship Curriculum Review*(2007), Department for Education and Skills: London, p. 68을 보라. 다른 식으로는 저자인 키스 아제그보 경(Sir Keith Ajegbo)의 이름을 따서 아제그보 보고서라고 알려져 있기도 하다.

3 "Statement of Values by the National Forum for Values in Education and the Community"를 보라. http://curriculum.qca.org.uk/uploads/Statement-of-values_tcm8-12166.pdf에서도 볼 수 있다.

4 "Editorial", *Prospero: A Journal of New Thinking in Philosophy for Education*, 13(4), 2007, p. 4.

5 *Diversity and Citizenship Curriculum Review*(2007) p. 68을 보라.

6 Winnie Hu, "Gossiping, girls and boys get lessons in empathy", *The New York Times*, 5 April 2009.

7 Clarke(1940) p. 70을 보라. 그는 "잉글랜드는 그 자신의 정체성을 확고히 하고 있었으며, 전쟁의 혹독한 시련은 오직 그러한 믿음을 강화할 뿐이었다"라고 덧붙였다.

8 "Editorial", *Prospero; A Journal of New Thinking in Philosophy for Education*, 13(4), 2007, p. 4.

9 www.dcsf.gov.uk/consultations/downloadableDocs/Duty%20to%20Promote%20Community%20Cohesion%20Gu를 보라.

10 "Schools told to close gender gaps", *BBC News*, 17 April 2007.

11 "Pupils 'must learn about nappies'", *BBC News*, 28 July 2006.

12 Alan Johnson, "Children must think differently", *The Independent*, 2 February 2007.

13 "Schools 'must tackle homophobia'", *BBC News*, 7 July 2008.

14 "Call for sex lessons at age four", BBC News, 14 July 2008; Kate Devlin, "Sex education 'must become compulsory in schools'", *The Daily Telegraph*, 28 July 2008; "'Emotions'

urged in sex education", *BBC News*, 5 May 2005.

15 "Boys will learn to be good dads at 11", *The Sunday Times*, 21 September 2008.

16 Mike Baker, "Do we ask too much of teachers?", *BBC News*, 10 October 2008.

17 "Nursery alert for racist toddlers", *BBC News*, 7 July 2008.

18 "Anti-racism lessons in nurseries", *BBC News*, 6 February 2008.

19 "Citizenship in secondary schools: evidence from Ofsted inspections(2003/04)", HMI 2335, February 2005.

20 "Warning over citizenship classes", *BBC News*, 2 February 2008.

21 "Patriotism 'should not be taught at school'", *The Daily Telegraph*, 4 February 2008을 보라.

22 John Denham, "Be fair to adults as well as young people", *The Guardian*, 16 September 2008.

23 Graeme Paton, "Class divisions still blight education", *The Daily Telegraph*, 27 July 2008을 보라.

24 Claire Fox, "The Philosophy Gap" in Hayes(2004) p. 24.

제6장. 교육에 대한 믿음의 상실

1 www.standards.dfes.gov.uk/eyfs/site/profile/index.htm을 보라.

2 Teaching and Learning in 2020 Review Group(2007) p. 5.

3 Graeme Paton, "Schools should teach skills, not subjects", *The Daily Telegraph*, 3 June 2008.

4 Association of Teachers and Lecturers Position Statement, "Subject to Change: New Thinking on the Curriculum"(2006): www.atl.org.uk/Images/Subject%20to%20change%20-%20curriculum%20PS%202006.pdf.

5 "Fertile minds need feeding", *The Guardian*, 10 February 2009.

6 Bill Law, "A new focus for the curriculum": www.nesta.org.uk/a-new-focus-for-the-curriculum/.

7 같은 글.

8 Qualifications and Curriculum Authority(2007) "Analysis of evidence from sixty stakeholder events during 2008": www.qca.org.uk/qca_18487.aspx.

9 "TLRP's evidence-informed pedagogic principles"를 보라: www.tlrp.org/themes/tenprinciples.html.

10 같은 글.

11 Department for Children, Schools and Families, *Personalised Learning*: https://czone.eastsussex.gov.uk/sites/gtp/library/professional/Documents/assessment/Personalised%20learning.pdf.

12 Mike Baker, "Let's not get personal", *BBC News*, 21 November 2008.

13 "'Reluctance' to identify gifted", *BBC News*, 30 January 2009.
14 "Conversations with Howard Gardner", *The Herald*, 10 October 1998.
15 Helene Guldberg, 'Class Divisions': www.spiked-online.com. 21 July 2004.
16 www.thegrid.org.uk/learning/gifted/policies/definition.shtml을 보라.
17 Helene Guldberg, "Class divisions": www.spiked-online.com. 21 July 2004.
18 "TLRP's evidence-informed pedagogic principles": www.tlrp.org/themes/tenprinciples.html.

제7장. 행복으로의 불행한 전환

1 *Towards a New Primary Curriculum: A Report from the Cambridge Primary Review*: www.primaryreview.org.uk/Downloads/Curriculum_report/CPR_Curric_rep_Pt1_Past_Present.pdf를 보라.
2 이를테면 "Lessons in being happy proposed", *BBC News*, 8 December 2008을 보라.
3 Timothy Shriver and Roger Weissberg, "No emotion left behind", *The New York Times*, 16 August 2005.
4 "Diary Date", Emotional Intelligence Conference, 21 June 2003: www.sehd.scot.nhs.uk/publications/well2/well2-04.htm.
5 Anthony Seldon, "Teaching happiness is no laughing matter", *The Daily Telegraph*, 24 May 2007.
6 "Primary children 'suffer stress'", *BBC News*, 12 October 2007을 보라.
7 "Pupils 'distressed over spelling'", *BBC News*, 2 October 2008.
8 "Session 1: What Works Well": www.teachingexpertise.com/files/Happiness%20programme%20-%20What%20Works%20Well%20part%201.pdf.
9 "Promoting students' happiness": www.teachingexpertise.com/articles/promoting-students-happiness-3910.
10 David Perks, "I'd like to teach the world to think ...", *Spiked-online*, 23 April 2008.
11 이 주제를 다룬 탁월한 논의로는 Bantock(1986) p. 124를 보라.
12 감정결정론에 대한 논의로는 Furedi(2004) pp. 25~27을 보라.
13 'SEAL'이라는 제목의 그 리플릿은 영국 정부의 SEAL 프로그램을 알리기 위한 것이다(이 리플릿에서 따온 앞의 인용문에는 다음과 같은 잘못된 표현이 포함되어 있다. It informs parents that "[this school] thinks everyone of your children are [sic] of great importance ..."_옮긴이).
14 "Seal of approval for feelgood factor", *The Guardian*, 7 October 2008을 보라.
15 Timothy Shriver and Roger Weissberg, "No emotion left behind", *The New York Times*, 16 August 2005.
16 "A Randomized Controlled Trial of the Combination of Two Preventive Interventions": http://ies.ed.gov/funding/grantsearch/details.asp?ID=649.

17 Sue A. Stickel and Yvonne L. Callaway, "Neuroscience and Positive Psychology — Implications for School Counsellors", 9 March 2007: www.eric.ed.gov/ERICDocs/data/ericdocs2sql/content_storage_01/0000019b/80/33/59/a8.pdf.

18 Stuart Jeffries, "Will this man make you happy?", *The Guardian*, 24 June 2008에서 인용.

19 "Behaviour experts to help schools", *BBC News*, 16 April 2009를 보라.

20 www.emotionalintelligencearticles.org/emotional-intelligence-to-motivate.html.

21 "Managing challenging behaviour with CPD": www.teachingexpertise.com/articles/managing-challenging-behaviour-3336에서 인용.

22 Hannah Richardson, "Behaviour classes 'lack impact'", *BBC News*, 2 December 2008을 보라.

23 사적 교신, 2003년 4월 15일.

24 Graeme Paton, "Caning pupils 'can be effective behaviour control'", *The Daily Telegraph*, 26 February 2009.

25 Graeme Paton, "Teachers rattled by hums and coughs in class", *The Daily Telegraph*, 26 March 2009.

26 "Schools discipline and pupil behaviour guidelines: guidance for schools" on Teachernet; Richard Garner, "Teachers told to praise the unruly as strike looms over discipline", *Independent*, 11 April 2007을 보라.

27 Teacher Support Network, press release, 14 October 2008: http://teachersupport.info/news/press-releases/2008-Happiness-Conference.php.

결론. 교육에서 교육 구하기

1 General Teaching Council for England, *Draft Code of Conduct and Practice*, November 2008.

2 Philip Hensher, "Does anyone really understand the National Curriculum", *The Independent*, 3 April 2009.

3 Mike Baker, "Let's not get personal", *BBC News*, 21 November 2008.

4 Devika Bhat and Alexandra Frean, "Mandarins propose Mandarin for new curriculum", *The Times*, 5 February 2007.

5 Alexandra Frean, "£3bn scheme to help pre-school children learn 'has had no effect'", in *The Times*, 28 August 2007.

6 이를테면 Tom Clark and Polly Curtis, "Dumbing down disguised", *The Guardian*, 20 January 2009를 보라.

7 James Lyons, "Test teachers", *The Daily Mirror*, 6 December 2007.

8 Polly Curtis, "More parents use lawyers to secure school places", *The Guardian*, 23 October 2008을 보라.

9 Frank Furedi, "Who's doing the homework", *The Daily Telegraph*, 8 February 2006.

참고문헌

Alexander, T.(2001) *Citizen Education*, London: Campaign for Education.

Altheit, P. and Dausien, B.(2002) "The 'double face' of lifelong learning: Two analytical perspectives on a 'silent revolution'", *Studies in the Education of Adults*, 34(1).

Arendt, H.(2006[1961]) *Between Past and Future*, London: Faber & Faber.

Ayling, J.(1930) *The Retreat from Parenthood*, London: Kegan Paul, Trench, Trubner & Co.

Bagnall, R. G.(2000) "Lifelong learning and the limitations of economic determinism", *International Journal of Lifelong Education*, 19(1).

Ball, S.(2008) *The Education Debate*, Bristol: Policy Press.

Bantock, G. H.(1952) *Freedom and Authority in Education: A Criticism of Modern Cultural and Educational Assumptions*, London: Faber & Faber.

_____(1965) *Education and Values: Essays in the Theory of Education*, London: Faber & Faber.

_____(1969) "The Discovery Methods" in Cox and Dyson(eds).

_____(1986) "Educating the emotions: An historical perspective", *British Journal of Educational Studies*, 2.

Barber, M.(1997) *The Learning Game: Arguments for an Education Revolution*, London: Indigo.

Beck, J.(2002) "The sacred and the profane in recent struggles to promote official pedagogic identities", *British Journal of Sociology of Education*, 23(4).

Beck, J. and Young, M.(2005) "The assault on the professions and the restructuring of academic and professional identities: A Bernsteinian analysis", *British Journal of Sociology of Education*, 26(2).

Bentley, T.(1998) *Learning Beyond the Classroom: Education for a Changing World*, London: Routledge.

Best, J.(ed.)(1994) *Troubling Children: Studies of Children and Social Problems*, New York: Aldine de Gruyter.

_____(2006) *Flavour of the Month: Why Smart People Fall for Fads*, Berkeley: University of California Press.

Bloomer, Keith(2001) *Learning to Change: Scottish Education in the Early 21st Century, Scottish Council Foundation*, www.scottishcouncilfoundation.org/pubs_ more.php?p=14.

Bousted, M.(2007) "Introduction" in Johnson et al.
Burkard, T.(2007) *Inside the Secret Garden: The Progressive Decay of Liberal Education*, Buckingham: The University of Buckingham Press.
Burton, D.(2007) "Psycho-pedagogy and personalised learning", *Journal of Education for Teaching*, 33(1).
Chung, S. and Walsh, D.(2000) "Unpacking child-centredness: a history of meanings", *Journal of Curriculum Studies*, 32(2).
Cladis, M. S.(1995) "Education, virtue and democracy in the work of Emile Durkheim", *Journal of Moral Education*, 24(1).
Clarke, F.(1940) *Education and Social Change: An English Interpretation*, London: The Sheldon Press.
Coffield, F.(1999) "Breaking the consensus: Lifelong learning as social control", *British Educational Research Journal*, 25(4).
Collins, R.(1979) *The Credential Society: An Historical Sociology of Education and Stratification*, New York: Academic Press.
Cook-Sather, A.(2006) "Sound, presence, and power: 'Student Voice' in educational research and reform", *Curriculum Inquiry*, 36(4).
Coombs, P.(1985) *The World Crisis In Education: The View from the Eighties*, New York: Oxford University Press.
Cotgrove, C.(1972) *The Science of Society: An Introduction to the Science of Society*, London: George Alien & Unwin.
Cox, C. B. and Dyson, A. E.(eds)(1969) *Black Paper Two: The Crisis in Education*, London: The Critical Quarterly Society.
_____(1970) *Black Paper Three: The Crisis in Education*, London: The Critical Quarterly Society.
Cox, C. B. and Boyson, R.(1977) *Black Paper*, London: Temple Smith.
Crawford, K.(1995) "A history of the right: The battle for control of National Curriculum history 1989-1994", *British Journal of Education Studies*, 43(4).
Crosland, Anthony(1982)[1974] "Comprehensive education", in Finch and Scrimshaw.
Crowther, J.(2004) "'In and against' lifelong learning: flexibility and the corrosion of character", *International Journal of Lifelong Education*, 23(2).
Davies, I, Godard, S. and McGuinn, N.(2005) "Citizenship education and character education: Similarities and contrasts", *British Journal of Educational Studies*, 53(3).
DCSF(2008) *21st Century Schools: A World Class Education for Every Child*: publications.dcsf.gov.uk/eOrderingDownload/DCSF-01044-2008.pdf.
Department for Children, Schools and Families(2008) *The Independent Review of the Primary Curriculum*, http://publications.teachernet.gov.uk/default.aspx?Page

Function=productdetails&PageMode=publications&ProductId =BLNK-O1010-2008&.

Department for Education and Skills(2004) *Five Year Strategy for Children and Learners*, presented to Parliament by the Secretary of State for Education and Skills, July, Cm6272.

Dewey J.(1897) "My pedagogic creed' in Dworkin, M.(ed.)(1967) *Dewey on Education*, New York: Teachers College Press.

_____(1902) "The school as social center", *The Elementary School Teacher*, 3(2).

_____(1934) "Individual psychology and education", *The Philosopher*, 12.

_____(1936) "Authority and freedom", *Survey Graphic, November*, 25(11).

_____(1938)[1916] *Democracy and Education*, New York: The Free Press.

_____(1946) *Problems of Men*, New York: The Philosophical Library.

_____(1956)[1902] *The Child and the Curriculum*, Chicago: University of Chicago Press.

_____(1966) *Democracy and Education*, New York: Free Press.

Dewey, J. and Dewey, E.(1962)[1915] *Schools for Tomorrow*, New York: E. P. Dutton Co. Ltd.

DfEE(1997) *Excellence in Schools*, London: Stationery Office Limited.

_____(1998) *The Learning Age: A Renaissance for a New Britain*, available online at: www.leeds.ac.uk/educol/documents/000000655.htm.

_____(2003) The London Challenge: Transforming London Secondary Schools, London: DfES.

DuFour, Richard(2002) "The Learning-Centred Principle", *Beyond Instructional Leadership*, 59(8) http://cursa.ihmc.us/rid=1206976613786_1901503955_1669 /DuFour-%20Learning%20Centered%20Principal.pdf.

Durkheim, E.(1956) *Education and Sociology*, New York: The Free Press.

_____(1986) "The role of the state in education", republished in Giddens(1986) p.177.

Dworkin, M.(ed.)(1967) *Dewey on Education*, New York: Teachers College Press.

Ecclestone, K. and Hayes, D.(2008) *The Dangerous Rise of Therapeutic Education*, London: Routledge.

Edwards, R. and Nicoll, K.(2006) "Expertise, competence and reflection in the rhetoric of professional development", *British Educational Research Journal*, 32(1).

Entwistle, H.(1979) *Antonio Gramsci: Conservative Schooling for Radical Politics*, London: Routledge & Kegan Paul.

Fallows, S. and Steven, C.(eds)(2000) *Integrating Key Skills in Higher Education*, London: Kogan Page Ltd.

Finch, A. and Scrimshaw, P.(eds)(1982) *Standards, Schooling and Education*, London: Hodder and Stoughton.

Finlay, I., Spours, K., Steer, R., Coffield, F., Gregson, M., Hodgson, A. and Edward,

S.(2007) "'The heart of what we do': Policies on teaching, learning and assessment in the new learning and skills sector", http://www.ioe.ac.uklschools/leid/lss/Report4.pdf.

Francis, L. and Grindle, Z.(1998) "Whatever happened to progressive education? A comparison of primary school teachers' attitudes in 1982 and 1996", *Educational Studies*, 24(3).

Freire, P.(1972) *Pedagogy of the Oppressed*, New York: Herder and Herder.

_____(1982)[1972] "Education: Domestication or Liberation?" in Finch and Scrimshaw (eds).

Furedi, F.(2004) *Therapy Culture: Cultivating Vulnerability in an Anxious Age*, London: Routledge.

_____(2006) *Where Have All the Intellectuals Gone?*, 2nd edn, London: Continuum.

_____(2008) *Paranoid Parenting: Why Ignoring the Experts May Be Best for Your Child*, London: Continuum.

Furedi, F. and Bristow, J.(2008) *Licensed to Hug*, London: Civitas.

Gardner, H.(1993) *Frames of Mind: The Theory of Multiple Intelligences*, London: Fontana.

Gewitz, S.(2001) "Cloning the Blairs: New Labour's programme for the resocialisation of working-class parents", *Journal of Education Policy*, 16.

Giddens, A.(1986)(ed.) *Durkheim on Politics and the State*, Cambridge: Polity Press.

Gill, B. and Schlossman, S.(2003) "Parents and the politics of homework: Some historical perspectives", *Teachers College Record*, 105(5).

_____(2004) "Villain or saviour? The American discourse on homework, 1850-2003", *Theory Into Practice*, 43(3).

Gordon, M.(1999) "Hannah Arendt on authority: Conservatism in education reconsidered", *Educational Theory*, 49(2).

_____(1998) "John Dewey on authority: A radical voice within the liberal tradition", *Educational Philosophy and Theory*, 30(3).

Habermas, J.(1976) *Legitimation Crisis*, London: Heinemann.

Halsey, A. H.(1978) *Change in British Society*, Oxford: Oxford University Press.

Hargreaves, D.(2003) *Education Epidemic*, London: Demos.

Hayes, D.(ed.)(2004) *The RoutledgeFalmer Guide to Key Debates in Education*, London: RoutledgeFalmer.

Heyting, F., Kruithof, B. and Mulder, E.(2002) "Education and social integration: On basic consensus and the cohesion of society", *Educational Theory*, 52(4).

Hofstadter, R.(1964) *Anti-intellectualism in American Life*, London: Jonathan Cape.

Hyland, T.(2006) "Vocational education and training and the therapeutic turn", *Educational Studies*, 32(3).

Iannelli, C. and Paterson, L.(2007) "Education and social mobility in Scotland", *Research in Social Stratification and Mobility*, 25.

Jelfs, H.(2001) *Identifying and Utilising Values: Spiritual, Moral, Social and Cultural Development and Citizenship in a Primary School*, London: Department for Education and Skills.

Johnson, M., with Ellis, N., Gotch, A., Ryan, A., Foster, C., Gillespie, J. and Lowe, M.(2007) *Subject to Change: New Thinking on the Curriculum*, London: ATL.

Jones, K.(2003) *Education in Britain: 1944 to the Present*, Cambridge: Polity.

Kennedy, H.(1997) *Learning Works*, Coventry: The Further Education Funding Council.

Kerlinger, F.(1960) "The implications of the permissiveness doctrine in American education", *Educational Theory*, 10(2).

Kessen, W.(1979) "The American child and other cultural inventions", *American Psychologist*, 34(10).

Kounine, I., Marks, J. and Truss, E.(2008) *The Value of Mathematics*, London: Reform.

Labaree, D. I.(2005) "Progressivism, schools and schools of education: An American romance", *Paedogogica Historica*, 41(1 & 2).

Layard, R.(2007a) "Happiness and the teaching of values", *CentrePiece*, 12(1).

_____(2007b) "The teaching of values", the 2007 Ashby Lecture, University of Cambridge.

Leadbeater, C.(2004) *Personalisation Through Participation: A New Script for Public Services*, London: Demos.

Leatherwood, C.(2005) "Assessment policy and practice in higher education: Purpose, standards and equity", *Assessment & Evaluation in Higher Education*, 30(3).

Lester Smith, W. O.(1971) *Government of Education*, Harmondsworth: Penguin Books.

Levin, B.(1998) "An epidemic of education policy: (What) can we learn from each other?", *Comparative Education*, 34(2).

Levinson, N.(1997) "Teaching in the midst of belatedness: The paradox of natality in Hannah Arendt's educational thought", *Educational Theory*, 47(4).

Loseke, D. and Cahill, S.(1994) "Normalizing the child daycare discourse in popular magazines, 1900-1990" in Best, J.(ed.)(1994) *Troubling Children: Studies of Children and Social Problems*, New York: Aldine de Gruyter.

Lovelock, J.(ed.)(2008) *The Head Speaks: Challenges and Visions in Education*, Buckingham: The University of Buckingham Press.

Lovlie, L. and Standish, P.(2002) "Introduction: Bildung and the idea of a liberal education", *Journal of Philosophy of Education*, 36(2).

Macdonald, D.(2003) "Curriculum change and the post-modern world: Is the school curriculum-reform movement an anachronism?", *Journal of Curriculum*

Studies, 35(2).

Marsden, W. E.(1997) "Contradictions in progressive primary school ideologies and curricula in England: Some historical perspectives", *Historical Studies in Education*, 9(2).

McCaslin, M. and Infanti, H.(1998) "The generativity crisis and the 'scold war': What about those parents?", *Teacher College Record*, 100(2).

McCulloch, G., Goodman, J. and Richardson, W.(2007) "Editors' introduction: Social change in the history of education", *History of Education*, 36(4-5).

Moore, R.(2000) "For knowledge: Tradition, progressivism and progress in education -reconstructing the curriculum debate", *Cambridge Journal of Education*, 30(1).

_____(2007) *Sociology of Knowledge and Education*, London: Continuum.

_____(2008) "Schimatism, The Pursuit of Difference and the Tradition of the New" (unpublished chapter).

Moore, R. and Young, M.(2001) "Knowledge and the curriculum in the sociology of education: towards a reconceptualisation", *British Journal of Sociology of Education*, 22(4).

Morris, M. and Griggs, C.(eds)(1988) *Education: The Wasted Years? 1973-1986*, London: The Falmer Press.

National Commission on Excellence in Education(1983) *A Nation at Risk: The Imperative for Education Reform*, US Government Printing Office: www.ed.gov/pubs/NatAtRisk/risk. html.

Nicholl, K.(2005) "Getting at the facts: The fabrication and action of truth within lifelong learning policy". Paper presented to the AARE Conference, Parramatta, November. Online at: http://www.aare.edu.au/05pap/nic05434.pdf (accessed 19 May 2006).

Nicoll, K. and Edwards, R.(2004) "Lifelong learning and the sultans of spin: Policy as persuasion?", *Journal of Education Policy*, 19(1).

Nisbet, R.(2000) *Twilight of Authority*, Indianapolis: Liberty Fund Inc.

Noddings, N.(2003) *Happiness and Education*, Cambridge: Cambridge University Press.

_____(2005) "What does it mean to educate the whole child?", *Education Leadership*, 63(1).

Oakeshott, M.(1989) *The Voice of Liberal Learning: Michael Oakeshott on Education*, New Haven: Yale University Press.

O'Byrne, A.(2005) "Pedagogy without a project: Arendt and Derrida on teaching, responsibility and revolution", *Studies in Philosophy and Education*, 24.

Olson, D.(2003) "The triumph of hope over experience in the search for 'what works':

A response to Slavin", *Educational Researcher*, http://aera.net/uploadedFiles/Journals_and_Publications/Journals/EducationaLResearcherlVolume_33_No_I/ERv33nl_0LSON.pdf.

Payne, J.(2000) "The unbearable lightness of skill: The changing meaning of skill in UK policy discourses and some implications for education and training", *Journal of Education Policy*, 15(3).

Peters, R. S.(1959) *Authority, Responsibility and Education*, London: George Allen & Unwin Ltd.

_____(1969)(ed.) *Perspectives on Plowden*, London: Routledge & Kegan Paul.

_____(1982)[1967] "What is an educational process?", in Finch and Scrimshaw(eds).

Phillips, Melanie(1997) *All Must Have Prizes*, London: Warner Books.

Porritt, J.(1998) *Captain Eco and the Fate of the Earth*, New York: Dorling Kindersley, Inc.

Postman, N.(1996) *The End of Education: Redefining the Value of School*, New York: Vintage Books.

Prensky, M.(2001) "Digital natives, digital immigrants", *On the Horizon*, 9(5), October.

Pring, R.(2007) "The common school", *Journal of Philosophy of Education*, 41(4).

Qualifications and Curriculum Authority(2005) *A Curriculum for the Future*, London: QCA.

_____(2007) *The Curriculum: Taking Stock of Progress*, London: QCA.

Ray, C.(2008) "The Retreat From Scholarship" in Lovelock(ed.).

Ravitch, D.(1985) *The Schools We Deserve: Reflections on the Educational Crises of Our Times*, New York: Basic Books.

_____(2000) *Left Back: A Century of Failed School Reforms*, New York: Simon & Schuster.

Revell, L.(2004) "Circle Time" in Hayes, D.(ed.)(2004) *The RoutledgeFalmer Guide to Key Debates in Education*, London: RoutledgeFalmer.

Rogers, C.(1983) *Freedom to Learn*, Columbus, Ohio: Charles E. Merrill Publishing Company.

Ruiz, J.(2004) *A Literature Review of the Evidence Base for Culture, the Arts and Sport Policy, Education Department Research Programme*, Edinburgh: Scottish Executive.

Russell, J.(2007) *How to Turn Your Parents Green*, Bristol: Tangent Books.

Ryan, A.(1995) *John Dewey and the High Tide of American Liberalism*, New York: W. W. Norton & Company.

Schön, D.(1967) *Technology and Change: The New Heraclitus*, Oxford: Pergamon Press.

Sellinger, M. and Yapp, C.(2001) *IC Teachers*, London: IPPR.

Simon, B.(1981) "Why no pedagogy in England?", in B. Simon and W. Taylor(eds) (1981), *Education in the Eighties: The Central Issues*, London: Batsford.

Smith, M. K.(2000) "The theory and rhetoric of the learning society", *The Encyclopedia of Informal education*: www.infed.org/lifelonglearning/b-lrnsoc.htm. Last update 2 July 2008.

Smith, R.(2002) "Self-esteem: The kindly apocalypse", *Journal of Philosophy of Education*, 36(1).

Snow, C. P.(2007) *The Two Cultures*, Cambridge: Cambridge University Press.

Standish, A.(2009) *Global Perspectives in the Geography Curriculum: Reviewing the Moral Case for Geography*, New York: Routledge.

Stedward, G.(2003) "Education as industrial policy: New Labour's marriage of the social and the economic", *Policy & Politics*, 31(2).

Steer, A.(2009) *Learning Behaviour: A Review of Behaviour Standards and Practices in our Schools*, Nottingham: DCSF Publications.

Teaching and Learning in 2020 Review Group(2007) *2020 Vision: Report of the Teaching and Learning in 2020 Review Group*, London: Department of Education and Skills.

Tight, M.(1998) "Education, education, education! The vision of lifelong learning in the Kennedy, Dearing and Fryer reports", *Oxford Review of Education*, 24(4).

_____(1994) "Crisis, what crisis? Rhetoric and reality in higher education", *British Journal of Educational Studies*, 42(4).

UNESCO(1972) *The World of Education Today and Tomorrow: Learning to Be*, Paris: UNESCO.

Vanhuysse, P. and Sabbagh, C.(2005) "Promoting happiness, respecting difference? New perspectives on the politics and sociology of education in liberal democracy", *British Educational Research Journal*, 31(3).

Wheelahan, L.(2008) "A social realist alternative for curriculum", *Critical Studies in Education*, 49(2).

White, J.(2005) "Reassessing 1960s philosophy of the curriculum", *London Review of Education*, 3(2).

_____(2006) *The Aims of School Education*, London: IPPR, http://www.ippr.org/uploadedFiles/research/projects/Education/The%20Aims%20ol:%20School%20Ed%20FINA1.pdf.

Whitty, G. and Wisby, E.(2007) "Whose voice? An exploration of the current policy interest in pupil involvement in school decision making", *International Studies in Sociology of Education*, 17(3).

Wolf, A.(2002) *Does Education Matter: Myths About Education and Economic Growth*, London: Penguin Books.

Wylie, K.(2005) "The moral dimension of personal and social education", *Pastoral Care*, September.

Young, M.(2003) "Durkheim, Vygotsky and the curriculum of the future", *London Review of Education*, 1(2).

_____(2008) *Bringing Knowledge Back In: From Social Constructivism to Social Realism in the Sociology of Education*, London: Routledge.

Young, M. and Muller, J.(2007) "Truth and truthfulness in the sociology of educational knowledge", *Theory and Research in Education*, 5.

Zachry, C. B.(1940) *Emotion and Conduct in Adolescence*, New York: Appleton Century.

Zieger, R.(2004) "'Uncle Sam wants you ... to go shopping': A consumer society responds to national crisis, 1957-2001", *Canadian Review of American Studies*, 34.

찾아보기

주제어

인명

저서

옮긴이의 말

우리 사회 도처에서 교육에 대한 우려의 소리, 심지어는 개탄하는 목소리도 들리고 있다. 사교육 열풍에 지배당하고 있는 현실은 말할 것도 없고, 어린 학생들끼리의 폭력행위를 넘어 폭행당한 교사에 대한 이야기까지도 뉴스에 종종 등장하다 보니, 누군가가 모든 문제를 교육 탓으로 돌린다고 하더라도 새삼스럽지도 않다. 그리고 다른 한편에서는 교사가 젊은이들이 원하는 최고의 직업이면서도, 정작 교사들은 교직에 만족하지 못하고 학교를 떠나고 싶어 하거나 떠나는 일도 벌어지고 있다.

아마 교육문제에 관해서라면, 어느 누구라도 답답함을 토로할 것이다. 옮긴이 역시 그러하다. 그러나 그 불만은 사람들이 처해 있는 상황에 따라 다를 것이다. 옮긴이는 대학에서 30년 넘게 학생들을 가르쳐왔다. 그 과정에서 옮긴이가 항상 느껴온 것은 그간 우리 사회가 수많은 교육개혁을 시도해왔고, 학생들 또한 공부에 점점 더 많은 시간을 투자해왔음에도 불구하고, 대학생들의 학업수준은 향상되기는커녕 점점 더 떨어진다는 역설적인 사실이다. 대체 왜 이런 일이 발생하는지

궁금하지 않을 수 없다.

그러나 이는 우리 사회만의 문제인 것은 아닌 것 같다. 사회학자 프랭크 푸레디는 영국이라는 나라에서 옮긴이와 동일하게 느낀 감상과 자신의 아들이 초등학교에 들어갈 때 겪었던 경험이 이 책을 집필하게 만들었다고 쓰고 있다. 그가 내린 결론이 바로 이 책의 제목으로 표현된 것, 즉 "교육이 교육을 하지 않고" 있으며, 그리하여 교육제도에 바쳐진 자원과 에너지의 상당 부분이 '낭비'되고 있다는 것이다. 옮긴이가 이 책에 공감하는 이유는 푸레디가 이 책에서 들고 있는 교육현장의 사례들 ― 참고로 이 책의 원서는 2009년에 출간되었다 ― 이 우리의 경우와 결코 다르지 않을 뿐만 아니라 옮긴이의 의문에 대해 사회학적으로 명쾌하게 진단하고 있기 때문이다.

푸레디가 이 책에서 밝히는 영국 교육의 역설은 "사회가 교육에 투자하고 기대할수록 학교와 대학은 학생에 대해 덜 요구하고", "우리가 교육에 대해 기대할수록 교육은 그 자체로 덜 평가된다"는 것이다. 푸레디는 이 문제를 두 철학자의 교육관, 즉 자유주의 철학자 한나 아렌트의 교육관과 실용주의 철학자 존 듀이의 교육관을 대비시키며 풀어나간다. 그리고 그는 교육 이론가 롭 무어의 주장을 인용하여, 교육의 위기는 "구체적으로는 자유주의적 인본주의 교육의 위기"라고 진단한다. 그에 따르면, 자유주의적 인본주의 교육은 다양한 방식으로 해석될 수 있지만, 근본적으로 그것은 교육이 그것 자체로 중요하다는 확신에 기초하고 있다. 교육은 고유의 가치를 가지고 있고, 교육은 다른 목적을 위한 수단이라기보다는 교육이 교육의 목적이라는 것이다.

그러나 푸레디가 자유주의적 교육관과 실용주의적 교육관 중 어느 하나가 옳고 다른 것은 그르다는 식의 양자택일적 사고를 전개하는 것은 아니다. 그는, 문제는 교육이 이 두 교육관 사이에서 '창조적 균형'을 이루어야 함에도 불구하고 듀이가 끊임없이 변화하는 세계에 대한 적응을 강조한 이후 현대 교육학이 실리주의에 치우친 나머지 교육현장이 이른바 '기울어진 운동장'이 되어버린 것이라고 주장한다. 하지만 푸레디에 따르면, 이것 역시 실용주의적 교육정책 자체의 문제가 아니라, 그러한 정책의 기저에 깔린 가정이 발현한 결과이거나 실리주의적 정책에 대한 집착이 낳은 '의도하지 않은 결과들'이다.

우선 급속하게 변화하는 세계에서 아이들에게 '적응능력'을 갖추게 하는 것을 중시하는 새로운 교육학은 현재를 과거로부터 분리시키고, 인류의 지적 유산을 부적절하거나 시대에 뒤진 것으로 치부하게 한다. 이는 인류 전체의 지적·문화적 유산을 계승시키는 '세대 간 교류'로서의 교육을 무가치하게 만들며, 그러한 유산의 전달자로서의 어른 – 특히 교육에서는 교사 – 의 권위를 부식시킨다. 이러한 어른 권위의 상실은 부지불식간에 '교실의 붕괴'로 이어지고, 이는 다시 교사들로 하여금 '학생공포증'을 토로하게 한다.

또한 정치인들과 정책 입안자들은 불확실한 세계에 아이들이 대처할 수 있게 한다는 목적하에 "학교를 신중한 사회공학을 통해 아이를 사회의 수요에 적합하게 만들어내는 제도로 전환"시키는 것을 넘어 "교육을 사회의 문제들을 해결하기 위한 만능의 제도로 전환"시키고자 한다. 이러한 실용주의적 교육관과 교육에 대한 도구주의적 접근방식의 결합으로 인해 학교는 하나의 독자적 교육기관이 아니라 아이들의 태도를 변화시키기 위한 다양한 '사회적 실험'이 실행되는 장소가 되고 있다. 따라서 학생들은 자신이 살아가는 사회를 이해하기 위한 이론적 지식을 '교육'을 받기보다는 자신이 처한 문제를 해결하기 위한 무수하게 다양한 사회적 기술을 '학습'하는 일에 내몰린다. 그러나 아이들은 그러한 교육에 숨어 있는 의도대로 체제 순응주의자가 되기보다는 사회의 너무나도 많은 요구로 인해 과부하에 걸리고 만다.

그러한 아이들의 학교 부적응은 이제 개인의 문제가 된다. 왜냐하면 사회는 아이들의 적응을 위해 '개별 맞춤 학습' 등 엄청난 노력과 재정적 투자를 했음에도 불구하고, 아이들이 적응에 실패했기 때문이다. 따라서 사회는 아무런 책임도 없다. 그럼에도 불구하고 사회는 학습부진아나 학교에서 못된 행동을 하는 아이들을 치료하고자 한다. 왜냐하면 그러한 아이들은 다른 아이들과는 달리 학교시험과 같은 과도한 지식 요구에 의해 스트레스를 받는 등 질병에 걸렸기 때문이다. 그리고 아이들이 그런 질병에 걸린 것은 아이들이 행복하지 못하거나 감정을 제대로 관리하지 못하기 때문이다. 따라서 학교에는 행복 교육과 감정 교육 같은 치료요법적 개입이 불가피하게 요구된다.

이제 현대의 교육학은 학생들의 사회적·감정적 웰빙을 위해 학생들의 고통을 덜어주어야 하고, 그들의 삶에 도움이 되지 못하는 어려운 이론 학습으로부터 그들을 해방시켜주어야 하며, 그럼에도 불구하고 취약함을 드러내는 아이들에게는 그들에게 맞는 '특수 교육'을 해야 한다고 주장한다. '아동 중심 교육'이라고 불리는 이 접근방식은 참으로 훌륭하고 아름답다. 그리고 이것은 민주적이라고 칭송받기도 한다.

그러나 푸레디에 따르면, 이 선의의 목적은 의도하지 않은 결과를 만들어냈다. 이른바 '지식경제', '학습사회', '지식정보 시대'라고 불리는 시대에 지식이 '실종'되고 있다. 끊임없이 변화하는 세계에서 옛것은 시대에 뒤진 것이라는 구실로 "유통기한이 없는" 이론적 지식은 학교교육에서 도외시되고, '삶의 기술'이라는 명분하에 "유통기한이 있는"

실용적인 지식들이 학교를 지배하고 있다. 또한 그러한 교육을 뒷받침하는 '일회용 교육학'들이 유행처럼 등장했다가 사라진다. 그리하여 학교는 '교육'이 아닌 '학습'에 의해 지배된다. 그러나 학습된 사회적 기술들은 그것을 적용할 수 있는 사회가 변함에 따라 무익해진다. 그리고 그 학습된 기술은 지식에 기반하고 있지 않기 때문에 재활용하기도 쉽지 않다. 이것이 바로 지식 기반 사회라는 오늘날의 사회가 지식이 취약한 사회가 되어버린 이유이고, 이는 다시 '지식이 얕아진 지식사회들'로 하여금 교육에 집착할 수밖에 없게 하고 있다.

푸레디는 이 책에서 이제 우리가 교육의 진정한 의미가 무엇인지를 다시 되짚어보고 교육제도를 하나의 수단이 아닌, 그 자체로 가치 있는 것으로 긍정하고 교육 자체와 지식의 습득을 높이 평가할 필요가 있다고 역설한다. 누군가는 푸레디의 이러한 주장에 대해 진부하다고 평가절하할지도 모른다. 그러나 현실이 진부한 상투어를 다시금 떠올리게 할 상황에 처해 있다면, 그 진부한 말 속에 숨어 있는 진리를 다시 한 번 더 곱씹는 일이 새로움을 좇는 것보다 더 큰 의미를 지닐 수도 있다.

다른 한편 우리 사회는 영국처럼 아동 중심 교육으로 진전되었다고 보기도 어렵고, 다양한 자율 학습을 실험해보려는 시도도 교육이 대학 진학의 도구로 변질된 결과 거부되고 있는 상황이며, 사회적 기술도 아닌 '시험보기 기술'만이 가장 가치 있는 것으로 인정받고 있는 실정이다. 따라서 혹자는 푸레디의 주장이 우리에게는 맞지 않는다고 말할지도 모른다. 하지만 지금까지의 전례를 볼 때 우리의 교육정책은 앞으로 이른바 선진국이라고 불리는 나라들의 정책을 답습하거나 유사한 경로를 거칠 가능성이 크다. 따라서 이미 서구에서 실행된 정책들에서 발생한 의도하지 않은 결과들을 미리 짚어보는 것은 의미 있는 일일 수 있다.

또한 이 책에 묘사되어 있는 영미권의 교육현장의 부정적 모습들 — 어른과 교사의 권위 상실, 학생들의 규율 문제, 교실 교육에 대한 외부의 개입 등 — 은 우리 사회에서도 동일하게 나타나고 있으며, 대학생들의 학업 능력 저하는 이제 학교의 문제를 넘어 지식사회의 기반 상실이라는 문제로 이어지고 있는 실정이다. 이러한 점들을 고려해볼 때, 영미권의 교육현장에 대한 푸레디의 사회학적 진단은 우리 교육이 나아갈 방향에 대해 여러모로 중요한 단서를 제공할 것이 틀림없다.

하지만 이 책을 읽다 보면 사회의 '낮은 기대', '취약한 아이들', '치료요법적 전환' 등과 같은 용어들이 불쑥불쑥 등장하기 때문에, 독자들은 어리둥절하거나 그 맥락을 잡기가 어려울 수도 있다. 이 용어들은 푸레디가 그간 영미사회에 대해 진단해오면서 써온 여러 저작에서 개진해온 관념들로, 그는 이 책에서 그 용어들을 아무런 설명 없이 개념처럼 사용하고 있다. 푸레디의 여러 저작 중에서 그의 『치료요법 문화』를 같이 또는 추가적으로 읽는다면 그의 논지를 따라가는 데 많은 도움이 될 것으로 보이기에 여기에 추천해둔다.

한울엠플러스(주)는 푸레디의 『치료요법 문화』에 이어 이 책 역시 출판해주었다. 아마 상업적 계산보다는 이 책이 우리의 교육에 뭔가 도움이 되기를 바라는 마음에서였을 것이다. 우리의 편집 파트너 신순남 씨는 이번에도 우리말로 표현하기에는 매우 까다로운 문체로 쓰인 이 책과 씨름해주었다. 옮긴이들 역시 문장을 몇 번씩이나 읽고 되씹어서 풀어 옮겼지만, 독자들은 이 책을 읽으면서 여전히 남아 있는 번역투의 문장에서 짜증을 느낄 수밖에 없을 것이다. 학술용어화하고 싶어 하는 저자의 뜻이 담겨 있다고 생각되는 표현들 — 그리하여 우리에게는 생소하게 다가올 수밖에 없는 — 은 살려두고자 한 것이 독자들에게는 더더욱 그러한 느낌을 받게 할 수도 있을 것 같다. 독자들의 너그러운 이해를 바랄 뿐이다.

2019년 설을 앞두고

미세먼지에서 해방된 날에

박 형 신

지은이

프랭크 푸레디(Frank Furedi)는 헝가리 출신 사회학자로, 현재 영국 켄트대학교 사회학 석좌교수로 있다. 건강, 아동, 음식, 신기술, 테러 등과 관련한 문제의 위험 및 공포에 관한 연구를 진행하며, 여러 방송매체에 출연하고 대중잡지에 많은 기고를 하는 등 활발한 사회활동을 하고 있다. 우리말로 번역되어 출간된 책으로 『치료요법 문화』, 『그 많던 지식인들은 다 어디로 갔는가』, 『우리는 왜 공포에 빠지는가』, 『공포정치: 좌파와 우파를 넘어서』가 있다. 그 외 최근 저작으로는 *Authority: A Sociological Introduction*(2013), *Power of Reading: From Socrates to Twitter*(2015), *What's Happened to The University?: A sociological exploration of its infantilisation*(2017), *How Fear Works: Culture of Fear in the Twenty-First Century*(2018)가 있다.

옮긴이

박형신은 고려대학교 대학원 사회학과에서 석사와 박사 학위를 취득했다. 강원대학교 사회과학연구소 연구교수, 고려대학교 인문대학 사회학과 초빙교수 등을 지냈으며, 지금은 연세대학교 사회발전연구소 연구교수로 일하고 있다. 지은 책으로는 『정치위기의 사회학』, 『에바 일루즈』, 『감정은 사회를 어떻게 움직이는가』(공저), 『열풍의 한국사회』(공저), 『향수 속의 한국사회』(공저) 등이 있고, 옮긴 책으로는 『사회학적 야망』, 『고전사회학의 이해(2판)』, 『은유로 사회 읽기』, 『탈감정사회』, 『감정적 자아』, 『감정과 사회관계』 등이 있다.

이혜경은 고려대학교 대학원 사회학과에서 석사와 박사 학위를 취득했다. 대진대학교 사회복지학과 초빙교수, 서울시립대학교 경제학부 BK21 연구교수를 지냈으며, 지금은 고려대학교에서 강의하고 있다. 지은 책으로는 『사회문제론』(공저)이 있고, 옮긴 책으로는 『음식의 문화학』(공역), 『시민사회와 정치이론 1·2』(공역), 『사회이론의 역사』(공역), 『저항은 예술이다』(공역), 『사회변동의 비교사회학』(공역) 등이 있다.

한울아카데미 2140

교육은 왜 교육하지 않는가

교육 낭비의 사회학

지은이 프랭크 푸레디
옮긴이 박형신·이혜경
펴낸이 김종수
펴낸곳 한울엠플러스(주)
편집 신순남

초판 1쇄 발행 2019년 2월 20일
초판 2쇄 발행 2019년 12월 5일

주소 10881 경기도 파주시 광인사길 153 한울시소빌딩 3층
전화 031-955-0655
팩스 031-955-0656
홈페이지 www.hanulmplus.kr
등록번호 제406-2015-000143호

Printed in Korea.
ISBN 978-89-460-7140-7 93370